periplaneta

Dieser Roman ist von Ereignissen um die Entstehung des Films „Coke and Tarts" inspiriert. Er enthält sowohl autobiografische als auch fiktive Elemente. Sämtliche Personen und Handlungen sind jedoch frei erfunden.

CLINT LUKAS: „Das schwere Ende von Gustav Mahlers Sarg"
2. Auflage, September 2019, Periplaneta Berlin, Taschenbuchausgabe
© 2013 Periplaneta - Verlag und Mediengruppe
Inh. Marion Alexa Müller, Bornholmer Str. 81a, 10439 Berlin
www.periplaneta.com I hq@periplaneta.com

Lektorat & Projektleitung: Marion Alexa Müller
Coverbild: Nina Ball, www.ninaball.at
Set-Fotografie (Umschlag): Benjamin Hiller
Satz, Layout: Thomas Manegold (www.manegold.de)
Gedruckt in Deutschland

print ISBN: 978-3-95996-136-3
epub ISBN: 978-3-943876-36-9
ISBN der Erstausgabe (Klappenbroschur mit DVD): 978-3-943876-55-0

CLINT LUKAS

DAS SCHWERE ENDE VON GUSTAV MAHLERS SARG

ROMAN

periplaneta

Der Mensch hat, um sein Lösegeld zu zahlen, zwei Äcker tiefen
und reichen Tuffs, die mit der Pflugschar der Vernunft
es umzugraben und zu roden gilt;

Um die geringste Rose zu erzielen, um ein paar Ähren zu erzwingen,
muss er unermüdlich mit seiner grauen Stirne Salztränen
sie begießen.

Der eine ist die Kunst, der andere die Liebe. –
Um den Richter gnädig zu stimmen,
wenn der Schreckenstag des strengen Gerichtes anbricht,

Muss man auf Scheuern voller Ernten weisen können
und auf Blumen von solchen Formen, solchen Farben,
dass sie der Engel Beifall finden.

Charles Baudelaire

BERLIN

1

Ich nahm nicht immer den leichtesten Weg. Auch nicht den schwersten. Ich war kein Masochist. Nicht mal ein Kämpfer. Trotzdem kämpfte ich andauernd. Um eine Frau. Gegen irgendwelche Neonazis. Für eine Idee, die mir künstlerisch wertvoll vorkam. Warum das so war, wusste ich nicht. Im Grunde wollte ich meine Ruhe haben. Ich war nur nicht konsequent genug, dem Ärger aus dem Weg zu gehen.

Neulich wäre das sehr leicht gewesen. Ich hätte mich vom Puff fernhalten sollen. Einfach nicht hingehen. Es kam mir von Anfang an komisch vor, so aus dem Stegreif ficken zu müssen. Aber dass dann die Nutte – ... dass dann diese Sache passierte ... Kaum zu glauben, dass es so etwas gab.

Ich merkte, dass diese Nacht mich verändern würde. Ich wusste nur nicht, ob das gut oder schlecht war.

2

Es war Donnerstag und regnete auf dem Hackeschen Markt. Ich stand hier seit dem frühen Morgen, um irgendwann später Currywürste zu verkaufen. Meine Kollegin war gerade unterwegs, um sich eine Zeitung zu holen und ich lehnte am Tresen unserer Bude und rauchte eine nach der anderen und trank dazu mein erstes Bier. War eigentlich fast wie in der Kneipe.

Ich dachte noch immer über die Nutte nach. War sie ehrlich zu mir gewesen? Oder war das nur ihre Art, mit verqueren Typen wie mir umzugehen? Ich hätte sie das gerne gefragt. Doch das war nun nicht mehr möglich.

„So, jetzt mal ran hier, liebe Leute, nicht einfach weitergehen", drängte sich der Obstverkäufer von nebenan in meine Gedanken.

„Nehmt euch noch'n paar Vitamine mit, deutscher Wein, kernlos süß, Kilo 3,95. Deutsche Erdbeeren jetzt hier, die Schale 2,95, zwei für fünf, könnt ihr auch verschenken, dann sind sie billiger als'n Blumenstrauß."

Ich fragte mich, wo die Anfang Mai deutsche Erdbeeren hernahmen. Ein Blick auf die Holzkisten, in denen sie gestapelt waren, klärte mich auf. *Fragole dalla Basilicata.* Das musste wohl irgendwo in Schwaben sein.

„Und jetzt Beelitzer Spargel, meine Damen und Herren, frische, feste Ware, Spargel wie aus Marzipan, Sie mein Herr, Kilo für fünf Euro, schenken Sie's Ihrer Frau, ist mal was anderes und billiger als'n Blumenstrauß."

Ich steckte mir eine Fluppe an. Wendete die drei Würste, die schon eine beträchtliche Weile im Öl lagen und ein wenig mitgenommen aussahen. Vor zwölf kam hier eigentlich nie jemand essen, aber man musste immer bereit sein.

An sich hatte ich es mit dem Job ganz gut getroffen. Ich arbeitete nur zwei Tage die Woche und mein Chef ließ mich ohne Einschränkung in die Bierkiste greifen. Er betrieb ein ziemlich nobles Restaurant im Prenzlberg und mit seinem Sohn, dem Küchenchef, konnte man fabelhaft um die Häuser ziehen. Der war es auch gewesen, der mich in den Puff geschleppt hatte.

Wir Marktarbeiter waren die Punkrocker des Betriebes. Die Assis von der Frittenbude. Wenn wir uns nach Feierabend noch ein Bier im Restaurant genehmigten, rümpften die feinen Damen an den Tischen regelmäßig die Nase und schienen sich zu fragen, was Penner wie wir in diesem Stadtteil verloren hätten.

Obwohl wir an unserem Stand auch ziemlich auf vornehm machten. Wir verkauften so Sachen wie Fritten mit Trüffelmayonnaise und Currywurst mit Blattgold, worüber sich die Trottel und Touristen natürlich überhaupt nicht mehr einkriegen konnten und sich gegenseitig anstießen und auf die Speisekarte zeigten. Eine Mordsgaudi. Und dann scherzten sie mit uns, weil sie dachten, das wäre auf unserem Mist gewachsen. „Currywurst und Schampus? Was is'n das für 'ne Kombi? Höhöhö ..."

Siebzig Mal am Tag hörte ich das, und dann blieben sie stehen und machten ein Foto und freuten sich, wie herrlich-skurril die Hauptstadt doch war. Rindviecher.

Nein, im Grunde hatte ich es satt, hier zu stehen. Das lag nicht am Markt und auch nicht an den Leuten, die waren nicht schlimmer als sonst wo. Ich kriegte einfach den Rappel, wenn ich länger als sechs Monate an einem Ort oder bei derselben Tätigkeit verharrte. Woche für Woche die gleichen Gesichter zu sehen, die Fischverkäufer, und die Türken mit ihren gebrannten Nüssen, die Käsefritzen, „Na, junge Frau, wollen Sie vielleicht mal'n Stückchen Käse naschen?" – Nein, das war zuviel, da kotzte mich einfach jeder an.

„Haste schon eene fertig?" Der Typ war wie aus dem Nichts aufgetaucht und ich zuckte entsprechend zusammen. Er trug einen Blaumann mit Vattenfall-Logo. Ein Arbeiter in der Mittagspause. Das waren immer die schlimmsten Klugscheißer.

„Hallo", sagte ich.

„Häh?"

„Ich hab gesagt: Hallo."

„Ja, hallo."

„Ja, ich hab eine fertig."

„Dann nehm ick eene."

„Okay."

„Mit extra viel Ketchup."

„Ja." Ich schnitt ihm eine und stellte sie auf den Tresen. „Schrippe dazu?"

„Ja, äh ... nee. Kostenpunkt?"

„Zwei fünfzig."

„Wat?"

„Zwei fünfzig."

„Ick glaube, ihr spinnt, da kann ick ja bei *Feinkost Lindner* billiger einkoofen."

„Ja, und nu?"

„Die nehm ick nich!"

„Und was tu' ich jetzt damit?"

„Is mir doch egal."

Und damit machte er sich davon. Ich überlegte kurz, ob ich die Wurst dem Obstkollegen schenken sollte, aber er plärrte genau in dem Augenblick wieder los. „Kommt Leute, nehmt euch noch'n paar Vitamine mit, mir isses egal, ich bin hier nur Angestellter, aber bei dem Preis ... Spargel wie aus Marzipan." Also schmiss ich das Ding, wie es war in die Blumenrabatte hinter dem Stand. Sollten die Ratten sich doch darüber hermachen. Viertel vor elf, sagte die Uhr. Und wenn schon der erste Kunde so ein Sacktreter war, verhieß der Tag meistens nichts Gutes. Wenigstens kam meine Kollegin nun wieder und stellte sich an den Grill. Ich zog meine Schürze aus und lümmelte vorne an einem unserer Stehtische rum, und machte dabei ein Gesicht, das wirklich jedem potentiellen Kunden die Lust verderben musste, bei uns einzukehren. Zum Teufel mit der Arbeitsmoral.

Was eigentlich mit mir los war, wusste ich auch nicht so recht. Früher hatte es immer geholfen zu schreiben. Kurze Stories, die ich ohne Erfolg bei irgendwelchen Zeitschriften unterzubringen versuchte. Oder auf einer der Berliner Lesebühnen vorlas. Da hatte ich was zu tun. Und immer wieder fand mich dann eine Puppe so interessant, dass ich die Nacht nicht allein verbringen musste. Aber offenbar reichte das nicht mehr. Ich war immer noch fickrig. Vielleicht sollte ich mal was ganz anderes machen. Einen Film. Ein Drogenkartell aufbauen. Eine Weltreise. Aber stattdessen stand ich nur hier rum und glotzte dämlich aus der Wäsche.

„Habt ihr schon 'ne Wurst fertig?"

Ich kannte diese Stimme. Sie gehörte einer Stammkundin, die fast jeden Donnerstag herkam und sich ihre Wurst im Ketchup ersäufen ließ, den wir selbst kochten. Und dann stand sie da und schwärmte, wie toll der doch schmeckte. Vielleicht war ich verrückt oder störrisch, aber ich konnte mich einfach nicht für solche Gesprächsthemen begeistern.

Die Ische fing an zu essen und ich spähte gespannt über den Rand meiner Bierflasche. Mann, die war aber ausdauernd heute. Schon das zweite Stück Wurst im Mund und noch immer kein Gequatsche. Doch jetzt, sie runzelte ein bisschen die Stirn, tauchte da etwa eine Unregelmäßigkeit an ihrem Horizont auf? Sie legte noch ein Stück nach und näherte sich bereits dem Tresen. Pirschte sich an und fragte ganz beiläufig, so als wüsste sie, dass die Antwort *nein* lauten würde, aber sie wollte sich eben vergewissern: „Habt ihr heute andere Würste?"

Der Blick meiner Kollegin huschte kurz zu mir, sie wusste schon, was ich dachte, aber was sollte sie machen. „Ja, wir waren mit der Qualität von den alten nicht mehr zufrieden, deshalb haben wir den Schlachter gewechselt. Schmeckt sie Ihnen nicht?"

„Hmm ... ich weiß nicht genau. Die ist ganz anders gewürzt, oder?"

„Ja, die schmeckt halt eher wie 'ne Bratwurst."

„Ja, die ist viel würziger. Und ich glaube auch, dass der Fettgehalt höher ist." Das sagte sie ganz fachmännisch und zuzelte an der scheiß Wurst herum, als hätte sie einen Cuvée von 1962 im Mund. Meine Kollegin holte eine Verpackung aus der Kiste, um zu schauen, ob da was vom Fettgehalt draufstand.

„Ich weiß nicht genau, hier steht nix."

„Doch, doch, und Nelken müssten da mit drin sein. Und die Konsistenz ist auch ganz anders."

„Ja, die ist halt ein bisschen fester."

„Naja, ich muss sagen ... die alte hat mir besser geschmeckt."

„Ja?"

„Ja. Und ich bin mir sicher, dass der Fettgehalt da höher ist."

„Kann schon sein."

„Und habt ihr die jetzt immer?"

„Ja, ich glaub' schon."

„Hmm ... nein, da muss ich schauen. Ich weiß nicht, ob ich dann wieder komme."

„Mein Gott, dann lass es doch bleiben, du Kuh", herrschte ich sie an und bereute es gleich wieder. Das war nicht recht, ich wusste es, aber ein Mann kann schließlich nicht alles ertragen. Und die Olle zahlte auch sofort und rauschte davon. Ich grinste ein bisschen, aber meine Kollegin schimpfte mich aus. Wenn ich keine Lust mehr auf den Job hätte, sollte ich ihn bleiben lassen. Das stimmte irgendwie und irgendwie auch wieder nicht. Scheiße aber auch, ich musste einfach etwas tun. Ich fing damit an, indem ich noch ein Bier aufmachte.

3

Am Abend stand ich unter der Dusche und wusch mir den Fettgeruch vom Leib. Das dauerte seine Zeit. Der Markttag hatte sich zäh in die Länge gezogen und jetzt war ich betrunken. Ich stellte den Wasserregler auf ganz kalt und wartete, dass ich wieder einen klaren Kopf bekam. Nach einer Weile klingelte das Telefon. Ich stieg aus der Kabine und ging hin. „Hallo?"

„Ja, hallo, hier ist Isabel vom *Aurora*. Daniel?" Das war eine der Schwestern aus dem Hospiz, in dem ich manchmal arbeitete.

„Ja. Was gibt's?"

„Ich wollte fragen, ob du morgen früh zur Sitzwache kommen kannst?"

„Uhh …, wann denn?" Eigentlich wollte ich noch in die Kneipe.

„So um neun? Herr Kolja liegt im Sterben."

„Was? Seit wann?"

„Er hat sich gestern verschlechtert."

„Okay, ich komm. Ich weiß nur nicht, ob ich's um neun schaffe."

„Wäre schon toll."

„Gut, ich versuch's."

„Super, dann bis morgen."

Ich legte auf. Blutsauger, die ganze Bande. Da wollte man *einmal* lumpen gehen. Ständig nahm mich irgendwer in Beschlag. Ich musste an eine Geschichte von Michael Ende denken, bei der so ein Typ als einziger Flügel hat und wegfliegen könnte aus der ganzen Scheiße. Aber weil er nicht straight genug ist und sich von allen bequatschen lässt, verpasst er die Gelegenheit und stürzt vom Himmel. Aus der Traum.

Aber Kolja war mein Freund. Ich kannte ihn seit zwei Monaten. Er hatte Hodenkrebs und seine Eier waren ab und trotzdem besaß er mehr davon als die meisten, die ich kannte. Ich war der Einzige im Hospiz, mit dem er Weibergeschichten austauschen und sich dadurch wieder ein bisschen als Mann fühlen konnte. Alle anderen waren Frauen oder schwul. Es stand also außer Frage, wer zum Schluss an seinem Bett sitzen sollte. Ich zog mich an, um trotzdem in die Kneipe zu gehen. *Die* Flügel konnten sie mir nicht stutzen. Es war voll da drin und mein Kumpel Tolstoi hatte Schicht. Er stellte mir ein Bier hin und grinste.

„Na, du Wurst. Warste heute arbeiten?"

Ich nickte.

„Und schon vorgeglüht?"

„Bin grade wieder nüchtern geworden."

„Und jetzt fängste wieder an?"

„Ja."

Er lehnte sich an die Bar und fing an, eine Tüte zu bauen. Als ich nach einer Weile immer noch nichts sagte, puffte er mir in die Seite.

„Was los? Hängste durch, oder was?"

„Ach. Der Markt geht mir auf'n Zeiger."

„Und? Jetzt?"

„Ich weiß nicht. Kotzt mich alles an. Ich will, dass mal wieder was passiert."

„Du willst doch nur ficken."

„Hab ich grade erst."

Tolstoi zündete seinen Bomberjoint an und verzog das Gesicht. Schaute zu mir und zuckte dann mit den Schultern. „Schreib doch mal wieder was."

„Ja, ich weiß. Aber das bringt's auch nicht. Das bisschen Lob und Geficke, das ich dafür krieg, macht mich viel zu zufrieden."

„Und? Ist das schlecht?"

„Was?"

„Zufrieden sein."

„Ja. Ich fühl mich alt und fett."

„Soso. Das sagst du junger Spund."

„Ist halt so."

„Naja, dann los. Attacke. Und heul mir nicht die Ohren voll."

„Ja, Scheiße." Wir rauchten und tranken noch einiges. Dann ging ich nach Hause.

4

Die Sache mit dem Hospiz war so: Als Zwanzigjähriger hatte ich mir eine Zivildienststelle in Italien besorgt, in einem SOS-Kinderdorf bei Vicenza. Wegen einer Frau. Dann hatte ich aber doch keinen Bock, mich ein Jahr lang mit irgendwelchen Bratzen rumzuschlagen. Schon gar nicht mit italienischen. Also kümmerte ich mich stattdessen um den Job in diesem Sterbedings in Berlin-Neukölln. Ich arbeitete dort neun Monate als Pfleger und der Staat bezahlte mir die Wohnung, die BVG-Karte, das Essen und die Klamotten. Als es vorbei war, hatte ich mich in Berlin verliebt. Ich jobbte hier und da und schrieb und lernte Frauen kennen und dachte eigentlich gar nicht mehr an die Zeit im Hospiz zurück. Klar war ich manchmal nachts aufgewacht und erschrocken, weil ich auf dem Fußboden meines Zimmers eine Blutlache sah. Oder ein Ohr. Seltsame Abgesandte meines Unterbewusstseins. Und die Frau fragte mich dann schläfrig: „Was ist denn los?" Und ich sagte: „Nichts. Schlaf weiter."

Nur hin und wieder erinnerte ich mich. An all die Leute, bei denen ich gesessen war, als es ernst wurde. Die waren meistens schon in Ordnung gewesen.

Und mittlerweile fand ich, dass ich das Ganze ziemlich kaltschnäuzig durchgezogen hatte. Mir war, als hätte ich nicht im Geringsten die Tragweite des Ganzen begriffen. Wahrscheinlich war ich einfach zu jung dafür gewesen. Wer denkt schon mit zwanzig über den Tod nach? Aber nach ein, zwei Jahren, in denen ich in der Weltgeschichte herumgetigert war und noch ein bisschen was gesehen hatte, begann ich mich wieder für die Zeit im Hospiz zu interessieren. Zumal es da etliche Schwesternschülerinnen gegeben hatte, die ziemlich auf mich abgefahren waren. Und mit denen wahrscheinlich wer weiß welche Ferkeleien hätten laufen können, wenn ich damals nicht eine Braut gehabt hätte. Ich fing also wieder an, dort zu arbeiten. Ehrenamtlich.

Das war so eine Sache. Nicht nur, dass ich mir wie ein beschissener Christ vorkam. Jetzt nahmen die Frauen im Hospiz auch immer an, dass ich irgendwie absonderlich sein müsste oder schwul. Und fragten, warum jemand so Junges wie ich so was machte und ich war doch immer so faul, wenn es ums Erklären ging.

Sobald ich bei meinen Patienten im Zimmer war, zählte es sowieso nicht mehr, wo ich herkam. Sie brauchten jemanden, der ihnen aufrichtig zuhörte und ich brauchte aufrichtige Menschen, denen ich zuhören konnte. Ein sauberer Deal.

Leider gab es außerhalb der Patientenzimmer aber noch die gesunde Menschheit, die irgendwas dagegen zu haben schien, wenn bei mir mal was unkompliziert lief. Denn für den Kreis der Ehrenamtlichen war ich vor allem eines: nämlich einer von ihnen. Ständig wollten sie mich auf interessante Ausflüge mitnehmen, die irgendein scheiß Verein für uns edle Seelen gestiftet hatte. Oder ich sollte an einer Fortbildung teilnehmen über muslimische Bestattungsrituale oder den Umgang mit den Angehörigen oder die Bedeutung des Todes in der japanischen Kultur.

Aber das war mir alles scheißegal. Es kratzte mich nicht ein Stück. Ich hatte in meinem Leben doch bessere Sachen zu tun, als mich auf einen Spreedampfer zu setzen mit diesen schnatternden, alten Kühen, die mich mit ihren Vampiraugen anglotzten wie das goldene Kalb in ihrer Mitte. Viel bessere Sachen hatte ich zu tun. Ficken zum Beispiel. Oder nicht ficken, weil die Frauen nicht wollten und dann stattdessen allein an meiner Pfeife rumspielen. Oder einfach nur in der Nase bohren und den Schmodder zu kleinen Kügelchen formen und aus dem Fenster schnicken.

Alles war besser, als mit denen die Zeit zu verschwenden und deshalb machte ich es auch nicht. Höflich wie ich war, versuchte ich ihnen meistens zu erklären, warum ich nicht konnte. Und sie reagierten auch immer ganz freundlich und offenherzig. Aber es half alles nichts und unter ihrem Zuckerguss begannen sie, sich von meiner Teilnahmslosigkeit angepisst zu fühlen. Es war wie in der Schule, wo ich auch niemals Wert darauf gelegt hatte, ein Außenseiter zu sein. Aber was sollte man machen, wenn man als einzig normaler Mensch unter diesen Idioten herumkrauchte, deshalb lieber für sich blieb und ihnen das nicht passte.

Meistens lachte ich über das Ganze. Es war doch wirklich nicht auszuhalten. Überall der gleiche Scheiß. Da hatte ich endlich eine Nische gefunden, denn meine Todeskandidaten hatten es nun wirklich nicht mehr nötig, sich irgendwelche biestigen Masken aufzusetzen. Und dann fielen mir meine eigenen Kollegen in den Rücken. Wieder so eine Dolchstoßlegende.

Als ich nun verkatert in der U-Bahn Richtung Hermannstraße saß, dachte ich zum hundertsten Mal über all das nach. Und wieder kam ich zu dem Ergebnis, dass ich ausbrechen musste. Irgendwas ändern. Die Kontrolle verlieren. So frustriert, wie ich war, konnte ich keinem eine Hilfe sein. Mir selbst am wenigsten.

Am liebsten hätte ich dem alten Kolja mein Leid geklagt, aber als ich schließlich im Hospiz ankam, war er schon gestorben.

„Wir haben noch versucht, dich anzurufen."

„Ja, mein Handy spinnt manchmal."

„Er ist im Nachtdienst gegangen, so um vier, ganz friedlich."

„Hmm ..." Ich hatte einen Kloß im Hals.

„Möchtest du dich noch von ihm verabschieden?"

Da konnten die aber einen drauf lassen, dass ich mich verabschieden wollte. Ich ging in sein Zimmer. Es roch nach Sandelholz oder irgendwas anderem und auf dem Tisch brannte eine Kerze. Ich setzte mich zu Kolja ans Bett. Jetzt hatte ich ihn also verpasst. Das war okay, er hätte an sich gar nicht gewollt, dass ich dabei war. Ich konnte trotzdem nicht verhindern, dass mir Tränen über die Wangen liefen.

Ich war erbärmlich, ein Spanner. Ich heulte wegen eines fremden Toten, mit dem ich nichts zu tun hatte. Irgendwie. Andererseits auch nicht. Eigentlich kam es von woanders her. Weil ich nicht wusste, ob das mit mir noch was werden würde. Das Schreiben klappte nicht und das mit den Frauen auch nicht. Und im Hospiz verkackte ich auch.

„Oh, entschuldige ..."

In der Tür war eine Schwester erschienen und verschwand gleich wieder. Na toll, jetzt hatten die mich auch noch beim Flennen erwischt. Ich stand auf und wischte mir den Rotz aus dem Gesicht.

„Mach's gut, Alter", sagte ich zum toten Kolja und der Klang meiner Stimme in dem leeren Raum war mir peinlich. Dann verließ ich ihn und stürmte den Flur entlang. Mir rief irgendwer hinterher, aber ich ging einfach weiter. Den Triumph würde ich ihnen nicht gönnen, mich mit ihrem Gewäsch wieder aufzubauen. Ich stieg in den Lift und fuhr nach unten.

5

Zuhause machte ich das, was ich immer machte, wenn ich mich lausig fühlte. Ich schnappte mir eine Flasche Bier und stieg unter die Dusche. Ja, das würde mir den Rücken schon wieder stärken, ich kannte doch die Tricks. Ich drehte das Wasser auf und hielt die Brause so lange von mir weg, bis es richtig heiß wurde. Dann steckte ich sie in die Halterung und biss die Zähne zusammen. Das Wasser verbrannte mir den Rücken, aber ich wartete einfach, bis es erträglicher wurde. Dann machte ich das Bier auf, eiskalt war es, und nahm einen tüchtigen Schluck.
„Jaah, hahaa ...", lachte ich leise, nur für mich. Ich schloss die Augen und trank noch mal. „Hahaha ..."
Das war gut, da konnte keine Sauna mithalten und keine Badewanne. Ich machte in aller Ruhe das Bier leer und ließ mir von den stahlharten Strahlen den Rücken massieren. Mich kriegt ihr nicht klein, dachte ich. Kolja trat wahrscheinlich in genau diesem Moment vor seinen Herrgott oder wurde wiedergeboren oder hatte ab jetzt für immer seine Ruhe. Aber ich war noch da und sowas von auf Zack.
Ohne mich vorher abgetrocknet zu haben, legte ich mich ins Bett. Holte mir einen runter und dachte dabei an die ein, zwei Frauen in meinem Leben, mit denen es sich hatte aushalten lassen. Dann stand ich wieder auf und sah nach meinen E-Mails. Eine einzige Nachricht war da und sie kam von Linda. Mit Linda war ich mal für ein paar Monate zusammen gewesen. Sie lebte in Wien. Ich las und wählte dann ihre Nummer.
„Hallo?"
„Hey, ich bin's."

„Daniel, wie schön! Hast du mein E-Mail gelesen?"

„Hab ich, ja."

„Und, kommst du nach Wien?"

„Naja, wann hast du denn gedacht?"

„Sofort."

„Ach so. Dann muss ich mal schauen, ob ich noch 'nen Zug kriege."

„Juhu!", schrie sie.

Ich nahm den Zug am nächsten Morgen. Einen von denen, die durch Tschechien fuhren. Mein Gepäck beschränkte sich auf ein einzelnes Buch, den vierten Band von Sartres *Der Idiot der Familie*. Das allerdings auch nur für kurze Zeit, denn ich hatte das Buch an irgendeiner Kasse liegen lassen, als ich mich mit Bier für die Fahrt eindeckte. Na, scheiß drauf, war sowieso langweilig. Ich saß also nur da und trank und schaute mir die Brandenburger Felder und Wälder an.

Was Linda wohl vorhatte? Ich mochte sie sehr gern und war froh, dass wir uns damals so entspannt getrennt hatten. Das konnte ich ganz gut, mich entspannt trennen. Außer einmal, mit Henrike, da war ich richtig ausgezuckt. Nach sechs Monaten mit ihr fühlte ich mich wie ein fader Wochenendkünstler. Im Grunde so wie jetzt. Und dann wurde ich zickig, aber so richtig, und setzte sie vor die Tür und wollte auch nicht mehr befreundet sein. Von einem Tag auf den anderen. Sie verstand die Welt nicht mehr und war wohl auch in mich verliebt und heulte und klingelte an meiner Tür, aber ich blieb hart. Zum ersten Mal in meinem Leben verhielt ich mich wie ein Arschloch. Es war eine merkwürdig berauschende Erfahrung. Jedenfalls war es mir schleierhaft, warum Linda mich unbedingt sehen wollte. Aber so ein bisschen Sex mit der Ex, warum nicht. Da fragte man doch nicht nach. Ich machte eine Büchse nach der anderen leer und erntete dafür böse Blicke von einer alten Kuh, die mir gegenübersaß. Wer frühmorgens schon trinkt, ist auch nicht mehr weit davon entfernt, Schulkinder zu sich ins Auto zu zerren. An der tschechischen Grenze teilten sie uns über Lautsprecher mit, dass die beiden hinteren Waggons nicht mehr fahrtüchtig seien. Daraufhin kamen all die Passagiere von dort zu uns. Die Alte in

meinem Abteil ärgerte sich darüber und fischte nach meiner So-
lidarität. Wenn es ans Keifen und Motzen ging, überwanden die
Deutschen noch jede soziale Kluft. Aber den Gefallen tat ich ihr
nicht. Schaute stattdessen zu, wie sie mit giftigem Gesicht die Sitze
räumte, auf denen sie sich ausgebreitet hatte. Dann machte ich die
Augen zu und pennte weg.

Eine tschechische Durchsage weckte mich. Der Zug stand mitten
in der Pampa. Die Alte war nicht mehr da und plötzlich standen
auch alle anderen auf. Mit einem unguten Gefühl in der Brust beobachtete ich, wie sie ihr Gepäck von den Ablagen nahmen. Dann
stiegen sie aus. Ich wartete ein bisschen und kam mir vor wie der
letzte Mensch auf Erden. Hatte ich was verpasst? Ein großes Un-
glück? Nach zehn Minuten kam endlich jemand vom Personal an
meinem Abteil vorbei.

„Hallo! Hallo, können Sie mir sagen, was los ist?"

Aber der Kerl rannte einfach weiter und quasselte irgendwas auf
Tschechisch und deutete dabei auf seine Armbanduhr. Ich wartete
nochmal zwanzig Minuten. Nichts passierte. Das war das Ende. Es
würde mir nichts anderes übrig bleiben, als den langen Weg durch
die Wildnis anzutreten. Zurück zur Grenze oder wenigstens in einen Ort mit Telefon. Aber ich hatte wenig Hoffnung. In der Fremde
war ich nicht besonders gut.

Auf einmal setzte der Zug sich wieder in Bewegung. Wir fuhren
einfach weiter, immer weiter, genau wie es sein sollte. Erleichtert
atmete ich durch. Ich war gerettet.

6

Linda wartete schon am Bahnsteig. Wir umarmten und uns und
stiegen in eine Tram. Es lag fast zwei Jahre zurück, dass ich das
letzte Mal in Wien gewesen war. Ich schaute aus dem Fenster auf
die Mariahilfer Straße und freute mich ein bisschen. So ein Orts-
wechsel war nicht das Schlechteste. Gab einem das Gefühl, dass
sich irgendwas tat.

Mit einer Flasche Wein machten wir es uns draußen bequem. Linda
lebte in einer Erdgeschosswohnung im Hinterhaus und hatte vor

ihrer Tür ein kleines Gartenstück mit Rasen und allem. Es wurde gerade dunkel. Um uns herum all diese Balkons und Fenster, in denen das Wetterleuchten der Vorabendsendungen einsetzte.

„Schön, dass du da bist", sagte sie.

„Ja, find ich auch."

„Auf uns."

„Ja, prost. Auf uns." Wir schauten uns über die Gläser hinweg in die Augen und ich fragte mich, ob ich nicht zu hart am Wind segelte.

„Und wie geht's dir?", wollte ich wissen.

„Ach, ich arbeite immer soviel." Linda war Bühnenbildnerin und machte auch Kostüme für irgendwelche Opern. „Keine Ahnung. Ich hab gar nichts zu sagen", meinte sie. „Erzähl du lieber was. Wie läuft's mit deiner Frau?"

„Welcher?"

„Der Gynäkologin."

„Ach, die. Die seh ich schon längst nicht mehr. Die hat mich immer nur hingehalten. Ich glaub, die wollte sich nur mal mit 'nem Künstler schmücken. Und nicht mal da hatte sie ein gutes Händchen."

„Ach, Quatsch, sag doch sowas nicht. Ich liebe, was du schreibst."

„Du übertreibst ja."

„Überhaupt nicht. Du bist total gut!"

„Ist auch egal. Jedenfalls treff ich die Gynäkologin nicht mehr. Manchmal nehm ich welche von den Lesungen mit nach Hause."

„Deine Groupies ..."

„Ja, genau. Groupies. Aber nichts Ernstes. Obwohl – ..." Ich überlegte kurz, ihr die Geschichte vom Puff zu erzählen. Sofort spürte ich einen kleinen, bitteren Stich.

„Was?", fragte Linda.

„Ich war bei einer Prostituierten."

„Ach, und das war was Ernstes?"

„Ja. Nein ... Es war anders, als ich gedacht hab."

„Du hast dich in sie verliebt."

„Sei doch nicht blöd." Ich rettete mich in ein Lachen und Linda stimmte mit ein.

„Du bist ganz schön wild, stimmt's?", fragte sie.

„Faul bin ich."

„Wieso? Du schreibst doch."

„Ja, aber das reicht nicht. Ich hab mir überlegt ... Was hältst du davon, wenn ich einen Film mache?"

„Ja, toll. Das kannst du bestimmt gut."

„So?"

„Ja. Mach das! Wir gehen morgen zum Janker."

„Zu wem?"

„Julius Janker."

Ich zuckte mit den Schultern.

„Geh, bitte. Den kennst du doch. Du hast bestimmt schon Filme mit dem gesehen."

„Keine Ahnung."

„Na, wenn du ihn siehst, fällt's dir wieder ein. Der kann dir bestimmt sagen, wie du sowas anfängst. Deshalb wollte ich auch, dass du kommst."

„Weil du mir bei meinen Film-Plänen helfen willst?"

„Nein, um dich dem Janker vorzustellen. Ich bin morgen Abend zum Essen bei ihm eingeladen."

„Wieso?"

„Ich werd für ihn arbeiten. Und will nicht allein."

„Okay", sagte ich und maß sie mit einem Blick. „Wie läuft's eigentlich bei dir?"

„Was?"

„Liebe, Beziehung, was auch immer."

„Ich hab jetzt einen Freund."

„Ach so?"

„Ja, seit zwei Wochen. Aber kompliziert. Ein Italiener ... naja, egal."

Ich grinste.

„Was ist?", fragte sie.

„Nix. Ich hab mir nur wieder zu viele Gedanken gemacht."

„Soso", sagte sie und lachte verwegen. Dann stießen wir an und tranken den Wein aus und schliefen im selben Bett, aber ganz keusch und rein, wie Brüderchen und Schwesterchen.

„Aufstehen!", rief ich am nächsten Morgen und sprang auf und stieß mir dabei den Kopf an einer Lampe, die sehr niedrig über Lindas Bett hing.

„Was ist los?", fragte sie.

„Komm, wir haben zu tun! Ich will mein Geld zum Fenster rauswerfen."

„Aber du hast doch so wenig."

„Stimmt. Deswegen will ich's ja auch zum Fenster rauswerfen."

„Putz dir doch erstmal die Zähne."

Ich putzte mir erstmal die Zähne. Dann zogen wir los. Frühstückten Torte im Café Schwarzenberg und spülten sie mit Kaffee runter. Gingen danach ins Hotel Sacher und aßen noch mehr Torte. Ich mochte Torte überhaupt nicht. Aber das war mir egal.

Als das viele Koffein uns nicht mehr auf den Stühlen halten konnte, fuhren wir zum Prater. Da gab es so eine Spielhalle, in der man mit Pistolen auf Bildschirme schießen musste und dort starben dann Soldaten und Roboter. An einem Automaten konnte man im Team spielen. Ich warf zwanzig Euro in Münzen ein und wir setzten uns. Es ging da um zwei Typen, die ein riesiges Anwesen durchqueren mussten. Dort wimmelte es nur so vor Zombies, aber auch echte Menschen und Kinder rannten durchs Bild. Wir ballerten, was das Zeug hielt und unsere Gegner mussten reihenweise dran glauben. Doch dann fiel ein Kind um.

„Hey, du hast dem Kind in den Kopf geschossen!", rief ich.

„Gar nicht, das warst du!", schrie Linda.

„Wir dürfen die Kinder doch nicht erschießen!"

„Ich weiß. Ich war das ja auch nicht! Du hast dem Kind in den Kopf geschossen!"

„Stimmt nicht!"

Zwei Paare mit ihren Kindern blieben stehen und starrten uns fassungslos an.

„Man soll doch keine Kinder erschießen", sagte Linda wieder.

„Ja, is gut."

Wir gingen ins Schweizerhaus und tranken Bier, bis wir schläfrig wurden. Auf einer Wiese in der Nähe streckten wir uns aus. „So kann man sich's gefallen lassen", sagte ich.

„Stimmt."

„Und was sollst du nun für den Janker machen?"

„Ausstattung natürlich."

„Bei was?"

„Na, für dieses Stück, das er jedes Jahr macht. MATA. Das würde dir auch gefallen."

„Ach, ich mag kein Theater."

„So richtig Theater ist das auch nicht."

Wir dösten eine Weile. Ich fragte mich, warum ich in Berlin nicht auch öfter mal in den Park ging. So übel war das gar nicht. Aber da hockte ich immer nur in meiner Bude rum. Oder in der Kneipe. Was auch nicht übel war.

Als Linda hungrig wurde, machten wir uns auf den Weg in den 1. Bezirk. Janker wohnte in der Nähe des Stephansdomes. An einem kleinen Platz, den wir durch enge, pittoreske Straßen erreichten. Wien war schön. Ein Freilichtmuseum. Die hatten im Krieg auch nicht so auf den Sack gekriegt.

Wir stiegen einige Treppen hinauf und standen dann vor Jankers Tür. Er öffnete uns in einem weißen, schmuddeligen Bademantel und hatte einen großen Bauch und einen großen Kopf und große, interessante Augen.

„Hallo Julius", sagte Linda und umarmte ihn.

„Hey, Darling."

„Das ist mein lieber Freund Daniel aus Berlin."

Wir schüttelten uns die Hand.

„Kommt rein." Er ging voraus und war dann verschwunden. Ich folgte Linda in ein großes Zimmer, in dem nur ein paar antike Möbel standen. Dicke Papierbündel und Tausende von Büchern und Videokassetten bedeckten den Boden und jede freie Fläche. Scheinbar unterbrachen wir ihn gerade bei irgendeiner Sortieraktion. Vielleicht sah es auch immer so aus. Auf einem Pfad gelangten wir in die Mitte des Raumes und standen dann da. Aus einem Lautsprecher tönte Mahler.

„Ist das der Nachlass von deinem Vater?", rief Linda. Als keine Antwort kam, kniete sie sich hin und fing an, in dem Zeug zu wühlen.

Nach einer Weile kam Janker durch eine Tür und drückte mir drei Gläser und eine Flasche Wein in die Hand.

„Das ist der Nachlass von meinem Vater", sagte er zu mir. „Schau mal, was ich gefunden hab." Er deutete auf einen Stapel quadratischer Hefte. Dann rauschte er durch eine andere Tür davon. Mit meinem Kellnerbesteck, das ich immer stolz in der Jackentasche trug, machte ich die Flasche auf. Die Hefte sahen sehr alt aus. Ich öffnete das oberste und glaubte, eine Zeichnung von Klimt zu erkennen.

„Wow, weißt du, was das ist?", fragte Linda. Sie war ganz aus dem Häuschen. „Das ist die Monatsschrift von den Secessionisten. Die Originalausgabe." Hektisch blätterte sie darin. „Und komplett."

„Toll", sagte ich.

„Ach, du Banause! Weißt du, was die wert sind?"

Janker kam gerade zurück. „Was ist? Kennt er nicht, dein deutscher Freund? Und Wein hat er auch noch nicht eingeschenkt."

„Ich dachte, das Recht beansprucht der Gastgeber für sich."

„Gieß endlich ein", meinte er.

Wir stießen an.

„Und was machst du so? Hat dich die Linda auch um den Finger gewickelt? Die steht auf solche arischen Prachtkerle. Außer jetzt dieser Italiener. Baut eben auch ab, auf ihre alten Tage."

„Fick dich", sagte Linda.

„Werd nicht frech, ja."

„Daniel ist Schriftsteller und will einen Film machen."

„Hältst jetzt mal deinen Schlapfen, wenn Männer reden!"

Sie zeigte ihm den Finger.

„Schriftsteller also?", fragte er.

„Naja, das ist vielleicht übertrieben. Ich schreib halt."

„Sei nicht so bescheiden. Ich hasse Bescheidenheit."

Ich wusste nicht, was ich dazu sagen sollte.

„Wir machen im Sommer eine MATA hier in Wien und danach in Israel. Willst nicht lieber da mitmachen?"

„Was ist denn MATA?", wollte ich wissen.

„Naja, mein Stück eben. Das soll dir die Linda erklären."

„Und was soll ich da machen?"

„Weiß nicht. Wir werden schon was finden. Dann verdienst auch mal ein bisschen was."

„Und damit machst dann deinen Film", sagte Linda.

„Ein Film? Von was handelt der?"

„Ähm... tja, also...", stotterte ich. „Von einem Typen, der in den Puff geht und, hmm, da was anderes findet, als er dachte."

„Autobiographisch?"

„Teilweise."

„Sehr schön. Ich koch jetzt was. Isst du mit?"

„Wenn ich darf."

Dazu sagte er nichts, sondern ging wieder durch eine Tür und fing an, mit Töpfen zu klappern.

„Meint er das ernst?", fragte ich Linda.

„Klar. Oh, das wär so toll, wenn du mitmachst."

Es dauerte nicht lange, da bat uns Janker zu Tisch. Blaue Gambas mit Knoblauch und Zitrone. Er aß am Herd und briet dabei drei Hirschsteaks. Erzählte uns von einem Gerichtsprozess, den das Land Kärnten gegen ihn führte, weil er dessen Einwohner als Kretins bezeichnet hatte. Linda aß keinen Hirsch, weil sie aus Tirol kam und Hirsche mochte. „Und das ist was ganz Besonderes", sagte er schließlich. „Hat mir eine Freundin aus Portugal mitgebracht. *Pastéis de Nata.*"

Das waren kleine Pasteten mit einer Art Vanillecreme drin. Ich ernährte mich gewöhnlich von Kartoffeln mit Quark oder hartgekochten Eiern und versuchte zu verbergen, wie viel Eindruck dieses Festmahl auf mich machte.

„Also überleg dir's halt", sagte Janker beim Kaffee. „Wir könnten dich gebrauchen."

„Und ab wann?"

„Weiß nicht. In drei Wochen." Wir machten noch eine Flasche Wein leer, wobei er pausenlos redete und dabei nicht eine Sekunde langweilig war. Ziemlich angetrunken gingen wir nach Hause.

„Er mag dich. Das ist selten bei Männern", meinte Linda.

„Aber warum?"

„Gutes Gespür. Hat er doch recht, oder?"

„Naja ..." Ich fühlte mich geschmeichelt. Später las ich einiges über ihn im Internet. Die stellten ihn als so eine Art Caligula dar. Einen talentierten Despoten, der dreimal die Woche vor Gericht stand, seine Schauspieler und Assistenten misshandelte und sich mit seinem Publikum prügelte. Auf einer Liste der hundert unbeliebtesten Österreicher kam er direkt nach Hitler. Ich versuchte dieses Bild mit dem charismatischen Gastgeber von vorhin in Einklang zu bringen und konnte es nicht.

7

Tags darauf verabschiedete ich mich von Linda. Ich wäre gern noch länger geblieben, aber der Currywurststand rief.

Im Zug dachte ich über Jankers Angebot nach. Linda kannte ihn schon eine Weile und meinte, dass an der öffentlichen Meinung durchaus was dran sei. Aber dass ich dank meiner stoischen Art bestimmt damit fertig werden würde. Die Frage war nur, ob ich die würde beibehalten können. Ich mochte andere Künstler nicht leiden, die schüchterten mich ein. Und dann gleich für mehrere Monate mit Schauspielern zusammenarbeiten? Für einen Chef mit kreativem Anspruch? Und das dann auch in Israel. War es nicht gefährlich da? Ich war noch nie aus Europa rausgekommen.

Einen halben Tag später lag ich wieder in meinem Bett und hatte einen Entschluss gefasst. Das war ein Zeichen des Himmels, genau zur richtigen Stunde. Wenn ich die Gelegenheit jetzt nicht wahrnahm, war ich wirklich ein Wochenendkünstler. Fett und zufrieden.

Ich rief meinen Chef vom Marktjob an.

„Ja?"

„Tach, Ronald. Hier ist Daniel."

„Daniel, mein Guter. Was gibt's?"

„Würde das gehen, dass ich'n paar Monate aussteige? Ich hätte da 'nen Job im Ausland."

„Wie lang denn?"

„Weiß nicht. Drei, vier Monate."

„Und wann?"

„Demnächst, weiß noch nicht genau."

„Müssten wir hinkriegen. Muss ich nur de Mutti fragen." Die Mutti war seine Frau.

„Super, ich meld mich dann, wenn ich was weiß."

Ich bedankte mich beim Herrn Jesus Christus, dass die Bosse und Tretmühlen in meinem Leben so human waren.

Die Arbeit am nächsten Tag ging mir schon viel leichter von der Hand. Ich schäkerte mit meiner Kollegin und den Kunden und trank Sekt und ärgerte den Typen vom Obststand so lange, bis er beleidigt war. Ich hatte den Dreh wieder raus.

Am Abend spülte ich sehr eilig die Fritteusen und das restliche Gelump, weil ich gegen neun bei meiner Lieblingsbühne als Gastleser eingeladen war und vorher noch duschen wollte. Die dortigen Kollegen waren in Ordnung und schrieben eine flotte Zeile, es war immer voll und brachte Geld und die Frauen gerieten schnell in Wallung und standen danach euphorisiert am Tresen, um von mir angesprochen zu werden.

Die Vorgabe war zwei Texte, jeweils fünf Minuten. Ich las zuerst einen, in dem ich mich als harter Kerl mit weichem Kern entpuppte, um dann im zweiten zu zeigen, dass auch der Kern hart sein konnte.

Den Damen, die sich voreilig in den starken Romantiker verkuckt hatten, zog ich damit hinterrücks einen Knüppel über den Kopf. Davon wurden sie aber nur noch rolliger. Ich wusste eben, wie man es anstellte.

Die Brünette, die ich mir ausgesucht hatte, war dann gar nicht interessiert und reagierte ausgesprochen genervt, als ich sie anquatschte. Eiskalt abblitzen ließ sie mich. Ich blieb also an der Bar hocken und trank mir einen an. Sechzig Tacken hatte der Abend gebracht und zwei Stunden später waren sie über den Jordan gegangen. Ich versuchte es nun bei der Barkeeperin. Eine Hübsche mit tollen Kurven. Aber die wollte auch nichts von mir wissen. Ich nahm meine Jacke und ging in die Kneipe zu Tolstoi.

„Na, du Made", grinste er und schaute auf die Uhr. „Wo kommst'n du jetzt noch her?"

„Von der Lesung. Bin besoffen. Alle Weiber sind scheiße."

Er lachte mich lange und genüsslich aus. Ich ließ es mir gefallen.
„Kriegt man in dem Scheißladen kein Bier mehr?"
Er gab mir eins. „Tja, du bist halt einfach scheiße", meinte er.
„Jaja..."
„Und?"
„Was und? Kannst du mal in ganzen Sätzen reden?"
„Wie läuft's?"
„Gut. Ich geh im Juni nach Wien. Und dann nach Jerusalem."
„Wie das?"
Ich erzählte es ihm. Er hielt es für eine gute Idee.
Zur Feier tranken wir immer weiter und zockten am Kickertisch
sämtliche Ligaspieler ab. Weil wir aus der Hüfte schossen und eini-
ges riskierten und auch ein bisschen betrunken waren. Sie suchten
beleidigt das Weite. „Na, ich werd mich auch mal auf'n Weg ma-
chen", meinte ich.
„Mach doch."
„Was kost'n der Spaß?"
Tolstoi schaute auf meinen Zettel. „Siebzehn vierzig."
„Kannst du mir zwanzig Euro leihen?" Er gab mir zwanzig Euro. Ich
gab sie ihm zurück. „Hier, stimmt so."

8

Als die Sache nun beschlossen war und mir nur noch zwei, drei Wochen in Berlin blieben, bekam ich kaum mehr was auf die Reihe.
Die Stunden fühlten sich an wie eine Gnadenfrist. Als würde ich
danach in den Krieg ziehen und nie mehr wiederkehren. Das war
früher auch so gewesen, wenn ich am Wochenende auf die Demos
fuhr, um mich mit Bullen oder Nazis zu kloppen. Da war ich kurz
vorher auch immer ganz apathisch geworden, als ginge es ans Sterben. Weil ich wohl jedes Mal mit dem Schlimmsten rechnete.
Immerhin ging ich weiter ins Hospiz. Ich hatte nicht vor, noch neue
Freundschaften zu schließen. Für die kurze Zeit lohnte das nicht.
Aber Kolja war schließlich nicht mein einziger Kumpel gewesen.
Es gab da auch noch zwei alte Mädels, denen ich seit ein paar Monaten auf den Keks ging.

Die eine hieß Frau Wolschke und war eine typische Oma. Redete gern über das Wetter und die Jugend und das Essen im Hospiz. Und darüber, dass ich noch immer keine Freundin hatte. Meistens saßen wir zusammen vor der Glotze, was immer lustig wurde, wenn wir bei einer Talkshow so ein Assi-Thema erwischten, bei dem fette Mütter ihre fetten Töchter zur Sau machten. „Mensch, hat die ne Kiste, also sowat", regte die Wolschke sich dann auf.

„Da ist ganz schön was dran."

„Jefällt dir det?"

„Naja, versperrt einem halt den Weg irgendwie."

„Ja, eben, da kommt man ja jani rin."

„Frau Wolschke..."

„Na, ist doch wahr, hihihi ..."

Sie erinnerte mich ein bisschen an meine eigene Oma, die schon mit sechzig gestorben, beziehungsweise mittels Chemotherapie umgebracht worden war. Oma Wolschke verstand überhaupt nicht, was ich da machte mit meinem Geschreibe, eine ordentliche Arbeit hatte ich auch nicht und mit Mitte 20 noch immer keine Freundin. Ich war noch verkatert von einem Besäufnis mit Tolstoi und schaute mir eins ihrer Fotoalben aus der Nachkriegszeit an. Dazu teilten wir uns eine Flasche Bier.

„Wo bist'n grade?", wollte sie wissen.

„Bei den Trümmerbildern. Und das da unten, ist das Ihr Mann?"

„Zeig mal, uh, ick seh ja nüscht, halt doch mal höher. Ach ja, da isser grade von Jefangenschaft heimjekommen."

„Aus Frankreich?"

„Nee, aus Russland natürlich. Glaubste jani, wie grün der noch hinter de Ohren war."

„Wieso?"

„Na, der wusste nicht, watter machen soll im Bette. Uns hamse ja allet beijebracht, die Russen, als se uns verjewaltigt ham, hihihi..."

Sie erzählte das mit einem strahlenden Gesicht. Als wären es die schönsten Erinnerungen. Ich staunte und musste lachen.

„Ick hab alle Tricks jekannt. Aber der wusste nüscht, haha, wusste ja nicht, watter damit anfangen soll mit dem Dink zwischen seine

Beene. Musste ick ihm allet zeigen."
„Armer Hund."
„Hihi, hat der sich anjestellt, hihihi ..."
Wir schlürften unser Bier und lachten. So bekam man Geschichte in der Schule nicht beigebracht.

Nach dem Mittagessen ging ich zu der anderen, zu Frau Kaloso. Sie hatte etwas Vornehmes und angenehm Müdes an sich. Sehr würdevoll. In ihrer Krankenakte nannten sie es Depression. Seinerzeit war sie die Sekretärin des DDR-Außenministers gewesen und dadurch entsprechend herum gekommen in der Welt. Jetzt saß sie immer an ihrem Fenster und fädelte kleine Plastikperlen auf eine Schnur. Es hieß, dass sie keine Gefühle mehr äußern könne. Aber das stimmte nicht. Mich mochte sie und zeigte das auch. Nur geschah es eben sehr subtil und man brauchte einen Riecher dafür. Klar war sie traurig. Aber ich versuchte mir vorzustellen, wie es sein würde, da mit zweiundneunzig immer noch rumzusitzen. Alle, mit denen man sein Leben verbracht hatte, schon längst tot. Sozusagen der letzte seiner Art. Vielleicht wurde man da einfach leise. Horchte in sich, ob das Ende noch immer nicht näher kam.
Wir waren zu einem Spaziergang über die Friedhöfe der Hermannstraße verabredet. Das machten wir einmal die Woche. Aber heute saß sie auf ihrem Bett und nicht wie sonst ausgehfertig im Rollstuhl.
„Was los?", fragte ich.
„Hm? Ach, Daniel, ich glaube das wird heute nichts."
„Nein?"
„Nein." Sie hatte Tränen in den Augen.
Ich setzte mich an den Tisch und wartete.
„Ich glaub, jetzt geht's bald zu Ende", sagte sie.
„Ja?"
„Ja, ich merk's schon. Ich bin ganz schwach."
„Vielleicht nur'n schlechter Tag?"
„Nein, ich glaube nicht. Muss ja auch mal zu Ende gehen."
Ich schwieg.
„Tut mir wirklich leid", sagte sie. „Vielleicht können wir auch später

noch raus, wenn du dich darauf eingestellt hast."

„Ach Quatsch. Sind doch eh nur Idioten auf der Straße."

„Das sagst du immer."

„Wir können doch auch hier bleiben. Vielleicht hören wir ein bisschen Musik?"

„Ja? Aber nur, wenn's dir nichts ausmacht."

„Ach, jetzt komm' Se mal. Als ob ich so zimperlich wäre. Was soll ich denn holen?"

„Irgendwas. Hauptsache nicht Mozart."

Ich legte Mahlers Zweite auf. Wir lauschten jeder für sich und als die Chöre im letzten Satz das große *Sterben werd ich, um zu leben* anstimmten, liefen ihr stille Tränen übers Gesicht. Schön und traurig sah sie aus.

Es wurde wieder so ein Tag, an dem ich auf der Heimfahrt in der U-Bahn nicht lesen konnte. Normalerweise hielt ich es nur so aus. Wenn ich all diese dummen Gesichter nicht sehen musste. Aber ich wollte mich nicht ablenken lassen. Wollte jeden Eindruck aus dem Hospiz noch mal durchleben. Das kostete Willenskraft, aber genau darum ging es mir. Ich wollte begreifen, was da passierte. Den Tod und das Sterben. Dabei wurde ich immer sehr müde.

Ich legte mich in mein Bett und schlief eine Runde. Früher hatte mich das immer geärgert. So eine Zeitverschwendung. Aber ich lernte, es als ein Signal meines Körpers oder meines Unterbewusstseins oder irgendwas anderem zu akzeptieren.

Musste ja Auswirkungen haben, das Ganze.

Ständig wurde ich von allen möglichen Leuten gefragt, warum ich das eigentlich machte. Die einzig ehrliche Antwort war, dass ich es nicht wusste. Und dass ich fand, dass es auch scheißegal war. Dauernd wollten die gescheite Erklärungen für alles. Wollten einen Sinn sehen, wo vielleicht einfach keiner war. Dabei stimmte das ja auch nicht. Jede Tat ergab irgendwie einen Sinn. Nur konnte man das nicht immer in eine ihrer platten Formeln bringen. Ich gehe ins Hospiz, weil ich meine eigene Sterblichkeit begreifen will. Jaja, Arschlecken.

9

Das Telefon klingelte, aber ich war zu faul ranzugehen. Es wurde still, dann klingelte es wieder. Jankers Nummer wurde angezeigt.

„Ja, hallo. Julius?", meldete ich mich.

„Daniel?"

„Ja?"

„Hat sich Linda bei dir gemeldet, die Fotze?"

„Äh, nein, wieso? Was ist denn?"

„Die will nicht mehr mitmachen. Die Dame ist jetzt eine Diva. Aber das geht nicht, die Proben fangen übermorgen an."

„Ja, ich weiß."

„Ruf sie mal an. Und du musst auch schon Ende der Woche kommen, bitte."

„Oh, ich weiß nicht, ob ich das hinkriege."

„Naja, musst du halt. Ich brauch dich jetzt hier."

„Ich versuch's."

„Ja, danke. Ciao."

„Ciao", sagte ich, aber er hatte schon aufgelegt. Ich steckte mir was zu rauchen an und wählte Lindas Nummer.

„Hallo, Daniel", sagte sie.

„Grüß dich. Wie geht's?"

„Mir geht's so gut, das glaubst du gar nicht."

„Was ist denn passiert?"

„Warum ich gegangen bin, meinst du?"

„Ja."

„Ach, weißt du, nichts Bestimmtes eigentlich. Es geht nur nicht mehr, mit ihm zu arbeiten."

„Wieso nicht?"

„Schwer zu sagen. Er lässt mich einfach nicht machen. Ich komm zu nichts, weißt du? Ich glaube, er wird verrückt. Also so ungut. Mischt sich in alles ein und sabotiert mich richtig."

„Naja, du kennst ihn auch schon 'ne Weile."

„Ja, eben. Und es ist wirklich viel schlimmer geworden mit ihm. Aber vielleicht ist er mit dir anders. Ich will's dir nicht schlecht reden, es geht nur einfach nicht mehr."

„Schade."

„Schade, dass wir nicht zusammen da arbeiten können. Vor allem, weil ich dich erst dazu gebracht habe. Aber ich glaube, es ist das Beste so. Und die Ausstattung ist eh fast fertig."

„Vielleicht können wir uns trotzdem sehen, wenn ich da bin?", meinte ich.

„Klar, unbedingt, ich hab jetzt Zeit."

„Na, dann ..."

„Viel Glück, Daniel."

„Ja, dir auch." Nachdenklich rauchte ich auf. Das fing ja gut an. Sah so aus, als würde ich allein an die Front müssen. Aber als Einzelkämpfer war ich ohnehin am besten. Schade nur um die gestohlene Woche. Da hätte ich noch eine gutbezahlte Lesung gehabt. Andererseits würde ich mir bald keine Sorgen mehr um Geld machen müssen. Wenn Janker so gut zahlte, wie Linda sagte.

Ich klimperte eine Weile auf dem Klavier rum. Trank dazu einige Gläser Fusel, bis ich so mürbe im Zylinder war, dass mir nur noch der Weg in die Kneipe blieb. Außer Tolstoi war noch niemand da und der baute gerade einen Joint. „Was'n mit dir los", pflaumte er mich an. „Biste aus'm Bett gefallen?"

„Aus'm Bett von deiner Mutter, ja."

„Uiuiui, dicke Eier oder was?"

„Die dicksten, weißt du doch." Ich holte zwei Barhocker an das Ende des Tresens und wir setzten uns.

„Und, wann geht's los?", fragte er.

„Übermorgen."

„Schon?"

„Ja. Bin ich froh, wenn ich euch Vögel mal'n paar Monate nicht sehen muss."

„Na, danke. Du Arschmade."

Wir rauchten schweigend seinen Joint runter. Dann machte er zwei Biere auf.

„Wie, so früh trinkst du schon mit?", fragte ich.

„Na, zur Feier des Tages. Dass wir dich endlich los sind."

„Prost."

„Prost, du Wurst."
Bevor wir noch sentimentaler werden konnten, tauchte Thorben
auf. Der war Familienvater wie Tolstoi und Journalist und ein ziem-
lich guter Kumpel.
„Was'n mit euch los?", meinte er. „Seht aus, als wollt ihr gleich
losflennen."
„Halt du mal die Luft an", gab ich zurück und dann zu Tolstoi ge-
wandt: „Drei Schnaps."
„Wie, jetzt schon?"
„Konterschnaps."
„Wogegen denn?", wollte Thorben wissen.
„Keine Ahnung. Gegen den HSV."
„Na dann."
Wir warteten, bis ein vierter Mann auftauchte und stellten uns an
den Kickertisch. Ich hatte einen Lauf und verwandelte alles, wie ich
gerade wollte. Wenn Thorben und ich gewannen, tranken wir Sie-
gerschnaps, bei einer Niederlage Konterschnaps. Um neun waren
wir schon gut dabei. Wenn es am Tisch entsprechend lief, merkte
ich immer gar nicht, wie ich besoffen wurde. Wir machten gerade
Pause und kifften uns eins, da kamen drei fesche Frauen durch die
Tür und setzten sich vorne ans Fenster.
Ich beobachtete sie eine Weile. Als Erstes bestellten sie eine Runde
Tequila und tranken ihn ohne Gemüse. Dann nahmen sie Sambuca
und danach Wodka. Thorben blinzelte mich von der Seite an.
„Na, wirste spitz?", fragte er.
„Kuck mal, was die wegtrinken."
„Schnellbesohlung halt."
„Aber echt."
„Na, geh hin."
„Werd mal nicht komisch, ja."
„Uhh, biste wieder sensibel heute, oder was?"
„Immer, weißte doch." Zwei Vollpfosten, die ich vom Kickern
kannte, forderten die Mädels zu einem Duell heraus. Sie diskutier-
ten eine Weile und lachten dabei. Dann standen zwei von ihnen
auf und gingen mit nach hinten. Ich wartete einen Moment, ob die

dritte ihnen folgen würde, aber sie machte keinerlei Anstalten. Sie blickte sich ein bisschen im Laden um und als sich unsere Blicke trafen, ging ich zu ihr rüber. „Brauchst'n Partner?", fragte ich. „Wie bitte?"

„Zum Kicker spielen."

„Nein, find ich langweilig." Sie hatte kurze Haare und dafür sehr lange Wimpern. Hohe Wangenknochen und graue Augen. Einen arroganten Zug um den Mund. Kam mir vielleicht auch nur so vor, weil sie mit Münchner Dialekt sprach.

„Was machst'n hier? Urlaub?"

„Nein. Junggesellinnen-Abschied."

„Oh je."

„Des kannst wohl sagen."

Ich ließ mir von Tolstoi zwei Wodka hinstellen. Dabei warf er einen prüfenden Blick auf die Frau und nickte mir dann zu. Sie hieß Nadja und kannte die zukünftige Braut gar nicht. War nur von einer gemeinsamen Freundin mitgeschleppt worden. Sie hatte eine kotzlangweilige Woche verbracht und musste am nächsten Tag wieder nach München zurück. Ohne irgendwas erlebt zu haben. Ich sagte ihr, dass auch ich die Stadt in zwei Tagen verlassen würde. Wir tranken noch eine Runde, dann gingen wir zu mir.

Es wurde ein langer Kampf, weil ich schon zu betrunken war. Ich hatte trotzdem meinen Spaß. Fragte sie nur zwischendurch mal, ob sie noch konnte. Sie schaute verwundert und sagte: „Na klar." Aber eine viertel Stunde später war es ihr dann doch genug, also legten wir uns nebeneinander hin und versuchten zu schlafen. Ich konnte schwer beurteilen, ob sie sauer war. Frauen reagierten da immer unterschiedlich. Aber im Lauf der Nacht schmiegte sie sich immer enger an mich, wie ein sehr einsamer Mensch, und vergrub ihr Gesicht an meiner Brust. Das fand ich gut und aus irgendeinem Grund musste ich an die Sache mit der Nutte denken.

Am Morgen brachte ich Nadja zu ihrem Hostel zurück. Sie tat sehr distanziert. Küsste mich auch nicht zum Abschied. Münchner eben, dachte ich. Aber ich hatte ihr wahres Gesicht gesehen. Dann rief ich Tolstoi an.

„Na? Muskelkater?", fragte er.

„Klar. War gut."

„Du bist echt'n Zäpfchen."

„Jaja, danke, Schatz. Ich wollte nur noch mal Tschüss sagen."

„Ja, mach's gut. Pass auch dich auf."

„Du auch."

„Und du weißt ja: Immer die Hände über der Bettdecke lassen."

„Ist klar. Also dann."

„Ahoi."

Dann ging ich nach Hause und brachte allein zu Ende, was ich mit Nadja nicht geschafft hatte.

10

Blieb nur noch eins zu tun. Abschied von den beiden alten Ladies nehmen. Mir war mulmig zumute deswegen. Als ich im Hospiz ankam, stellte sich heraus, dass es im Fall von Frau Kaloso gar nicht mehr nötig war. Sie hatte noch am Tag meines letzten Besuches ihr Leben ausgehaucht.

„Mann, warum habt ihr mich denn nicht angerufen?", regte ich mich auf.

„Wollten wir, aber sie hat vorher ausdrücklich gesagt, dass wir dich nicht behelligen sollen."

„Wie kann man nur so beschissen rücksichtsvoll sein", sagte ich. Selbst im Sterben wollte sie keinem zur Last fallen.

„Wie bitte?"

„Ach, nix. Und was ist mit der Wolschke? Ist die auch tot?"

„Nein, die sitzt im Wintergarten."

Ich ging hin. Langsam. Es wurde eine elend deprimierende Angelegenheit. Wir versuchten, es halbwegs unbeschwert über die Bühne zu bringen. Und wussten beide, dass der Abschied endgültig war. Dafür würde der Krebs in ihren Eierstöcken schon sorgen. Ich fand, dass ich den Einsatz gerade gewaltig in die Höhe getrieben hatte. Nun war ich es auch der Wolschke schuldig, dass aus meinem Vorhaben was wurde. Ich umarmte ein paar Schwestern und ging, ohne zu wissen, wann ich wiederkehren würde.

Und jetzt, fragte ich mich. Jetzt lässt du wieder alles hinter dir. So hatte ich es schon immer gemacht. Nur keine Bindung auf Dauer eingehen. Meine Freunde in Berlin waren alle um die vierzig. Weil die Leute in meinem Alter zu nichts zu gebrauchen waren. Aber vielleicht erlaubte mir das auch, größeren Abstand zu halten. Mich nicht festzulegen. Ich war ein Chamäleon und gab mich so, wie es mir grade in den Kram passte. Jetzt zog ich einen sauberen Strich unter das Hospiz und die Kneipe und verschwand für ein halbes Jahr. Womit ich doch nur bewies, dass ich auch unter meine Freundschaften einen Strich ziehen konnte. Das kam mir verlogen und feige vor. Vielleicht war es aber auch das Los des Künstlers. Nicht wirklich am Leben teilzuhaben. Nur daneben zu stehen und zu beobachten.

Sonntag früh holten Ronny und ich den Mietwagen für die Tour nach Wien ab. Ronny war mein dienstältester Kollege vom Currywurststand, hatte drei Kinder von drei verschiedenen Frauen und war mal fast wegen einer Autoimmunerkrankung draufgegangen. Außerdem hatte er einen Führerschein. Wir fuhren nach Treptow zum Hallenflohmarkt. Da hatte ich mir von der Türkenmafia vierzig Perserteppiche für **MATA** besorgen lassen. Keine Ahnung, wofür Janker die brauchte. Aber wenn mein Chef mir Befehle gab, befolgte ich sie.

Wir luden das stinkende Gelump ins Auto und kauften danach an einer Tankstelle Kaffee und Bier. Als wir auf der Autobahn die Abfahrt nach Dresden hinter uns hatten, merkte ich, wie das Fernweh mich packte und es war ein erhebendes Gefühl. Ich war wild und frei. Gutgelaunt knackte ich meine Büchsen und drehte an den Reglern des Autoradios und schon hatten wir Prag hinter uns. Die Sonne brannte. Mein Arm, den ich faul aus dem Fenster hängen ließ, war am Nachmittag krebsrot und kitzelte.

11

Jankers Spielstätte war keines der Theaterhäuser, sondern das kaiserlich-königliche Post- und Telegrafenamt am Börseplatz. Ein fünfstöckiger Prachtklotz mitten im 1. Bezirk.

Wir kurvten eine Weile rum, bis wir es gefunden hatten und park-
ten dann am Hintereingang. Ronny steckte sich eine Kippe an und
wartete, derweil ich durch das Tor in den engen Innenhof ging. Es
war still und kühl wie in einem Mausoleum. Jankers Reich.
Keine halbe Minute, da kam ein kleiner Kerl mit Brille und zwei
Albanern im Schlepptau auf mich zu. „Bist du der Daniel?"
„Yep."
„Was?"
„Ja, der bin ich."
Er wischte sich die Hand am Hosenbein ab und streckte sie mir
entgegen. „Ich bin Andi."
„Freut mich", sagte ich und drückte zu. Es war, als würde man die
Hand eines Toten schütteln. Keinerlei Pfeffer dahinter. „Und wer
seid ihr beiden?" Die Albaner, ein abgebrochener Bengel von viel-
leicht vierzehn und einer, der aussah wie sein Vater, grinsten nur
verlegen und wichen meinem Blick aus.
„Das ist der Lindi und sein Vater, ähm ..."
„Elber", brummte der Alte.
„Okay", sagte ich. „Wir haben da draußen ein paar Teppiche im
Auto. Hast du ’ne Ahnung, wo wir die abladen sollen?"
„Ähm, nein."
„Okay, wo is’n der Julius? Muss eh erstmal Hallo sagen."
„Oh, den dürfen wir nicht stören, der probt gerade."
„Ach, das geht schon in Ordnung."
„Meinst wirklich?"
„Ja, mein Gott."
„Na gut", machte er und holte ein Walkie-Talkie aus seiner Gürtel-
tasche. „Andi für Julius."
Es dauerte ein paar Sekunden, dann ertönte eine blecherne Stimme:
„Verdammt, es heißt Julius für Andi, du Trottl! Wenn du mich willst,
musst du sagen: Julius für Andi."
Andi rückte sich die Brille zurecht und hielt dann wieder das Wal-
kie an seinen Mund. „Julius für Andi."
„Ja?"
„Der Daniel ist da. Darf er raufkommen?"

„Na, sicher, schön. Schick ihn rauf."

„Wohin, in den vierten Stock?"

„Jaja."

„Also gehen wir", sagte ich und steuerte den Lift an.

„Oh, halt, den dürfen wir nicht blockieren."

„Was?"

„Den Lift dürfen wir nicht benutzen, wenn Proben sind."

„Komm, krieg dich mal wieder ein." Wir fuhren nach oben und ich folgte dem Burschen in einen riesigen Festsaal. Zwölf Meter hohe Decke, rote Samtvorhänge vor den Fenstern. Eine Tafel mit über vierzig Sitzplätzen und ein *Bösendorfer* Flügel.

Janker saß mit vier Leuten in der entferntesten Ecke. Er war barfuß, trug nur eine Leinenhose und ein weißes Hemd und sprang auf, als er mich kommen sah. „Hi, hi", sagte er mit sanfter Stimme und wir umarmten uns. „Komm, ich stell dich vor."

Wir gingen zurück zum Stuhlkreis, während er mich an der Hand hielt wie ein stolzer Vater. Die vier Schauspieler unterbrachen ihr Gespräch und schauten neugierig, wer da soviel Zuwendung vom Maestro bekam.

„Schaut mal, das ist unsere Geheimwaffe aus Deutschland. Jetzt weht hier bald ein anderer Wind. Daniel, diese dunkle Schönheit hier ist Dunja, unsere MATA eins."

„Hallo."

„Hallo", sagte Dunja mit rauchiger Stimme. Sie hatte etwas sehr Mondänes an sich und einen durchtriebenen Glanz in den Augen. Ich erfuhr noch mehr Namen, die ich gleich wieder vergaß.

„Komm, ich führ dich mal ein bisschen rum", meinte der Chef. „So ein schönes Haus hatten wir noch nie. Und ihr macht weiter."

Wir gingen los.

„Seid ihr gut hergekommen?"

„Ja, und wir haben die Teppiche dabei. Wo können wir die denn hinlegen?"

„Das sollen die anderen machen. Das hier ist der Festsaal, wo das Stück auch beginnt. Und in der Pause findet hier das große Bankett statt. Als Leichenschmaus für Gustav Mahler."

Er führte mich durch eine Reihe von Räumen mit ähnlich großen Ausmaßen. Sie waren alle im Stil der Jahrhundertwende eingerichtet und zeigten irgendeine Szenerie. Ein Feldlazarett. Das Atelier von Oskar Kokoschka. Einen Wintergarten voller Pflanzen und einem im Boden versenkten Pool. Scheinbar wurden hier *alle* Räume für das Theaterstück benutzt. Die Ausstattung war beeindruckend, Linda hatte sich voll ins Zeug gelegt.

„Und das hier haben wir für dich hergerichtet. Schön, nicht?"

Wir waren inzwischen in einem hellen Zimmer im dritten Stock angekommen.

„Ja, toll." Ich war völlig überfordert.

Janker zeigte mir noch einiges mehr. Dann standen wir wieder im Hof. „So, das war's."

„Gut", meinte ich. „Sollen wir die Teppiche irgendwo ausbreiten? Damit du sehen kannst, was es so gibt?"

„Ja, mach mal im dritten Stock. Und pass auf die Albaner auf, die faulen Schweine. Denen muss man immer was zu tun geben, sonst tun die genau gar nichts."

„Is gut. Danach mach ich Feierabend, wenn das okay ist."

„Mach wie du denkst." Er ging wieder in den Lift und sprach dabei irgendwas in sein Walkie. Ronny und die Albaner waren schon dabei, die Teppiche auszuladen. Ich packte mit an und zwei Stunden später hatten wir sie alle in den Fluren des dritten Stocks ausgebreitet. Wir waren verschwitzt und dreckig.

„Jetzt muss ich erstmal duschen", meinte Ronny.

„Gehen wir dann noch was trinken?", fragte ich. Irgendwie wollte ich ihn nicht ziehen lassen. Meine letzte Verbindung zu Berlin.

„Nein, ich glaub, ich fahr gleich wieder."

„Alles klar."

Wir umarmten uns zum Abschied und klopften uns gegenseitig auf den Rücken. Dann stieg er in den Transporter und bog um die nächste Straßenecke. Ich ging zurück in das kaiserlich-königliche Post- und Telegrafenamt und zog das schwere Holztor hinter mir zu.

WIEN

1

Am nächsten Morgen irrte ich durch die langen, leeren Korridore, bis ich sowas wie ein Bad fand. Ich duschte und kam mir einsam vor. Dann schlich ich in den Festsaal und setzte mich an den Flügel. Noch immer keine Menschenseele weit und breit. Zaghaft durchbrach ich die Stille mit einem langsamen Beethoven. Nicht schlecht. In Berlin hatte ich nur ein E-Piano. Ein Instrument ohne Seele. Nicht zu vergleichen mit diesem *Bösendorfer*. Als Nächstes brachte ich ein Nocturne aufs Tapet. Plötzlich stand Janker hinter mir und ich zuckte dermaßen zusammen. „Gott, hast du mich erschreckt", sagte ich.

„Ich wusste gar nicht, dass du so schön Klavier spielen kannst."

„Tja ..."

Er lächelte abwesend. „Kommst nachher mal zu mir, dass wir deine To-do-Liste durchgehen können?"

„Klar, können wir auch gleich machen", meinte ich.

„Nein, nein, bist narrisch? Ich schlaf ja noch halb. Warum bist du überhaupt schon wach?"

„Keine Ahnung."

„Deutscher Übermut?"

„Wahrscheinlich."

„Na, dann mach mal."

Ich fing das Nocturne wieder an, während er die Hände auf dem Rücken verschränkte und mit schiefgelegtem Kopf durch die nächstbeste Tür ging. Es war mir nicht begreiflich, was er an mir fand. Wahrscheinlich wickelte er am Anfang jeden so um den Finger. Ich musste auf der Hut sein.

Meine To-do-Liste war recht einfach. Wände streichen, Möbel reparieren, Lampen aufhängen. Scheinbar sollte das Stück nur mit den Kerzen und Lampen beleuchtet werden, die in den Kulissen standen. Es war ein kleines Problem, dass in manchen Räumen der Strom nicht mehr funktionierte und ich ihn von sonst wo holen musste. Mit Theater hatte diese Arbeit wenig zu tun. Aber vielleicht wollte Janker auch nur testen, ob ich mir zu gut dafür war. Gegen Mittag war ich im Kokoschka-Raum zugange. Schliff eine verzogene Schranktür ab und brachte neue Scharniere an. Da kam die Produktionsleiterin Tanja vorbei. Mit der hatte ich schon einige E-Mails geschrieben. Sie war sehr klein und hatte ein pfiffiges Gesicht. Sexy auf Sekretärinnen-Art.

„Ich hab dann auch noch eine Liste für dich", sagte sie. „Da sind ein paar Sachen, die für die Behörde erledigt werden müssen."

„Alles klar, immer her damit."

Als Nächstes besuchte mich Andi. Hatten die alle nichts zu tun? Er fragte, ob er mir was zu essen mitbringen sollte. Ich sagte nein. Wenn ich bei einer neuen Arbeitsstelle anfing, hatte ich immer das Bedürfnis, mich zu beweisen. Dadurch war ich in den ersten Tagen so auf Adrenalin, dass ich weder Hunger noch Müdigkeit kannte. Total bekloppt.

Abends hatte ich dann schon einiges geschafft. Es erschien mir logisch, zuerst die offensichtlichen Sachen zu erledigen, die Janker zwangsläufig auffallen mussten. Ich trieb mich gerade im Festsaal rum, weil ich auch was von den Proben mitkriegen wollte. Da kam von dem Alten prompt die Antwort.

„Seht ihr", sagte er zu den Schauspielern und mit einem giftigen Seitenblick zu Tanja. „Kaum ist der Daniel da, sieht alles schon viel schöner aus."

Ich lächelte still und bescheiden. Ganz deutscher Schäferhund.

Die Leute standen um die Festtafel herum, weil sie irgendein Lied probten. Das würde später von einer Band gespielt werden, die es aber noch nicht gab. Stattdessen versuchte ein blondes Mädel in Dienstmädchentracht, eine Aufnahme des Liedes von Jankers MacBook abzuspielen.

„Hast du's jetzt bald mal?", raunzte er sie an.

„Das geht nicht."

„Gib her!" Er wartete gar nicht, bis sie ihm das Ding rüberreichen konnte, sondern riss es ihr vom Schoß. „Musst dich halt informieren. Ich hab dir letzte Woche schon gesagt, dass du damit umgehen können musst."

„Wann soll ich das denn machen?", quengelte sie.

„Das ist mir scheißegal. Hol mir meinen Text aus dem Büro."

Sie stand auf und ging aufreizend langsam aus dem Festsaal.

„Hopp, hopp", schrie er ihr hinterher. „Das Temperament eines Laubfroschs ..."

Ein paar der Schauspieler lachten leise, aber den meisten war es unangenehm. Janker spielte das Lied ab und sie begannen mit der Choreografie. Ich ging ins Büro. Da saß die Blonde auf Jankers Stuhl und rauchte und quatschte mit Tanja.

„Hi", sagte ich. „Daniel."

„Ich weiß. Hab dich heute schon in der Küche gesehen. Ich heiß Adi."

Wir gaben uns die Hand. Sie hatte längere Finger als ich. Ich fand ihr Gesicht eigentlich recht gewöhnlich. Hübsch, aber nichts Besonderes. Dafür hatte sie eine Figur, die sich sehen ließ. Und sie war von allen die einzige, die Janker so furchtlos gegenübertrat.

„Wieso hast du eigentlich so'n Kostüm an?", fragte ich.

Adi schaute an sich herunter und wischte einen Aschekrümel von ihrer weißen Schürze. „Das will der Dicke so."

„Julius?"

„Ja."

„Aha ... naja. Ich verleg dann mal noch'n paar Kabel, bevor es dunkel wird."

„Wollen wir nicht lieber'n Kaffee trinken?"

„Später vielleicht", antwortete ich und ließ die beiden da sitzen. Ich zog mir Gummihandschuhe an und machte mich am Sicherungskasten des Lazaretts zu schaffen. Einige der alten Sicherungen waren verplombt und ich zapfte sie wieder an, weil ich mehr Strom für den Raum brauchte. Das hatte mir mal ein Elektriker gezeigt. Es klappte nicht gleich, aber ich war so vertieft in meine Arbeit, dass ich nicht merkte, wie die Zeit verstrich. Eine Weile hörte ich aus dem Festsaal noch den Lärm der Liedprobe, aber irgendwann war auch das vorbei.

Ich dachte über meinen Film nach. Dass er von der Nutten-Sache handeln sollte, wusste ich auch erst, seit Janker mich danach gefragt hatte. Obwohl es natürlich Sinn machte. Aber wie sollte ich eine Sexszene inszenieren? Wer sollte mich spielen? Vielleicht doch lieber ein Drogenkartell aufbauen? Oder die Weltreise machen? Dann fragte ich mich, was das aufreizende Lächeln dieser Tanja zu bedeuten hatte und ob Adi mit dem Angebot, einen Kaffee zu trinken mehr meinte, als einen Kaffee zu trinken. Die war schon ein Luder, wie sie da auf Jankers Platz saß und rauchte.

Derweil stellte ich fest, dass der Raum einen doppelten Boden hatte. Ich hebelte einige der Platten aus ihrer Halterung und begann, die Kabel darunter zu verlegen. Fluchend krauchte ich in dem stinkigen Staub von Jahrzehnten herum. Da stand Janker schon wieder hinter mir.

„Herrgottsakra", sagte ich.

„Tu mir einen Gefallen und mach Feierabend, ja?"

„Na gut ... Ich mach das hier nur fertig."

„Du spinnst völlig."

„Sonst fällt noch jemand rein."

„Hast du dem Lindi heute was zu tun gegeben?"

„Wem?"

„Dem kleinen Ausländer."

„Ach so, nein, soll ich das?"

Er wurde ungehalten. „Na sicher sollst du das! Hab ich doch gesagt! Ich bezahl ihn schließlich, das fette Schwein. Musst dich schon auch ein bisschen drum kümmern."

„Okay." Delegieren, das konnte ich gar nicht leiden. Vor allem, wenn man fürs Erklären und Kontrollieren mehr Zeit brauchte, als für die eigentliche Arbeit nötig gewesen wäre.

„Wir kochen unten noch was", sagte der Alte. „Magst dazu kommen?"

„Klar. Ich dusch nur noch schnell."

„Wozu denn das? Willst noch was abschleppen heute?"

„Nein, aber ich stink wie ein Schwein."

„Stell dich nicht so an. Kommst dann in die Spielküche, ja."

„Alles klar."

Ich duschte und fuhr ins Erdgeschoss. Dort befand sich die große Küche, die für ein paar der wichtigsten Szenen benutzt wurde. Janker stand am antiken Herd und briet irgendwas. Ich setzte mich zu den Schauspielern an den Tisch. Die dunkle Dunja war dabei und auch eine Ungarin aus Berlin mit sagenhaften grünen Augen. Außerdem ein Portugiese namens Dante, der den Zemlinsky spielte.

„Reicht der Wein?", fragte Janker durch die Dampfwolken.

„Alles bestens", meinte Dunja, aber der Chef klimperte schon mit seinem Schlüsselbund.

„Nein, nein, ich seh doch schon, dass dann wieder alles leer ist. Der Schwuli geht uns bitte noch ein paar Flaschen holen." Damit meinte er Andi, der errötete und sich beim Aufstehen noch einen Rest von Würde erhalten wollte, indem er es sehr langsam tat.

„Komm, mach, wir verdursten hier ja. Bring vor allem einen Weißen und Eis dazu, ja?" Janker reichte ihm den Schlüssel für das Getränkelager. Davon musste ich mir unbedingt einen Zweitschlüssel machen lassen.

„Sei doch nicht immer so gemein", mischte sich die mit den grünen Augen ein.

„Geh, Anna, wieso denn gemein?", machte Janker. „Er ist doch schwul, oder nicht?"

Andi drehte sich noch mal um und versuchte, gelassen zu lächeln.

„Julius ..."

„Ja, bitte, Putzi?"

„Du spinnst, hahaha ..."

Na, bitte, wenn er es sich bieten ließ. Ich selbst glaubte nicht, dass er schwul war. Eher autistisch.

„Da ist unser Deutscher hier doch viel stattlicher", meinte der Alte. „Oder, Dunja? Wär der nicht was für dich? So fürs Bett? Suchst doch grad einen."

Sie maß mich mit einem langen Blick. „Naja, aber der ist doch sicher schon vergeben."

„Ach was, der doch nicht. Bist du schon vergeben?"

„Nein, im Moment nicht", sagte ich.

„Na, siehst du."

„Müsst ihr eigentlich immer übers Ficken reden?", fragte Anna.

Ich schaute verstohlen zu Dunja, die schon wieder mit was anderem beschäftigt war. Sie schien kaum älter als ich und war auch nicht unbedingt eine Schönheit. Hängende Schultern, kaum Becken, kaum Arsch. Aber ein tolles Gesicht, jenseitig und verdorben. Mit Sicherheit kein angenehmer Mensch. Doch zum Ficken brauchte ich ja keine Seelenpartnerin. Als ob ich mich an die rangetraut hätte. Janker kam mit einer Pfanne voller Jakobsmuscheln an den Tisch und stellte sie in die Mitte. Alle, außer Dante und mir, fingen an, mit Gabeln und Weißbrotrinden darin rumzufuhrwerken. Wir saßen uns nicht direkt gegenüber und musterten uns aus den Augenwinkeln. Er sah gut aus, ein bisschen wie ein Schönling. Aber hatte ein paar harte Züge im Gesicht.

„Eat, Darling", sagte Janker. Dante sprach also kein Deutsch. Das erklärte, warum er immer so entrückt danebensaß. Er nahm sich eine Gabel voll Tier und lächelte mir zu.

Ich trank einen Schluck Wein.

2

Das mit dem Stück erklärte mir Andi so: In der ersten Szene wurden dem Publikum alle Charaktere vorgestellt. Also MATA und ihre ganzen Macker. Gustav Mahler, Franz Werfel, Walther Gropius, Kokoschka, Klimt und so weiter. Danach teilte sich das Ensemble auf und die einzelnen Gruppen spielten simultan in verschiedenen Räumen. Lösten sich dann wieder auf und bildeten neue Konstellationen. So gab es durchweg mehrere Handlungsstränge und man musste sich als Zuschauer aussuchen, wem man folgte. Die meisten blieben wohl bei Mahler und wechselten dann im zweiten Teil zu Kokoschka. Der wurde nämlich von Janker selbst gespielt und da gab es immer Skandal. Jedenfalls konnte man an so einem Abend höchstens ein Viertel des Stückes sehen. Ich nahm an, dass es auch deshalb so viele Fans hatte. Weil sie sich anfixen ließen und dann immer wiederkamen.

Mit Andi arbeitete ich als Team die Lichtliste ab. Ich mochte ihn inzwischen ganz gern. Die Welt war einfach zu hart für ihn und Jankers Mikrokosmos erst recht. Wir hatten uns aus dem Volkstheater eine sieben Meter lange Leiter besorgt und hängten in allen Räumen diese schwarzen Lampen auf. Das Bestücken der Flure hatte ich an die Albaner delegiert. Weil ich sie nicht in meiner Nähe ertragen konnte, wie sie da rumstanden und mich anglotzten wie die ersten Menschen.

Aus irgendeinem Grund verlangte Janker von mir nicht, eins dieser Walkies mit mir rumzutragen. Wenn er was von mir wollte, rief er auf meinem Handy an. Das galt allerdings nicht für Andi und sein Walkie-Talkie.

„Andi für Julius!"

„Ja, Julius?"

„Schreib mal auf: Die Glühbirne in der Küche über der Bassena müsst ihr irgendwie anders befestigen. Sonst fällt sie ins Wasser und meine Schauspieler sterben."

„Okay."

Wir kletterten gerade beide die Leiter hoch. Ich mit Werkzeug, Draht und einer Lampe. Andi, um mit seinem Gewicht zu stabilisieren.

„Andi für Julius!"

„… Ja, Julius?"

„Auch aufschreiben: Die Kiste aus der Küche unter dem Fenster muss da weg."

„Ja." Andi fummelte seinen Block aus der Gürteltasche und brachte damit die Leiter zum Wackeln.

„Mann, schreib das doch später auf", sagte ich.

„Dann vergess ich's aber."

Ich stand zittrig auf der obersten Sprosse, acht Meter über dem Boden. Ich war nicht schwindelfrei. Fluchend fuhrwerkte ich über meinem Kopf herum, der Schweiß lief mir in die Augen. Ich schlug einen Haken in die Decke, wobei sich was vom Putz löste und mir in Mund und Nase rieselte. Ich verlor das Gleichgewicht und sah mich schon fallen und schaffte es gerade noch, mich an der Decke abzustützen. Mein Herz pumperte wie verrückt.

„Andi für Julius!"

Andi griff nach dem Walkie, das er inzwischen an seinen Gürtel geschnallt hatte, und kriegte es nicht gleich ab.

„Andi für Julius!!!"

Die Leiter schwankte wieder.

„Herrgott noch mal, ich fall hier gleich runter", zischte ich und der Putz knirschte in meinem Mund.

„Andi hier."

„Seid ihr immer noch mit den Lampen beschäftigt?"

„Ja."

„Macht das jetzt mal fertig. Wir proben nachher in der Küche und dann müssen die Sachen hier erledigt sein."

„Okay, Julius."

Endlich hatte ich die Lampe mit einem Draht an der Decke befestigt und angelte mir das vorbereitete Kabelende, um sie anzuschließen. Plötzlich gingen die Lichter im Raum an und das Lämpchen in meinem Spannungsprüfer auch.

„Verfickt noch mal, welcher Vollidiot..." Ich schaute zum Sicherungskasten und da stand Lindi und machte große Augen. „Mach die scheiß Sicherung aus!"

„Aber ich brauch Strom, Strom für Staubsauger."

„Für was brauchst'n du jetzt'n Staubsauger?"

„Will saugen."

„Du sollst nicht saugen, du sollst mit deinem Vater die Lampen aufhängen."

„Wo ist denn dein Vater?", fragte Andi.

Lindi zuckte mit den Schultern.

„Mann, Mann, Mann."

Nachdem die Sicherung wieder aus war, futzelte ich das Kabel in die Lüsterklemme. Meine Arme taten schon weh, weil ich sie die ganze Zeit über meinen Kopf halten musste.

„Andi für Julius!"

„Ja?"

„Wer hat denn die Anatomiebildchen im Lazarett aufgehängt?"
„Hast du die Anatomiebildchen ..."
„Ja, ich hab die Anatomiebildchen im Lazarett aufgehängt."
„Der Daniel hat die hingehängt."
„Sehr schön. Sehr schön. Einen Almdudler aufs Zimmer."
Endlich stieg ich wieder nach unten. Mein Hemd war schweißnass und voller Putz und Spinnweben. Ich ging mit Lindi und Andi los, um den alten Elber zu suchen und zu schauen, wie weit die beiden gekommen waren. Weder im vierten noch im dritten Stock hing auch nur eine einzige Lampe im Flur.
„Verdammt, habt ihr auch irgendwas gemacht, sag mal?"
„Unten, wir unten. Erdgeschosse."
Wir fuhren mit dem Lift ins Erdgeschoss und drehten eine Runde. In einem kleinen Raum fanden wir den Alten. Er war damit beschäftigt, Kartons mit Programmheften von einer Ecke in eine andere zu räumen.
„Was machst'n du da?"
Er sagte etwas und Lindi übersetzte. „Er will Platz machen."
„Was will er?"
„Platz machen. Ein bisserl mehr Platz."
„Zeigt mir mal, wo ihr schon Lampen aufgehängt habt."
Sie führten mich an eine Stelle unweit des Sigmund-Freud-Raumes. Da stand eine Leiter und am Boden lag die Lampe und das Werkzeug.
„Und, was ist jetzt damit? Ihr habt ja noch überhaupt nichts gemacht."
„Ist so schwer", sagte Lindi. „Zu schwere Arbeit. Weiß net, wie geht." Wortlos ging ich davon. Sollte Andi sich doch um diese Schlossgehilfen kümmern. Ich machte mich daran, die Sachen in der Küche zu erledigen, da kam die blonde Adi vorbei.
„Hey, was ist denn mit dir?", fragte sie. „Hast du schlechte Laune?"
„Ja, hab ich. Die Albaner machen mich fertig."
Sie streunte um mich herum, während ich die Bassena-Glühbirne justierte.
„Warum redest du eigentlich nie mit uns?", wollte sie wissen.

„Mit wem?"

„Mit Tanja und mir und allen anderen."

„Wieso? Mach ich doch."

„Nein, du hetzt immer nur durch die Gegend und kuckst so böse."

„Ich kuck nicht böse. Gibt nur soviel zu tun."

„Was machst du eigentlich sonst so?"

„Tja, keine Ahnung. Schreiben. Und vielleicht einen Film."

„Ja? Cool. Ich dachte, dass du ... hm ..."

„Was?"

„Na, ich hätte nicht gedacht, dass du sowas machst. Weil du hier so der Techniker bist. Ich dachte, du bist Elektriker oder Schreiner."

„Soso. Und was machst du?"

„Ach nix. Ich will Schauspielerin werden, aber die Schulen nehmen mich nicht. Aber hier kann ich mit den anderen proben und ich spiel auch manchmal den Mahler, weil der noch nicht da ist."

„Hm."

Sie stelzte da im Kreis rum und schaute zur Decke. „Naja", sagte sie. „Vielleicht gehen wir ja mal auf einen Kaffee?"

„Klar, können wir machen. Wenn ich mal Zeit hab."

„Okay. Ich geh mal wieder. Die Proben fangen gleich an."

„Is gut. Bis dann."

„Ja", flötete sie und verschwand.

Ich machte die Küche fertig, dann ging ich zurück an die Lampen. Als ich ganz oben auf der Leiter balancierte, kam Janker vorbei. „Bitte, Daniel, hol dir jemanden, der die Leiter hält. Wir brauchen dich noch. Überhaupt, lass das doch den Andi machen. Oder die beiden Deppen."

„Der Lindi ist ein Volltrottel und sein Vater versteht nix, ich hab's aufgegeben."

„Wir wollen in zwei Tagen einen Durchlauf vom ersten Teil machen. Wir müssen uns vorher mal zusammensetzen und deine Tonzeichen durchgehen."

„Was für Tonzeichen?"

„Na, du bist doch dann Stagemanager."

„Ach so." Da war ich die Karriereleiter ja schnell hochgeklettert.

„Und mit dem Licht müssten wir dann auch bald fertig werden. In eineinhalb Wochen wollen wir schon vor Publikum spielen, nicht?"
„Ja? Aber die Premiere ist doch erst in zwei Wochen."
„Ja, aber zur Generalprobe kommen auch schon Leute. Und wir haben auch zwei Previews. Du schaffst das schon."
„Klar schaff ich das."
„Haha. Guter deutscher Mann."
„Ja ja ..." Ich klemmte mir den Spannungsprüfer zwischen die Zähne, wie ein Pirat sein Entermesser, und schlug den nächsten Haken in die Decke.

3

An einem Morgen klingelte mich mein Handy um sieben aus dem Bett. „Hearst, wos is'n des?", meldete sich jemand. „Die Tür is zu und i komm net eini. So a Schas!"
„Was ist los?"
„Die Tür sollst ma aufmachen, Kruzifix noch amol!"
Ich rollte von der Matratze runter und bekam direkt einen Krampf im Rücken. Hinterließen langsam ihre Spuren, die 14-Stunden-Tage. Ächzend stand ich da und rührte mich nicht. Dann zog ich mir die vom Dreck ganz steife Hose an und ging nach unten. Am Hintereingang warteten zwei Kerle.
„Na endlich", meinte der, mit dem ich telefoniert hatte. Ein 40-jähriger mit Schnauzbart. „Weißt eh, wo des Glump hin soll, oder?"
Ich nickte.
„Ja, und wohin bitte?"
„Was?", fragte ich.
„Hearst, willst mi frotzeln? I hab net den ganzen Tog Zeit. Wo wir die gschissenen Praktikabeln hinbringen sollen, sollst ma sogen!"
So langsam ging mir ein Licht auf. Janker hatte irgendwann erwähnt, dass wir heute einen Zug für die Bahnhof-Szene bauen sollten.
„Kannst du mal übersetzen?", fragte ich seinen Kollegen. Einen bulligen Südländer mit gegelten, schwarzen Haaren.
Er grinste und entblößte dabei ein höchst unvollständiges Gebiss.

Zumindest fehlten die oberen Schneidezähne. „Kuckst du ein bisken", meinte er und deutete auf die Ladefläche eines Transporters, die mit einigen Holzböcken bepackt war. „Haben wir Praktikable für den Zug. Eine schöne Zug für die MATA, na? Ich bin Sergiu, wie heißt du?"

„Daniel."

„Ah, du bist eh da Daniel?", sagte wieder der erste. „Na, leiwand! Freut mich. Vincent. Komm, geh ma!"

Wir trugen den Kram in den vierten Stock, was eine Weile dauerte. Dann setzten wir uns erstmal und Vincent zauberte einige Extrawurst-Semmeln aus seiner Brotdose. Er schien überhaupt ganz in Ordnung zu sein. Sergiu auch. Der kam aus Rumänien und sollte ab jetzt bei uns bleiben. Wegen der Albaner hatte ich inzwischen ein paar Vorurteile gegen gebrochenes Deutsch. Zumindest was die Arbeitskraft betraf.

Aber da war Sergiu aus einem anderen Holz geschnitzt. Er war gelernter Pferdewirt und hatte seine Zähne bei einem Unfall im Wald verloren. Ein gefällter Baum fiel in die falsche Richtung und das Astwerk schlug ihm diese Schneise ins Gebiss. Die Kasse hatte ihm zwar eine Prothese gezahlt, aber die verlor er bei einer Kneipenschlägerei, als er seinen kleinen Bruder gegen fünf Zigeuner und ein Messer verteidigte.

Zusammen mit Vincent legte er ein Tempo vor, als würden die beiden jeden Tag Züge für irgendwelche Bahnhof-Szenen bauen. Ich stand nur daneben und hielt ab und zu mal eine Schraube. Endlich ein paar versierte Kollegen. Ich hatte zwar auch was auf dem Kasten, aber im Grunde war ich ein Stümper. Am frühen Nachmittag ragte ein kompletter Waggon vor uns auf, mit Tür und Fenstern und allem. Als Janker zur Inspektion vorbei kam, freute er sich so, dass wir den Rest des Tages frei bekamen.

Wir setzten uns vor dem Haus auf die Freitreppe und tranken Bier aus Flaschen und ließen uns von den High-Society-Schnöseln anglotzen. Das tat gut. Wir waren etwas. Wir arbeiteten für den großen Julius Janker.

Irgendwann kam Adi zu den Proben und sah uns da in der Sonne liegen. „Hey, was macht'n ihr hier?"

„Haben wir einen Zug gebaut", lallte ich grinsend.

„Was ist los?"

„Kuckst du. Gehst du in die vierte Stock. Schaust du Bahnhof. Kuckst du mit die Augen. Schöne Zug, große Zug."

Vincent und Sergiu lachten.

„Ihr seid ja betrunken."

„Ein bisken hier, ein bisken da."

Adi schüttelte den Kopf und ging nach drinnen.

Ich schaute ihr nach.

„Ist sie deine Freundin?", fragte der Rumäne.

„Wer, die? Gott, nein."

„Wieso nicht, sie ist sehr schön, na?"

Nacheinander trudelten die Schauspieler ein und blieben alle einen Moment bei uns stehen. Mir fiel auf, dass sie irritiert waren. Wahrscheinlich, weil ich einerseits so dicke mit den Arbeitern war. Dann aber wieder so rührselig Klavier spielte. Und diesen Sonderstatus beim Chef genoss. Ich passte einfach in kein Rollenbild. Ich war ein Todesschwadron, ein Hurrikan, und mein Ego so aufgeblasen wie die Hindenburg an ihrem letzten Tag.

Später am Abend trieb ich mich bei den Proben rum. Sie machten gerade den dramatischen Höhepunkt des Stückes. Während MATA noch mit Mahler verheiratet war, fing sie eine Affäre mit dem Architekten Walter Gropius an. Durch einen Zufall, der vielleicht gar kein Zufall war, kam das ans Licht und es gab eine böse Aussprache zwischen MATA und Mahler. Sie machte ihn richtig zur Sau. Hochdramatisch. Anna, die mit den grünen Augen, spielte die MATA in dieser Szene und war ziemlich gut.

Plötzlich gab es ein Gewitter und im ganzen Haus standen die Fenster offen. Es fing überall gleichzeitig zu klirren an. Ich machte mich auf den Weg, um zu schließen, was noch übrig war. Das dauerte seine Zeit. Irgendwann glaubte ich durch zu sein, da hörte ich es aus dem Festsaal wieder poltern.

Dort war ich an sich schon gewesen, aber ich ging nochmal hin.

Es war dunkel und der Wind heulte in den hohen Ecken. Die

Vorhänge vor einem der Westfenster bauschten sich und von der Decke tropfte das Wasser. Auf der äußeren Fensterbank saß Adi und ließ die Beine über der Leere baumeln. Ich wollte sie ansprechen, aber da wäre sie wahrscheinlich erschrocken und die fünf Stockwerke runter gefallen. Also machte ich beim Näherkommen viel Krach. Quietschte mit den Schuhen und räusperte mich. Sie drehte sich um und ich sah, dass sie geweint hatte.

„Hey, was'n los?", fragte ich.

„Oh Daniel, ach ... nichts."

„Aber du weinst ja."

„Hm..."

Ich wusste nicht, was ich sagen sollte. Jetzt hätte ich sie doch gern besser gekannt.

„Meine Oma ist heute gestorben", meinte sie.

„Ach Gott ... Wie alt war sie denn?"

„Vierundachtzig. Ist eh okay. Jetzt hat sie's wenigstens geschafft. Ich find's nur so traurig, dass ich sie nicht mehr gesehen hab. Das hat sie sich so gewünscht."

„Warum bist'n nicht hingefahren?"

„Na, weil ich hier nicht weg kann. Ich hab Julius gefragt, aber er hat gesagt, das geht nicht."

Sowas wie Liebe durchströmte mich. Die Olle konnte ja richtig tapfer sein. Ich streichelte ihr zaghaft über den Rücken und ließ sie da sitzen. Was sollte ich schon tun.

Schön hatte sie ausgesehen. Es war dieses Junge, Unverbindliche, das mich an ihrem Gesicht störte. Es so uninteressant machte. Aber jetzt war Leben und Leid darin gewesen. Ich stand auf verquollene Augen und die dunklen Ringe darunter und das Aufblitzen von Schmerz auf dem Grund einer verwandten Seele.

4

Die Zeit kam, da wir jeden Tag den kompletten Stückablauf probten. Die Simultanität der Szenen erforderte einen gewissen logistischen Aufwand. Weil die einzelnen Stränge an manchen Stellen zusammenliefen und dabei das Timing stimmen musste.

Das zu gewährleisten war im Grunde mein Job. Ich musste von Szene zu Szene hechten und auf bestimmte Stichworte hin Holger, den Tonmann anfunken, der dann atmosphärische Musik oder Soundeffekte einspielte.

Zuerst stand ich bei einer Mahler-Szene im vierten Stock, dann ging ich in den Wintergarten zu Werfels Monolog. Den begleitete ich bis runter auf die Straße, von wo ich dann in die Küche hetzte und immer so weiter. Dazwischen musste ich im Hauptstiegenhaus die Lampen ausdrehen, im Lazarett die Dimmer auf zwanzig Prozent, im Keller ein paar Fackeln anzünden, im Erdgeschoss die Kerzen ausmachen. Ich schwitzte und rannte mit rotem Kopf die Treppen rauf und runter, die Liste mit den Tonzeichen immer dicht vor den Augen. Das war anstrengend. Aber mit der Zeit fand ich meinen Rhythmus.

Einzig die Arbeit mit dem Werfel-Darsteller machte mir Sorgen. Er hieß Fridolin Rapyla und war wohl sowas wie ein Star. Zumindest behandelte Janker ihn so. Er verlangte von mir, dass ich seine Musikeinsätze auf die Silbe genau gab. Was ich niemals schaffte.

„Du musst das auf die Synkope geben, Mensch. Zeig doch mal Gefühl."

„Ich versuch's ja."

Von wegen Synkope. Keine Ahnung, was das sein sollte.

Dann war es so weit. Am nächsten Tag würden wir vor Publikum spielen. Heute musste es einfach klappen. Mein Herz schlug schnell und panisch, während ich hinter der Tür wartete und Rapylas Monolog lauschte. Den konnte ich inzwischen schon auswendig. Dann kam die Stelle. Noch zwei Sätze. Mein Körper spannte sich. Ich presste die Finger auf das Headset meines Walkies. Plötzlich knackte es in der Leitung.

„Andi für Adi, wo haben wir denn noch Eis? Wir brauchen Eis für den Sekt."

Nein, dachte ich.

Dann meldete sich Adi. „Entweder im Erdgeschoss, oder nein, schau mal im Festsaal. Seid ihr mit dem Aufbau soweit? Ich bin noch im Hof, aber ich komm auch gleich. Wisst ihr eigentlich ..."

Sie hörte gar nicht mehr auf.

Rapyla schaute mich zuerst giftig an und unterbrach dann ganz.

„Herrgott nochmal, das gibt's doch nicht!", schrie er.

„Tut mir leid, ich kann nichts dafür!"

„Das sagst du immer, du kannst nichts dafür!"

„Uri Caine 1 ab", zischte ich ins Walkie und der Tonmann spielte die Musik.

„Jetzt ist es doch viel zu spät!", brüllte Werfel. „Mir reicht's, ich fahr nach Hause!"

„Aber der Durchlauf ..."

„Der Durchlauf ist mir scheißegal!"

„Und was soll ich Julius sagen?"

„Zum Kotzen ist das! Zum Kotzen!" Er tobte noch ein bisschen, dann machte er zum Glück weiter.

Ich nahm mein Walkie zur Hand.

„Ich muss hier Tonzeichen geben, verfickt nochmal. Wenn von euch Arschfotzen noch einmal jemand den Funk blockiert, polier ich euch die Fresse, kapiert?" Das raunte ich mit leiser Stimme und es kam auch keine Antwort.

Nach der Probe ließ Janker ein Festmahl auftischen und alle machten sich darüber her. Ich hatte schlechte Laune.

Ganz im Gegensatz zu Janker. Lachend erzählte er von meinem Funkspruch. „Was hast g'sagt? Die Fresse polierst ihnen? Haha, richtig so. Herr Obersturmbannführer."

Ich sagte nichts dazu und kaute.

Nach einer Weile kam Adi vorbei. „Bist du sauer auf mich?", fragte sie.

„Nein, ist schon gut. Ihr müsst halt aufpassen. Der Rapyla ist so zickig und mir pisst er dann ans Bein."

„Ja. Machen wir. Okay?"

„Is gut, Engelchen."

„Wir gehen nachher noch was trinken. Kommst du mit?"

„Mal sehn."

„Ach, bitte, ich hätt dich so gern bei mir."

„Na, dann." Mein Herz machte irgendwas Unregelmäßiges.

Sie ging wieder weg und ich schaute ihr nach.

Anna saß neben mir und grinste. „Machst du gut. Die findet dich echt toll."

„Naja ..."

„Komm doch mit. Wir gehen nur um die Ecke."

Ich ließ mich breitquatschen. Wir waren zu sechst und gingen artig wie die Schulkinder. Immer paarweise. An der Spitze stolzierte Adi mit dem Klimt-Darsteller, dahinter der Tonfutzi mit Anna. Ich bildete mit Eleonore das Schlusslicht. Die spielte die älteste der MATAS und war irgendwas über sechzig. Das ließ sich schwer einschätzen, weil sie immer noch gut beieinander war. Um die Beine und den Arsch hätte sie jedenfalls so manch 40-jährige beneidet.

„Immer wollt ihr ohne mich weg", beschwerte sie sich. „Nie wollt ihr mich mitnehmen."

„Aber ich hab doch extra auf dich gewartet."

„Ja, aber die anderen sind schon losgegangen."

„Gar nicht. Die haben doch an der Ecke gewartet." Ich schaute zu Adi, die sich bei Klimt eingehängt hatte und nun ihren Kopf an seine Schulter legte.

„Dann versprich mir, dass wir auch mal zusammen tanzen gehen", meinte Eleonore.

„Ich versprech's."

Sie biss mir neckisch in den Bizeps. „Warum hat der Teufel dich eigentlich so gern?", wollte sie wissen.

„Wer, Julius?"

„Ja. Man könnte meinen, er is verknallt, so schwärmt er immer."

„Ja? Wieso? Was sagt er denn?"

„Oh, der Daniel", machte sie mit verstellter Stimme. „Wie der das alles macht. Fährt die ganze Show allein und ist grade mal vierundzwanzig. Bist du wirklich erst vierundzwanzig?"

„Ja."

„Ich hätte dich auf Anfang dreißig geschätzt."

„Das tun alle."

„Hast du etwa schlimme Zeiten hinter dir?"

„Ein- oder zweimal war's hart."

„In der Kindheit?"

„Nein, später. Meine Kindheit war toll. Tolle Eltern."

„Und jetzt hat's dir die Adi angetan?"

„Was?", machte ich überrascht und schaute wieder hin. Wie ein verschissenes Pärchen gingen die da vor uns her. „Mach dir nichts draus. Die ist halt so anhänglich. Und der Klimt ist verheiratet und hat zwei Kinder."

„Als ob das was ausmachen würde. Außerdem hat sie's mir nicht angetan. Soweit kommt's noch."

„Adi ist noch ein Kind, das sieht man. Du brauchst was Reiferes."

„Hast du was im Angebot?", fragte ich mit einem verwegenen Seitenblick.

„Pass bloß auf, du. Ich fress dich mit Haut und Knochen."

Wir lachten und das tat verdammt gut. Ich hatte noch nie was mit einer jüngeren Frau gehabt, aber Eleonore wäre da eindeutig ein Rekord gewesen. Plötzlich zog Adi den Klimt in einen Hauseingang und ich blähte schon die Nüstern. Aber es war nur die Tür der Kneipe, die wir ansteuerten.

Ich merkte, dass ich ziemlich unentspannt war und ärgerte mich darüber. Warum konnten die Weiber mich nicht einfach in Ruhe lassen? Friedlich und konzentriert war ich meiner Arbeit nachgegangen. Ohne auf irgendwelche Eroberungen aus zu sein. Der Job saugte schon genug Energie. Und dann kam diese Adi daher und tanzte mir auf der Nase rum. Was hatte sie gesagt? „Ich will dich bei mir haben." Was war denn das für eine Ansage? Und dann fummelte sie mit diesem Schauspieler rum. Der war mir eigentlich sympathisch gewesen, aber das Luder musste da jetzt einen Keil dazwischen treiben.

Ich unterhielt mich halbherzig mit Eleonore.

Adi schwärmte derweil von unserem Mahler, wie toll der doch alles machte. Und Fridolin war so nett und Julius so böse.

Ich kippte mir in einem Mordstempo den Fusel hinter die Binde und ging besoffen zurück ins Telegrafenamt. Was für ein verkorkster Abend.

5

Und dann war Premiere. Die Schauspieler spuckten sich gegenseitig über die Schultern und tauschten Nippes aus und waren aufgeregt. Aber das Ding lief ohne Komplikationen. Ich bekam sogar Rapylas Einsätze hin. Nachher kamen alle zu mir gerannt und bedankten sich. Für meine tolle Arbeit und weil ich ihnen so ein sicheres Gefühl gab. Keine Ahnung, was die meinten. Mir kam mein Job inzwischen total einfach und banal vor. Aber jeder liest sein eigenes Buch.

Wieder schmiss Janker eine Party im Festsaal. Ein Bierfass wurde angestochen und die Musiker spielten und das Publikum mischte sich unter die Künstler, um sie anzuschmachten. Der Alte schnappte sich zwei aufgetakelte Ischen und verschwand erstmal für eine Weile.

Adi war nicht da. Und der Klimt auch nicht. Gutgelaunt war ich sowieso schon länger nicht mehr gewesen. Aber jetzt wollte ich's wissen. Ich ging zu den Schauspieler-Garderoben und trat ein. Die Blonde saß an einem der Tische und rauchte und quasselte mit Dante und Klimt. Alles ganz harmlos. Sie schauten mich an. „Ähm ...", machte ich. „Der Julius will nur, dass ich die Fenster hier zumache." Ich war so ein Vollidiot. Zurück im Festsaal suchte ich Blickkontakt zur dunklen Dunja. Scheiß doch drauf.

Sie wurde gerade von einem fetten, alten Typen vollgesabbelt und warf die Arme in die Luft, als sie mich entdeckte. „Daniel, Darling!" Theatralisch sprang sie auf und umarmte mich. „Trink was mit mir!" „Ja, is gut", meinte ich. Auf einmal fand ich sie sehr attraktiv. „Komm, wir gehen ein bisserl durchs Haus!", rief sie so laut, dass der Kerl es hören konnte. Dabei rieb sie sich an mir und machte Augen wie sonst was. Das ging ja einfach. Hatte ich da wegen Adi irgendwas nicht mitgekriegt? Sie nahm meine Hand und zog mich mit nach draußen. Anna warf mir einen strengen Blick zu. Das mochten sie gar nicht, die Frauen, wenn man falsch spielte. Da hielten sie zusammen. Aber so ein schneller Fick mit der bösen MATA eins würde mir gut tun. Ich war ein Hengst, der schärfste im Stall. Wir gingen in den dritten Stock.

Dabei machte ich mir ein bisschen Sorgen, ob ich es bringen würde im Bett. Hatte schon wieder einiges intus. Und die hier war mit Sicherheit keine von den Verständnisvollen. Da würde ich mit Knutschen und Lecken nicht weit kommen. Die würde es wissen wollen. Ein Vamp durch und durch. Und ich mimte den harten Burschen. Da musste jetzt die Hütte brennen.

Als wir am Lift ankamen, ließ sie plötzlich meine Hand los. „Danke, Daniel, du hast mich gerettet."

„Wieso?"

„Na, dieser Typ war so schrecklich. Außerdem hab ich noch ein Date und wusste nicht, wie ich an Julius vorbei kommen soll. Bist ein Schatz." Damit drückte sie mir einen Kuss auf die Backe und verschwand im Lift. Es war zum Lachen. Ich lachte nicht. Das alles war dermaßen verwirrend. Überall lag Sex in der Luft. Ficken, ficken, ficken, sagten die Gesichter der Leute und die Wände und das Mobiliar. Ich wurde langsam verrückt. Samenstau vielleicht. Aber das war es nicht. Adi, du Flittchen.

Ich trieb mich so lange in den finsteren Fluren rum, bis die oben das Gerücht verbreiten konnten, ich wäre mit der Dunklen in die Kiste gestiegen. Dann ging ich zu Sergiu. Der hatte mit einer der Kellnerinnen offenbar das gleiche Problem wie ich mit Adi. Zumindest mahlten seine Kiefer, als sie ging und sich nicht von ihm verabschiedete.

„Prost, Bro", meinte ich.

„Haha, Prost, mein Bruder!" Er trank das Bier, wie jemand, der es nicht gewohnt war. Viel zu hastig und in riesigen Schlucken, die ihm aus den Mundwinkeln schwappten. Vor MATA hatte er nie einen Tropfen angerührt. Die Hexe machte uns alle zu Alkoholikern.

Im Festsaal saß Adi mittlerweile zwischen Anna und Klimt. Beim Reinkommen warfen sie mir einen Blick zu und schauten dann sofort wieder weg. Haha, richtig so. Wenn die Torte einen Psychokrieg wollte, konnte sie ihn haben. Ich setzte mich an den Flügel und hackte ein wüstes Prelude von Rachmaninov in die Tasten. Dann löste mich der Sunnyboy Gropius ab und trug mit geschlossenen Augen eine schmalzige Popballade vor.

Schlussendlich war ich ziemlich gut aufgelegt. Machte allerhand Faxen und prügelte mich zur allgemeinen Belustigung mit dem Rumänen. Er ließ mich gewinnen. War ein feiner Kerl. Sogar mit Adi wurde ich locker. Wir tanzten und sangen und waren uns nah. Vielleicht konnte es doch noch was werden. Dachte ich. Bis auf einmal zwei Kerls zur Tür reinkamen. Geschniegelte BWL-Typen mit faden, leeren Gesichtern.

Die Blonde warf sich einem von ihnen an den Hals und küsste seinen Mund.

„Daniel, das ist Justus, mein Freund."

Wir schüttelten uns die Hand. In seinen Augen war eine sichere Arbeitsstelle, Weihnachten mit den Eltern und Träume von einem Haus am Neusiedler See. Ich ging ans Buffet und goss mir einen Rotwein ein. Ein tintenfarbener St. Laurent aus Niederösterreich. Er roch nach Kirschen und Zedernholz.

6

Janker flog in der Frühe nach Venedig oder Cannes oder Locarno. Ich hatte nicht richtig zugehört. Aber nun standen mir zwei freie Tage bevor. Die ersten seit fünf Wochen. Ich kochte Kaffee und ging mit der dampfenden Tasse durch die Stille und versuchte, nicht an Adi zu denken. Das war nicht zu machen.

Es gefiel mir nicht in diesem 1. Bezirk. Die Gesichter der Leute waren überheblich und verschlossen und alles war entsetzlich teuer. Als ich Geld von meinem geschröpften Konto abheben wollte, konnte der Automat nur mit 100-Euro-Scheinen dienen. Ich ließ mir einen geben. Dann probierte ich es nochmal, aber vergeblich. Vielleicht sollte ich Janker um einen Vorschuss bitten, bevor er seinen Rappel bekam. Ich glaubte nicht, dass die Sache weiterhin so glatt laufen würde. Der Alte hatte einen Ruf zu verteidigen.

Lustlos streunte ich durch die Gegend und versuchte, was zu essen. Dann ging ich zurück ins Telegrafenamt und setzte mich neben das Bierfass. Was für ein Scheißtag. Da stand mir dieses irrsinnige Haus zur Verfügung und der Status des Herolds von Julius Janker. Ich sollte raus gehen und mir irgendeine leicht zu beeindruckende

Puppe angeln. Sie hier rumführen mit *Oh* und *Ah* und auf der Festtafel nageln. Aber ich traute mich nicht. Ich vermisste Tolstoi und Thorben und den Kickertisch.

Es wurde dunkel und ich machte keine Lichter an. Geisterte mit meinem Bierglas durch die Finsternis. Früher hatte ich immer Angst vor großen, leeren Häusern gehabt. Aber dieses hier war in Ordnung. Ich stand früh am nächsten Morgen auf. Heute würde ich die Sache ganz anders angehen. Im Kostümfundus suchte ich mir einen schicken Anzug aus. Dazu einen Hut, einen *Stetson*. So ging ich nach draußen und machte einen auf Dandy. Kaufte mir eine Zigarre für fünfzehn Tacken und paffte sie, während ich auf dem Ring flanierte. Vorbei am Burgtheater und am Parlament. Wenn ich einer Frau begegnete, zog ich den Hut. Natürlich nur bei den Hübschen.

Ich trieb mich eine Weile in den Kaffeehäusern rum. Eins war ein riesiger Wintergarten, in dem Tausende von Schmetterlingen rumflogen. Irre. Dann ging ich in die Albertina. Stand gerade vor einem Cézanne und machte ein wichtiges Gesicht. Da bekam ich eine SMS und das Handy piepte. Eine Menge strenger Blicke trafen mich. Ich gähnte nur. Die sollten sich gefälligst mal den Stock aus ihren kleinen Ärschen ziehen. Die SMS kam von Adi.

„Erst einen Tag und schon vermiss ich dich ein bisschen :-) Magst heute Abend mit mir ausgehen? Der Klimt hat uns zu seinem Liederabend eingeladen. Dein Engelchen."

Ich freute mich und wusste gleichzeitig, dass das blöd war. Dann sagte ich zu, mit den liebevollsten Worten, die man in so einer kurzen Nachricht unterbringen konnte.

Wir trafen uns um neun vor dem Technischen Museum. Da war irgendein Marathon im Gange. Sechzig Stunden am Stück geöffnet und pausenlos Programm. Zum Beispiel Klimts Auftritt. Adi trug ein kleines, blaues Kleid. Wir besorgten uns Wein und warteten, bis der Schauspieler mit seinen Musikern auf die Bühne kam. Er sah gut aus. Trug einen schwarzen Frack mit Schwalbenschwanz. Sein Repertoire bestand aus einigen Revue-Nummern, so Sachen wie *Ausgerechnet Bananen*. Adi war hin und weg und schmiegte sich begeistert an mich. Ich legte einen Arm um sie.

Später gingen wir nach draußen, um zu rauchen. Sie plapperte schon wieder irgendwas wegen **MATA**. Dunja dies, Julius das. Ich ließ sie, sie musste sich auch mal auskotzen. Als sie fertig war, nahm ich schelmisch ihre Hand in meine. „Hör mal, warum schießt du deinen Freund nicht in den Wind und wir brennen zusammen durch?" „Ach, das geht nicht", sagte sie traurig.

„Doch, wirst sehen, das geht ganz leicht."

„Es läuft eh grad nich so gut mit ihm. Und er ist so ein Spießer."

Ich sagte nichts dazu.

„Außerdem hat er mich betrogen, glaub ich."

„Na, siehst du. Weg mit ihm."

„Ich weiß es ja nicht genau."

„Und liebst du ihn?"

„Bin mir grade nicht so sicher."

„Ach, komm. Du bist doch auch viel zu schade für den. Wir gehen irgendwohin und heiraten und werden große Künstler."

„Schreibst du mir dann eine Hauptrolle?", fragte sie.

„Vielleicht schreib ich dir dann auch 'ne Hauptrolle."

„Ach ja", seufzte sie und zog erst jetzt ihre Hand aus meinem Griff.

„Glaub mir, nach zwei Wochen hättest du die Schnauze voll von mir. Ich bin total behindert."

„Wieso?", wollte ich wissen.

„Bin ich, glaub's mir. Aber sag mal ...", sie räusperte sich, als würde es jetzt wieder um was Ernstes gehen. Mir war es vorher schon ernst gewesen. „Ich muss noch drei Monologe für mein Vorsprechen am Konservatorium machen. Vielleicht hilfst du mir ja dabei?"

„Klar. Soll ich dich inszenieren?"

„Ja! Würdest du?"

„Na, meinetwegen."

„Juhu!", rief sie. „Komm, wir gehen wieder zu Klimt." Sie sprang auf und hielt mir ihre Hände entgegen. Diese Haare, dieser Körper. Sie hatte nicht die beste Haltung und auch keinen umwerfenden Gang. Aber wenn sie so unter Spannung stand wie jetzt, bog sie sich wie ein junger Baum im Wind. Mir spannte gleichzeitig der Hosenlatz und der Herzmuskel.

Wir gingen rein und ließen uns mit Klimt in eine Sitzgruppe aus Plüsch nieder. Ich saß in einem Sessel und als unsere Gruppe Zuwachs erhielt, hockte Adi sich prompt auf meinen Schoß. Ich musste mich ein wenig zur Seite drehen, damit es ihr auf dem harten Untergrund nicht ungemütlich wurde. Sie schwärmte davon, dass ich sie nun zu einer großen Schauspielerin machen würde. Klimt lachte und freute sich.

„Soll ich euch heimfahren?", fragte er später.

„Gern."

„Und schlaft ihr zusammen?"

Ich schaute sie an, aber da war nichts zu machen. Klimt fuhr zuerst zu ihr. Sie war sturzbetrunken. Wir umarmten uns zum Abschied. Dabei küsste sie mir auf die Wange. Ich wollte noch den Kopf drehen, aber zu spät. Weg war sie. Wir fuhren weiter.

„Was ist denn mit der los, sag mal?", fragte Klimt.

„Was meinst'n?"

„Na, die ist so gut drauf. Läuft da was bei euch?"

„Ach, wenn's nur so wär. Ich hab keine Ahnung."

„Dranbleiben, mein Lieber. Mit Geduld kriegst du die bestimmt. Wenn wir erstmal in Israel sind."

Israel, dachte ich. Wenn Adi noch weiter diese Spielchen mit mir trieb, würde ich mit Sicherheit schon vorher ins Wasser gehen.

7

Eines Abends war ich bei Jordan. Bis Stückbeginn waren es noch gute zwanzig Minuten. Ich stand jetzt vor Stückbeginn immer bei Jordan. Und trank meine ersten Biere. Er war Bulgare und half beim Catering und konnte Geschichten erzählen. Mir war jedes Mittel recht, um mich von Adi abzulenken.

Er war in Sofia aufgewachsen und hatte sich als junger Kerl auf der Straße durchschlagen müssen

„Einmal, ja?", begann er. „Kommt so ein kleine Arschloch, weißt du? Er muss sich beweisen vor seine Brüder. Er kommt mit eine Messer zu mir und will mich stechen, haha!" Er machte wilde Stechbewegungen. „Und ich fange die Klinge mit meine Hand, so. Und halte sie und mache eine Faust und schlage ihn. Meine ganze Hand bluten, weil die Messer schneidet mich, aber ich schlage immer weiter in die Gesicht von die Arschloch, haha! Kuckst du!" Und er zeigte mir die Narben. „Dann er ist K.O. Ich nehme ihn und steche in seine Arschbacke."

„Aua."

„Ja, aua, haha! Ich drehe die Klinge. Dann ich steche in die andere Backe und drehe die Klinge. Er wacht auf und schreien. Ich nehme ihn und gehe in Straßenbahn. Alles voll Blut aus meine Hand und sein Arsch."

Ich schüttelte nur den Kopf.

„Haha", lachte Jordan. „Er wollte immer wegrennen, aber ich habe ihn geschlagen auf den Kopf. Dann hab ich ihn in Krankenhaus gebracht. Und dann, weißt du! Am nächsten Tag kommen seine Brüder. Ganze Familie! Ich denke, oh scheiße."

„Und dann?"

„Dann geh ich raus. Niemand kommt in mein Haus, verstehst du? Aber die Brüder kommen und sagt danke. Haha! Weil ich ihre Bruder hab gebracht in Krankenhaus. Von da an sie lassen mich in Ruhe. Blöde Zigeuner. Arschlöcher, haha!"

„Daniel für Adi", kam es plötzlich aus dem Walkie.

„Ja?", meldete ich mich.

„Kommst du mit eine rauchen?"

„Nein, tut mir leid. Hab keine Zeit." Ich widmete mich wieder Jordan und dem Bier. „Erzähl weiter."

„Was soll ich erzählen, DaVinci?" So nannte er mich.

„Keine Ahnung. Irgendwas. Was machen deine Eltern?"

„Oh, die fangen Fische. Für Kaviar, weißt du? Beluga, in Schwarze Meer. Mein Vater ist gute Fischer. Sehr schwer, zu fangen Beluga, und sehr gefährlich. Wenn mein Vater fängt eine, er kann leben ein halbes Jahr."

„So?"

„Ja! Er schneidet die Fisch in die Bauch, hier." Er zeigte es mir. „Dann er nehmen die Kaviar. Viele, drei, vier Kilo. Dann er näht die Bauch wieder zu und wirft Fisch zurück in Meer."

„Und der überlebt das?"

„Oh ja! Aber keine Kinder mehr, haha! Aber!" Jordan machte ein ernstes Gesicht. „An einem Tag kommen Russen zu mein Vater. Russische Arschlöcher. Sie sagen ihm: Wir nehmen deine Sachen, ähm ... wie heißt? Ausrusten?"

„Ausrüstung."

„Ja, Ausrüstung. Wir nehmen dein Ausrüstung und deine Hütte. Du kriegen zehntausend Euro."

„Und?", fragte ich. „Hat er's gemacht?"

„Oh ja. Zehntausend viel zu wenig. Aber wenn er nicht nehmen, er verschwindet."

„Wieso?"

„Die Russen sind Mafia. Arschlöcher. Sie kaufen alle Ausrüstung, damit niemand fangen Beluga. Mein Vater nehmen Geld, oder sie schneiden sein Kehle." Er fuhr mit einem Daumen über meinen Hals. Das Gute war, das Jordan mich mochte. „DaVinci, mein Bruder", sagte er. „Wenn du Streit hast in Wien, ruf mich an. Ich kümmere mich. Glaubst du?"

„Ja, glaub ich dir. Werd's mir merken."

„DaVinci ist mein Pianist, ich liebe dich. Wenn du hast einen Feind hier, ich kann machen, dass er wegkommt."

„Alles klar."

„Hast du einen Feind?"

„Nein, im Moment nicht."

„Wenn du einen hast, er kommt weg. Ja?"

„Is gut."

Jordan war auch von der Idee besessen, einen Edelpuff in Ottakring aufzumachen. Und ich sollte dann der Hauspianist werden und seinen Kindern das Klavierspielen beibringen.

„Muss ich schauen, ob ich Zeit hab", meinte ich.

„Wieso?"

„Na, ich will doch dann meinen Film machen, weißt du."

„Nein, du musst kommen. Klavier spielen, mein Lieber. Wir holen dich dann." Er lachte und klopfte mir auf die Schulter, aber seine Augen waren ernst.

An einem Abend ging ich mit ihm und Sergiu nach der Vorstellung noch was trinken. Es wurde ein wüstes Gelage und wir torkelten erst am Morgen wieder aus der Kneipe. Drei junge, durchtrainierte Türken versperrten uns plötzlich den Weg. Sie waren offenbar fickrig. Ich spürte, wie das Adrenalin kam und war froh, mich in so erlauchter Gesellschaft zu befinden. Mit meinen Balkan-Jungs konnte mir gar nichts passieren. Ich trat vor und stellte mich vor ihren Anführer.

„Hast du ‚Arschloch' zu mir gesagt?", fragte er hasserfüllt. Dass diese Burschen sich auch immer so ernst nehmen mussten.

„Was hab ich gesagt?"

„Arschloch."

Ich hatte es noch nicht begriffen. „Häh?", fragte ich.

„Arschloch."

„Wer, du?"

Darauf hatte er gewartet und gab mir einen schlecht gezielten Schwinger. Ich torkelte ein Stück zurück und wollte grade selbst ausholen, da brach ein Gewitter um mich los. Ich sah nur Jordan mit ausgestrecktem Bein durch die Luft fliegen und punktgenau im Bauch des nächstbesten Türken landen. Sergiu schnappte sich einen anderen und malträtierte ihn grinsend mit so schnellen Schlägen, dass seine Fäuste kaum zu erkennen waren. Das Ganze dauerte drei Sekunden, dann wollten die Trottel schon das Weite suchen.

„Peace, peace", wimmerte der Anführer und hob abwehrend die Hände. Dieser dumme Scheißer. Ich konnte mir schon vorstellen, wie die mich zugerichtet hätten, wenn ich allein gewesen wäre. Von wegen *peace*, die hatten von Sportlichkeit doch noch nie was gehört. Plötzlich hatte Jordan ein Messer in der Hand und schnappte sich die Heulsuse. „Peace, sagst du? Du Arschloch, haha. Du hast meinen DaVinci geschlagen. Jetzt ich schneide dich. Kriegst du drei schöne Narben. DaVinci-Narben, haha!"

Ich schaute fasziniert zu, unfähig einzugreifen. Jordan war Teil einer fremden, dunklen Welt. Er lachte und setzte das Messer an und hatte ein irres Glitzern in den Augen. Es brauchte Sergiu, um ihn aufzuhalten. Er ging dazwischen und nahm das Messer an sich.

Jordan kam hoch und sah kurz aus, wie der berühmte Panther vor dem Sprung. Dann lachte er wieder und wir gingen heim.

8

Irgendwie mochte ich das Stück. Mit den simultanen Szenen, der opulenten Ausstattung und allem täuschte Janker wunderbar über die nicht vorhandene Dramaturgie hinweg. Das Ganze hatte den subtilen Charme einer Blendgranate. Kaum verwunderlich, dass unsere Zuschauer das gleiche Wiener Vieh waren, das man auch beim Opernball angetroffen hätte. Reich, gut gekleidet, irgendwie komisch. Und im Grunde einen Scheißdreck an Kunst interessiert. Janker bedeutete Skandal. Und Skandal schien das Einzige zu sein, was diese Bonzen noch hinterm Ofen hervorlocken konnte.

„Hearn'S, wo is'n jetzt die Vergewaltigungsszene?"

„Welche?", wollte ich dann wissen.

„Na, die gute." *Knick knack* und ein Augenzwinkern. Dann standen sie da, wenn Janker die Sau abgab. Standen daneben und glotzten mit offenen Mündern, halb angewidert, halb feucht im Schritt. Dermaßen aufmerksam waren sie während der langen Abende sonst nur noch, wenn es ans Fressen ging.

Es war eine Bergfest-Vorstellung, also die dritte in einer Reihe von sechs, als sie mich besonders triezten. Am Ende des ersten Teils starb Gustav Mahler. Während die letzte Szene lief, bereitete ich mit Vincent das Begräbnis auf der Straße vor. Wir benutzten dafür viel Feuer und mussten entsprechend viele Gasflaschen und Metallbehälter nach draußen schleppen. Ich geriet dabei immer tierisch ins Schwitzen und musste zum Schluss noch eine dicke Uniform und einen Zweispitz anziehen. Das war mein Kostüm als einer der Sargträger.

Ich stand also neben Mahlers Sarg und versuchte halbwegs seriös auszusehen. Mein Kopf glühte und ich spürte, wie mir der Schweiß unter den Achseln hervor und auch am Rücken hinunterlief. Es juckte und kitzelte, aber ich wagte nicht, mich zu bewegen. Der Tod eines Großen nötigte mir immer Respekt ab. Ich biss die Zähne zusammen und fand, dass ich einen weit besseren Sargträger abgab, als meine Schauspieler-Kollegen.

In dem Moment quatschte mich jemand von der Seite an.

„Sagen'S bitte, wann gibt's denn endlich was zu essen?"

Ich antwortete nicht, starrte weiter geradeaus.

„Hallo, Sie! Ich hab was gefragt, bitte!"

Verstanden die nicht, dass ich in einer Rolle war? Fragten die etwa auch die Schauspieler nach den Toiletten? Eine zweite, nicht weniger keifige Stimme gesellte sich zu der ersten.

„Sie! Sie! Sprechen Sie Deutsch? Hallo! Wir verhungern!"

Es war eine äußerst breite Person. Sie trug eine Perlenkette um den speckigen Hals und fuchtelte so wild mit den Armen herum, dass die daran hängenden Fleischlappen hypnotisierend zu schlackern begannen. Ich verzog keine Miene, auch nicht, als die Meute immer größer und ihr Verlangen nach Fütterung immer dringlicher wurde. Endlich läuteten die Begräbnisglocken und der kreischende Mob machte widerwillig den anrückenden Schauspielern Platz. Ich wartete, bis Gropius, Dante und Max Burckhardt beim Sarg waren, dann hoben wir ihn auf unsere Schultern. Dabei fragte ich mich nicht zum ersten Mal, warum ich immer das obere, schwere Ende tragen musste.

Gemessenen Schrittes verließen wir das Foyer. Der Börseplatz war in rotes Licht getaucht. Flammen zuckten an all seinen Ecken und in diesem Moment erhellte ein Blitz den Himmel. Zusammen mit dem Donner erklang der Trauermarsch aus Mahlers Fünften und für den Bruchteil einer Sekunde war auf den dekadenten Wiener Gesichtern so etwas wie Ehrfurcht zu sehen.

Tatatataaa, Tatatataaa, TatataTAAAAA.

Ich mochte diese Szene. Auch wenn Janker mir über Walkie ins Ohr brüllte, dass wir schneller oder langsamer oder weiter links oder rechts mit dem Sarg gehen sollten. Das Ding war ziemlich schwer und ich würde es noch viele Male schleppen müssen. Dazu kam, dass sich die Gruppe der Hungernden wieder neben mir einfand und nicht von meiner Seite wich.

„Da, bitte. Da ist dieser Flegel! Also so was Unhöfliches!"

„Über Sie beschweren wir uns. Wir kennen den Herrn Janker."

„Schauen Sie gefälligst nicht so überheblich!"
Und selbst, als es zu regnen anfing und meine Uniform auch von außen durchnässt wurde, verschlechterte sich meine Laune nicht. Ich war einer von Gustav Mahlers Sargträgern. In Regen und Feuerschein gab ich ihm die letzte Ehre. Wer sonst konnte das von sich behaupten?

9

Am nächsten spielfreien Tag war Janker in Feierstimmung. Er reservierte einen Tisch bei *Marios* und lud die Schauspieler für den Abend zum Essen ein. Adi und mich wollte er auch dabei haben, aber die war mit ihrem Scheißfreund am See. Ich lag angesoffen auf meinem Bett und wartete.

Irgendwann rief er an. „Bist du im Haus?"

„Yep", machte ich.

„Ich ruf uns ein Taxi. Kommst dann runter auf die Straße?"

„Okay, bin gleich da." Ich trank noch einen Schluck aus der Wodkaflasche. Die stand jetzt immer auf meinem Nachttisch. Es schüttelte mich. Billiger Stoff. Dann ging ich nach unten. Das Taxi stand schon da, aber ich hockte mich erstmal auf die Treppe.

Janker kam kurz darauf und trug ein Jackett. „Na, du musst dir aber schon was Schönes anziehen", meinte er. „Ist doch ein besonderer Anlass."

Ich zog meine Arbeitsklamotten mittlerweile gar nicht mehr aus.

„Aber das Taxi wartet doch schon", sagte ich.

„Na und, dann lass es warten."

„Okay." Ich fuhr hoch in mein Zimmer und zog mir eine Leinenhose und ein weißes Hemd an. Band mir sogar eine Krawatte um.

„Na also", freute sich Janker im Taxi. „Herr Obersturmbannführer."

„Sieg Heil", sagte ich müde. Der Taxifahrer musterte mich skeptisch im Rückspiegel. Ich zwinkerte ihm zu.

Bei *Marios* saßen wir dann allein im Halbdunkel. Der Oberkellner schwänzelte mit seiner Gefolgschaft um uns herum. Stellte uns Wasser hin und Wein, dazu Brot und so kleine Schälchen mit Olivenöl. Drei verschiedene Sorten. Ich fing an zu tunken. Seit der

Premiere ernährte ich mich nur noch von den Resten des Buffets. Das war in letzter Zeit nicht viel gewesen. Janker schaute mir eine Weile dabei zu.

„Und in Berlin willst dann einen Nutten-Film drehen?", fragte er.

„Ja."

„Hast eine Produktionsfirma?"

„Nein, ich will ihn selbst produzieren."

„Ich weiß noch, wie das mit meinem ersten Film war. Den haben wir nirgends unterbringen können. Zum Glück hab ich da den Herzog kenneng'lernt, der hat ihn nach Cannes gebracht."

„Wow."

„Kennst den Herzog?"

„Klar." Ich mochte vor allem die Sachen, die er mit Kinski gemacht hatte.

„Weißt, der hat mir damals auch ein paar Ratschläge gegeben", sagte Janker. „Die befolge ich bis heute."

Ich hörte auf, mit dem Brot rumzufummeln.

„Julius, hat er gesagt. Als Künstler musst du gnadenlos sein. Die Menschen hassen die Kunst. Im Grunde hassen sie sie. Und sie wollen dich töten. Wenn du nicht aufpasst, werden sie dich vernichten, verlass dich drauf. Siehst ja jetzt auch. Das ganze Theater, das wir mit der Behörde hatten, bis wir unser Stück hier in Ruhe machen können. Weißt, auf der ganzen Welt waren wir schon erfolgreich damit und jetzt bringen wir's hierher zurück und dann sowas."

„Hm."

„Deshalb musst du gnadenlos sein. Sei erbarmungslos. Klar hat der Herzog einen Hau. Weißt eh. Aber er hat mich angeschaut und gesagt: ‚Wenn sie dich aufhalten wollen, töte sie. Töte jeden, der sich dir in den Weg stellt. Töte sie, sonst töten sie dich.'"

Ich nickte langsam und entschlossen.

„Und was war im Puff so besonders?", fragte er in verändertem Tonfall.

„Hm", machte ich. „Das war ziemlich verrückt …"

„Ja?" Er wirkte nun wieder ungeduldig und desinteressiert. Wie immer, wenn es nicht um ihn ging. „Hast dich verliebt?"

„Nein, aber ..." Ich erzählte es ihm in drei Sätzen. Er reagierte zuerst überhaupt nicht. Und als er dann etwas sagen wollte, wurden wir von der Ankunft der Schauspieler unterbrochen. Ich rief Dante neben mich. Der war mir von allen noch der Liebste. Janker lies Miesmuscheln und Antipasti auftischen, aber ich konnte nicht mehr. Zuviel Brot. Das ging auch grade aus. „Brot!", schrie der Alte durch den Laden. Er hielt einen der leeren Körbe in die Luft und jaulte wie ein Hund. Die anderen Gäste schauten entsetzt zu uns. Manche lächelten auch nachsichtig. Die kannten ihn wohl schon. Als noch immer kein Kellner auftauchte, sprang Janker auf und ging mit dem Korb in die Küche. Dann kam er zurück und hatte einen großen Sack voller Brot dabei und schüttete ihn über der Mitte des Tisches aus. Der Oberkellner kam. Ein geschniegelter Typ mit der vollendeten Arroganz der Wiener Bediensteten. Nur dass die hier gerade gar nicht fruchtete.

„Sollen wir dann zum Hauptgang übergehen?", fragte er.

„Ja, mein schwuler Freund, eine gute Idee", meinte der Alte. „Aber wir wollen viele Hauptgänge. Zuerst Fisch und dann weißes Fleisch. Und dann rotes, nicht? Und Nutten dazu. Und der Wein ist schon wieder LEER!" Das letzte Wort johlte er voller Inbrunst.

„Ja, ist schon unterwegs. Bitte, Herr Janker, senken Sie Ihre Stimme ein wenig."

„Also was kriegen wir jetzt?"

„Ich würde Ihnen das Zanderfilet vorschlagen. Auf der Haut gebraten. Dazu Limonenrisotto."

„Und FLEISCH."

„Ja, also, wir hätten konfierten Schweinebauch. Und rot, naja ... Entrecôte vom Black Angus Rind? Wenn's genehm ist."

„Was sagen Sie dazu, Herr Obersturmbannführer?", wandte Janker sich an mich.

Der Kellner schaute mich halb herablassend, halb flehend an.

„Ich sage, gute Wahl. Aber keine Limone ins Risotto, so'n Schnickschnack brauchen wir nicht."

„Wie belieben", zischte der Futzi und entfernte sich.

Janker bepisste sich fast vor Lachen. „Das lieb ich so an den Deutschen. Klare Worte, klare Ansage."

Ich goss mir Wein nach.

„Ihr seid wie Vater und Sohn", sagte Dante auf Englisch von der Seite.

„Sag das nicht." Mir kam ein Gedanke. „Weißt du", fing ich an. „Ich mag, was du so machst. Ich hätt gern, dass du die Hauptrolle in meinem Film spielst. Was denkst du?" Ich war von meinen Worten nicht weniger überrascht als der Portugiese.

„Klar will ich", sagte er. „Aber ich spreche kein Deutsch."

„Das kriegen wir schon hin."

„Und du musst mir Flug und Unterkunft bezahlen."

„Is klar."

„Okay." Er hielt mir die Hand hin.

Ich schlug ein. So einfach war das.

Janker nickte zufrieden. „Richtig so", meinte er. „Mach mal einen Star aus dem Schwuli. Der geht da unten noch ein, in seinem scheiß Portugal."

„Was hat er gesagt?", fragte Dante.

„Dass du schwul bist."

„Haha, Julius. Du weißt, das stimmt nicht. Okay, vielleicht zu sechzig Prozent. Aber meine letzte Affäre war ein Mädchen."

„Jaja", sagte Janker grinsend. Dante war also bi, ich hatte es schon angenommen. Ich aß inzwischen wieder mit. Das wollte ich mir nicht entgehen lassen.

Als einer der Kellner fragte, wie wir unser Steak haben wollten, schrie ich: „So roh, dass man's wiederbeleben könnte!"

„Englisch also?"

„Jaja, englisch. Am besten, Sie zeigen dem Fleisch die Pfanne nur aus der Ferne. Verstanden?" Ich führte mich auf wie eine Sau. Janker war ansteckend. Wir lachten und blökten herum wie die Idioten.

Plötzlich stand eine angegraute Frau mit weißem Kostüm neben uns. „Sie sollten sich wirklich was schämen, Herr Janker!", schrie sie.

Janker schaute gelangweilt. „Wieso denn bitte?"

„Hier so einen Zirkus zu veranstalten. Haben Sie keine Würde? Das ist doch peinlich."

„Wissen'S", sagte er gedehnt. „Frauen in Ihrem Alter sehen scheiße aus in weißen Hosen."

„Arschloch, österreichisches", keifte sie und war verschwunden.

Janker lachte. „Weißt, wer das war?", fragte er.

„Nein."

„Frau Schiel."

Ich zuckte mit den Achseln.

„Die Gattin von eurem ehemaligen Bundespräsidenten. Ach, du bist ja so jung, das weißt du gar nicht."

Der Ex-Präsident ging seiner Frau langsam nach und schämte sich offenbar für ihren Auftritt. Er nickte uns flüchtig zu. Ein gelungener Abend. Und ich hatte einen Hauptdarsteller.

Als ich mit ihm gerade ins Schwärmen über unser Projekt geriet, hörte ich, wie die dunkle Dunja in lautes, gehässiges Gelächter ausbrach. Janker hing an ihrem Ohr, und während er hastig hineinsprach, schauten sie beide zu mir.

„Was los?", rief ich über den Tisch.

„Ach Gott, Daniel", sagte Dunja und lachte wieder. „Das hast du wirklich geglaubt?"

„Was meinst du?"

„Du kannst doch nicht so naiv sein."

„Was denn? Was denn?", schrien alle durcheinander.

„Er war bei einer Nutte und hat keinen hochgekriegt. Und als er ihr erzählt hat, dass er noch nie im Puff war, hat sie gesagt, dass es auch ihr erstes Mal ist. Gott, wie romantisch!"

„Ja und?", sagte ich und spürte, wie meine Ohren heiß wurden.

„Geh bitte, das erzählt die doch jedem, der's hören will."

„Glaub ich nicht."

„Und jetzt willst sogar einen Film drüber machen? Wer spielt die Nutte? Liv Ullmann?"

Sie und Janker lachten triumphierend. Die anderen schauten betroffen zu mir oder knüpften untereinander eilig Gespräche an.

Mir wurde bewusst, wie idiotisch mein Vorhaben war. Was ich für etwas Besonderes gehalten hatte, war sentimental und vollkommen unglaubwürdig.

Ich war betrunken und flüchtete mich vor die Tür. Alles, was ich wollte war, dass Adi mich liebte. Ich wählte ihre Nummer. „Hallo, Engelchen", sagte ich.

„Hallo. Schön, deine Stimme zu hören. Hier ist es so langweilig."

„Ich liebe dich."

Sie schwieg eine Weile. „Ich weiß", sagte sie dann.

„Soso. Und jetzt?"

„Ich weiß nicht. Ich mag dich auch unendlich gern. Ohne dich würd ich's bei **MATA** nicht aushalten. Aber ich glaub nicht, dass es Liebe ist. Und ich hab doch meinen Freund."

„Aber den liebst du doch gar nicht."

„Doch, ich glaub schon."

„Scheiße."

„Wollen wir uns morgen sehen? Ich hab meine Monologe geübt."

„Gut. Dann lass uns abends treffen. Wir proben und trinken ein bisschen." Ich spürte, wie sich in meiner Hose was regte. Dass der auch immer seinen Senf dazu geben musste.

„Okay", sagte sie. „Ich meld mich dann, ja?"

„Alles klar."

„Gute Nacht, Daniel. Und sei nicht traurig."

„Wieso denn traurig?"

„Naja, nur so."

„Nacht, Engelchen."

„Nacht."

Ich legte auf und wusste wieder nicht so recht. Morgen Abend, dachte ich. Morgen Abend.

10

Am Abend richtete ich das Schlafzimmer für unsere Probe her. Von allen Spielräumen schien es mir am besten geeignet. Ich stellte Wein kalt und zündete Kerzen an. Dann machte ich sie wieder aus. Plötzlich stand Sergiu im Zimmer.

„Was machst du, Bro?", fragte er.

„Hey, du darfst uns nicht stören. Adi kommt gleich und wir proben dann."

„Aha. Was proben?"

„Naja, ihre Monologe. Ist auch egal. Heute muss ich sie rumkriegen."

„Haha, mein Bruder. Willst du sie ficken?"

„Mein Herz ist gebrochen." Und ich fasste mir an die Brust.

„Liebst du sie?", fragte er.

„Ja, glaub schon. Das dumme Weib."

„Naa, sie ist schön. Gute Frau."

„Ja, trotzdem dumm."

„Haha, dumm Frau, redet soviel."

„Ja. Komm, hau ab. Die kommt gleich."

„Gut, gut, haha. Viel Glück, Bro. Na?" Er machte, als würde er eine Frau stoßen und schlug ihr dabei mit der flachen Hand auf den imaginären Arsch. Ich trieb ihn vor mir her aus dem Zimmer.

Adi kam zehn Minuten zu spät und sah quälend schön aus. Trug ein kurzes, schwarzes Kleid und ihre langen Beine schauten unten raus. Sie wirkte gestresst.

„Was los?", fragte ich.

„Ach, mein Freund macht Stress. Ich hab ihm von MATA erzählt und von dir. Dass du mein lieber Freund bist." Sie setzte sich in einen Sessel, obwohl auf der Couch neben mir noch reichlich Platz war.

„Und nun ist er eifersüchtig."

„Gut so", sagte ich.

„Nein, überhaupt nicht gut. Daniel ... ich werd ihn nicht verlassen. Zumindest jetzt nicht. Das ist grade alles so extrem, ich weiß gar nicht, was ich will. Ich muss sehen, wie es nach MATA mit ihm ist. Ob er mich dann immer noch nervt."

„Und ich soll solange warten?"

„Nein! Du sollst überhaupt nicht warten. Ich kann dir nichts versprechen."

„Hier, trink mal'n Schluck."

Ich reichte ihr ein Glas. Sie machte es auf einen Zug leer und goss sich ein neues ein.

„Weißt du, du bist mir viel zu wichtig", sagte sie und schaute mich mit diesen blauen Augen an. „Bis jetzt sind immer alle Freundschaften kaputt gegangen, wenn ich was mit den Typen angefangen habe."

„Aber bei mir doch nicht."

„Ja, aber ich weiß auch nicht, was das ist. Ich lieb dich halt nicht. Du bist für mich eher so ... weiß nicht ... so wie Gustav Mahler für MATA gewesen ist."

„Wie bitte?"

„Ja, du kannst so viele Sachen. Klavier spielen und schreiben und alles. Du bist ein großartiger Mensch, das passt gar nicht zu mir. Ich bin so dumm."

„Ach komm, dann bin ich jetzt 'ne Vaterfigur für dich, oder was."

„Ja, irgendwie schon. Ist doch schön, oder?" Was für eine Psychotante. „Ich will dich einfach nicht verlieren", sagte sie. „Liebe vergeht immer irgendwann. Aber Freundschaft bleibt."

„Wenn du das sagst."

Sie war ein Kind. Schlicht und einfach. Auch wenn sie es nicht hören wollte.

„Zeig mir mal deine Monologe." Ich hatte jetzt überhaupt keine Lust mehr. Dass die Frauen ihre neuen Vorsätze und Einsichten immer an mir ausprobieren mussten. Wer waren diese Typen, mit denen sie vor mir befreundet war? *Die* hatte sie gefickt. *Mich* nicht. Mit mir meinte sie es ernst. Ich wollte aber auch ficken. Scheiß auf Freundschaft.

Sie machte die Elektra von Sophokles. Es gab nicht viel dazu zu sagen. Erst als sie ein halb emanzipiertes Bauernmädchen aus irgendeinem Sozialdrama gab, konnte ich einhaken. Was mich an ihr so faszinierte, war ihr unscheinbares, braves Äußeres. Das dann manchmal Abgründe von purem Wahnsinn enthüllte. Diabolisch. Das ließ sich ganz gut auf die Rolle anwenden. Ich war ihr Anspielpartner. Sie war zuckersüß und dann wieder ein Racheengel.

Geifernd stand sie vor mir und als sie zum großen Finale kam, packte ich ihren Hals, um sie noch mehr anzustacheln. In ihren Augen war nichts. Kein Sex, kein gar nichts. Ich ließ sie los und setzte mich wieder zu meinem Wein.

Während des letzten Durchlaufs hatte ihr Handy gepiept und nun schaute sie, wer geschrieben hatte. Ich machte grade die zweite Flasche leer. „Soll ich noch Wein holen?", fragte ich. Sie tippte da auf ihrem Dings rum. „Ähm, nein ... wart mal. Was? Nein, ich muss bald los. Der Justus kommt mich abholen. Bist eh nicht sauer, oder?"

„Ach komm, hör doch auf."

„Du machst das echt gut. Ich hab jetzt ein viel besseres Bild von der Rolle. Bestimmt wird's diesmal was am Konservatorium."

„Hmm ..."

„Sollen wir's noch mal machen?"

„Nein, ich hab genug für heute."

„Okay. Sollen wir hier noch aufräumen?"

„Nein, ich mach das schon."

„Na gut. Bis morgen, Daniel." Sie umarmte mich. Ganz unverbindlich. Ich atmete den Duft ihrer Haare ein. Ihrer Haut. Dann machte sie sich aus dem Staub. Lief zu ihrem Justus. Und ließ sich wahrscheinlich schon in einer halben Stunde von ihm ficken.

Ich ging in mein Zimmer und holte mir einen runter. Die frischen Eindrücke halfen mir dabei ungemein.

11

Die Israelis kamen. Ein Teil vom Wiener Ensemble würde auch in Jerusalem spielen. Dante und Anna zum Beispiel. Die meisten Schauspieler sollten jedoch vom Theater in Tel Aviv kommen. Zusammen mit einigen Journalisten besuchten sie uns nun.

Auf dem Dach des Telegrafenamtes gab es einen Turm. Janker hatte die tolle Idee, die Begrüßungsfeier für die Juden dort zu machen. Stundenlang schleppte ich mit Sergiu das Gelump nach oben. Die komplette Tafel aus dem Festsaal sollten wir dort aufbauen, aber die scheiß Tischplatten passten kaum durch das enge Treppenhaus. Ich trug nur ein Unterhemd, das inzwischen völlig durchgeschwitzt war, und sah damit aus wie der letzte Penner. Als ich wieder mal allein in den Festsaal kam, um noch ein paar Stühle zu holen, stand da plötzlich eine Frau. Sie war blond und trug einen Minirock. Ich schätzte sie auf Anfang vierzig. Sie war übertrieben geschminkt, trug ein schweres, süßliches Parfum und musterte mich mit gierigen Augen.

„Kann ich Ihnen helfen?", brachte ich meinen Spruch.

„Ich such den Julius."

„Der ist nicht da."

„Wo ist er denn?" Sie kam auf mich zu.

„Keine Ahnung. Bei Gericht, glaub ich. Soll ich was ausrichten?"

„Nein, muss nicht sein. Und wer bist du?"

„Ähm ... der Spielleiter. Wieso?"

Plötzlich sprang sie mich an und küsste mich wie wild. „Du kleiner Scheißkerl", keuchte sie und biss mir in den Hals. Ich stank nach sechs Stunden schweißtreibender Arbeit. Aber sie konnte gar nicht genug davon kriegen und schnupperte mich ab, während sie weiter an mir rumlutschte. Das kam mir alles reichlich seltsam vor. Dieses Haus schien die Bekloppten irgendwie anzuziehen. Ich wehrte mich nicht. Nötig hatte ich es allemal. Ein Verbrechen ohne Opfer. Die Alte trieb mich in den Wintergarten und schubste mich aufs Bett. Ich war jetzt voll dabei. Plötzlich schlug sie mir hart ins Gesicht und sprang auf und stand dann da.

„Du Mistvieh", zischte sie. „Du Mistvieh, du kleines." Sie zeigte ein schiefes Lächeln und ging davon. Ich hörte ihre Schritte im Treppenhaus, wie sie sich immer weiter entfernten, bis ganz nach unten. Dann polterte das Tor im Foyer. Ich krümmte mich ein bisschen zusammen und schloss die Augen. Die Sache konnte mich kaum beeindrucken und das machte mir Sorgen. Zynismus, die dunkle Seite der Macht, liebkoste mich mit schmeichelnden Fingern.

12

Majestätisch stand ich über den Dächern des 1. Bezirks und schlürfte ein Glas Frizzante. Die Kellnerinnen schwirrten um mich rum und waren angepisst, weil sie den ganzen Abend die sieben Stockwerke hoch- und runterhetzen mussten.

Adi und Janker hatten die Schauspieler vom Flughafen abgeholt und waren auf dem Weg hierher.

Derweil sollte ich den Gastgeber markieren, was überhaupt nicht mein Ding war. Ich hatte auch schon wieder einen sitzen. Nach und nach trudelten die Schauspieler ein und machten mir ihre Aufwartung.

Anna gab mir einen freundschaftlichen Kuss. „Was ist denn mit deiner Lippe passiert?", wollte sie wissen. Durch den Schlag der Verrückten war die irgendwie aufgeplatzt.

„Hab mir 'ne Bierflasche gegengehauen."

„Ach, ja? Und wie läuft's mit der Kleinen?"

„Frag nicht."

„Ach, du ..." Sie streichelte mir übers Gesicht und ging dann zu den anderen. Endlich wurden einige Stimmen im Treppenhaus laut. Dann spuckte die Tür ein Dutzend dunkler Gestalten aus. Ich schüttelte jedem die Hand, ahnungslos, wer nun Journalist war und wer Schauspieler. Jankers gute Laune wirkte aufgesetzt. Küsschen links, Küsschen rechts, aber dazwischen giftete er Adi an und scheuchte sie herum.

„Komm", sagte er zu mir. „Unterhalt dich bitte mit den Israelis. Ihr sollt euch kennenlernen. Deswegen machen wir das hier."

Also ging ich zu einem kleinen Typen, der ein bisschen wie Johnny Depp aussah. Wechselte ein, zwei belanglose Sätze mit ihm. Er sollte den Klimt spielen, ich war der Stagemanager, aha, soso, interessant.

Als wir zu Tisch gebeten wurden, setzte ich mich möglichst weit weg von Janker und neben Adi. Aber er kam gleich vorbei und verfügte, dass wir uns zu den Israelis setzen sollten. Links bekam ich den neuen Freud zugeteilt. Rechts einen Kerl namens Jonathan. Er war einer der Journalisten, aber eigentlich Filmemacher, wie er mir versicherte. Ich war nicht besonders scharf darauf, mehr zu erfahren. Adis Eltern waren Geologen und hatten mit Israel beruflich und privat seit drei Jahrzehnten zu tun. Daher auch der hebräische Name. Adi war schon mehrmals dort gewesen und sprach halbwegs fließend deren Sprache. Damit glänzte sie sehr gern. Und plapperte nun begeistert mit Jonathan. Es war eindeutig, dass er sie abcheckte.

„Er hat ein Stück in Tel Aviv inszeniert", rief die Blonde zwischendurch. „Oh bitte, Daniel, lass uns da zusammen hingehen, ja?"
„Unbedingt", knurrte ich. Jonathan schenkte mir einen öden Blick. Als sich zwischen den Gängen die Sitzordnung auflockerte und die Leute am Geländer lehnten und rauchten, suchte ich das Weite. Auf der anderen Seite des Turmes stand der Schönling Gropius. Er diskutierte mit seiner Freundin.
„Nie stellst du mich irgendwem vor", sagte sie.
„Hab ich doch."
„Nein, hast du nicht. Dem Janker hast du mich nicht vorgestellt."
„Mann, du bist doch alt genug. Sprech ihn doch selbst an."
„Das macht man nicht." Sie war anscheinend auch Schauspielerin und wollte Kontakte knüpfen. Janker war eine Institution. Gropius trank immer schneller. Komplikationen waren offensichtlich nicht sein Ding. Es dauerte nicht lang, dann stand er da allein.
„Schnauze voll?", fragte ich.
„Scheiß Weiber! Immer das Gleiche."
„Naja."
„Wie machst du das denn? Du bist immer so cool. Wie geht das denn auf Dauer?"
„Das wirkt nur so, glaub mir." Es war inzwischen schon dunkel. Janker war von Zuhörern umgeben und voll in seinem Element als scherzender Charmeur.
„Sollen wir abhauen?", fragte Gropius.
„Wohin?"
„Keine Ahnung. Saufen und Weiber aufreißen."
„Ach, da bin ich nicht so gut drin. Also im Aufreißen."
„Macht nix, ich kann das. Schau mich doch an."
„Ja. Du siehst aus wie'n Zäpfchen."
Er lachte und strich sich die Haare nach hinten.
„Ich mach dir auch'n paar klar", sagte er.
„Na, gut. Dann aber gleich. Der Alte kuckt grad nicht."
Wir machten los und waren drei Minuten später auf der Straße. Man hörte Janker bis hierher. Einige Passanten glotzten nach oben, schauten sich das Gelage im Kerzenschein an und staunten.

Wir riefen ein Taxi und ließen uns runter zum Donaukanal bringen. Dabei teilten wir uns eine Flasche Wein, die Gropius sich gekrallt hatte. Der Laden, in den er mich schleppte, war ein kleiner Club im Bauch eines Schiffes. An zwei schmächtigen Securities vorbei gelangten wir nach unten. Die Bude war bombenvoll. Es war heiß und laut und alle tanzten. Gropius schickte mich an die Bar. „Bestell schon mal vier Bier", schrie er mir ins Ohr. Dann ging er schnurstracks auf drei Frauen zu, die gerade neben der Tanzfläche verschnauften und quatschte sie an. Nicht schlecht der Junge. Ich setzte mich und schaute ihm bei der Arbeit zu. Einmal zeigte er zu mir. Sie blickten beeindruckt herüber und kicherten. Dann kam er mit ihnen an.

„Daniel", stellte er mich vor. „Das sind Katja, Inga und Wiebke." Inga, die Beste von den dreien, hatte er schon im Arm. Der Scheißer. Aber Katja war fast genauso hübsch. Eine Kurzhaarige mit langem Hals und riesigen Augen und einem drallen Körper, der in dünnen Stoff gezwängt war. Ich verteilte die Flaschen.

„Miro hat erzählt, dass du aus Schweden kommst", sagte Katja.

„Wer?"

„Miro." Sie deutete auf Gropius.

„Ach so. Jaja."

„Sprichst du Deutsch, oder ist Englisch besser?"

„Nein, nein, ist schon gut. Bin schon eine Weile hier."

Gropius grinste und nickte mir zu.

„Und was hat er noch so von mir erzählt?", fragte ich.

„Dass du der Stagemanager von so 'nem Theaterstück bist. Das find ich so cool!"

„Ja, is'n harter Job."

„Du sprichst eh total gut unsre Sprache. Wie lange bist denn schon in Wien?", fragte Wiebke. Die war das Mauerblümchen der Gruppe.

„Nicht lange. Ein paar Wochen. Aber ich hab zwei Wohnungen in Berlin und Hamburg. Da bin ich die meiste Zeit."

„Genau", schaltete sich Gropius ein. „Ein richtiges Penthouse hat er. Im Schanzenviertel."

„Dann verdienst du ja nicht schlecht", meinte Katja wieder und drückte sich an mich.

„Ja, es lässt sich gut leben."

Was für ein Theater. Gropius erzählte eine Anekdote nach der anderen und illustrierte meine Männlichkeit in den schillerndsten Farben. Ich knutschte ein bisschen mit Katja. Sie machte es nicht so gut. Irgendwann war es dann schon spät und der Barkeeper wollte mir kein Bier mehr geben.

„Du bist viel zu höflich", klärte Inga mich auf. „Wenn du hier was willst, musst g'schissen sein."

Ich zuckte mit den Schultern und wandte mich wieder an den Barmann. „Hör mal, du Vogel. Gib mir jetzt'n Bier, sonst passiert was."

„Hearst, des geht net. Wir machen jetzt Feierabend."

„Ich reiß dir gleich den Arsch auf, du Frettchen!"

Er rief nach den Securities. Die wussten nicht, wie sie mich anfassen sollten. Ich gab einem von ihnen einen Klaps. Gropius lachte. Die Mädels waren schockiert und der Tresentrottel telefonierte nach den Bullen. Wir gingen nach draußen und standen noch eine Weile am Steg rum. Katja und die anderen hatten schon das Weite gesucht.

„Sie hat doch gesagt, ich soll g'schissen sein."

„Macht nix", lachte Gropius. „Die wollten eh nicht ficken."

Es war schon wieder hell und die Leute kamen in kleinen Gruppen aus dem Schiffsbauch getaumelt. Wir stiegen in ein Taxi. Irgendwie hatte Gropius es geschafft, in der kurzen Zeit noch mal zwei Bräute klarzumachen. Zwei dicke, schwarze Südafrikanerinnen. Wir hockten gepresst auf der Rückbank und ließen uns in den 9. Bezirk kutschieren. Die zwei machten sich schon auf der Fahrt über uns her. Sie waren nicht so hübsch wie die vergrätzten Studentinnen. Aber sie waren da und willig. Ich fragte mich, ob Gropius zwei Professionelle aufgabelt hatte. Nicht, dass mir das noch was ausgemacht hätte.

Wir gingen in ein schummriges, verqualmtes Ecklokal und tranken doppelte Wodkas. Ich zahlte inzwischen alles. Es war mein letztes Geld. Die Ladies waren keine Nutten. Sie wollten es nur krachen lassen. Na, bestens.

Ich knallte meine auf dem Damenklo und stellte mich besser an als erwartet. Sie bediente sich ganz gut selbst und keuchte und wackelte. Als es mir schließlich kam, dachte ich an Adi. Dann musste ich kotzen und während ich über der Schüssel hing, klopfte mir die Dicke auf den Rücken und lachte. Ich lachte auch zwischen dem Gewürge. Gott, tat das gut.

13

In der nächsten Vorstellung gab es Ärger. Eine besoffene Zuschauerin wollte in der Schluss-Szene keine Ruhe geben. Janker bat sie als Kokoschka zweimal, die Schnauze zu halten. Als sie es nicht tat, fiel er aus seiner Rolle.

„Halt's Maul, du hässliche Kröte", schrie er. Sie dachte gar nicht daran. Also schmiss er seine Sachen von sich und stürmte aus dem Saal. „Das Stück ist zu Ende!", rief er noch. Kurz darauf meldete er sich über Walkie. „Alle rausschmeißen! Sofort."

Ich ließ den Tonfutzi die Auslassmusik abspielen. Wieder knackte es in der Leitung.

„Ich hab nichts von Musik gesagt. Sofort ausmachen! Und hör gefälligst auf, für mich zu denken, verstanden?"

Ich sagte dazu nichts. Die Musik ging aus. Dann fand ich mich umringt von aufgelösten Schauspielern und zornigen Gästen. „Tut mir leid", meinte ich. „Wenn der Chef sagt, es ist Feierabend, dann ist Feierabend."

„Das lass ich mir nicht gefallen", spielte sich einer der Bonzen auf. „Nur wegen einer Zuschauerin werden wir alle bestraft? Ich will mein Geld zurück."

Ich ließ ihn stehen. Die Schauspieler verdünnisierten sich in die Garderoben. Es war ihnen peinlich. Sergiu und Vincent fingen mit ihren Jungs an, das Volk nach draußen zu begleiten. Ich goss mir ein Glas Wein ein und ging damit durch die Spielräume. Suchte nach versprengten Herumtreibern. Irgendwann kam ein Funkspruch von Vincent. „Daniel, kannst amol ins Foyer komma, bitte. Do will aaner net gehn."

„Bin gleich da."

Der Typ war ein drahtiger Trottel mit Pullunder. Der gleiche, der oben schon gemault hatte. Vincent und die anderen standen ihm ratlos gegenüber. „Bitte, was soll ma denn mochen? Der Janker sagt, es is vorbei."

„Ich lass mich hier nicht rausschmeißen", kreischte er. „Ich hab bezahlt. Außerdem ist das ein öffentliches Gebäude. Das war mal die Post und ... und gehört dem Magistrat."

Ich stand eine Weile daneben. Dann platzte mir der Kragen. „Hör mal, du Vogel, verpiss dich oder ich tret dir in den Arsch, dass es kracht!"

Die Österreicher ließen sich oft von einer harten, deutschen Aussprache beeindrucken. Der Kerl setzte auch schon zum Rückzug an. Aber ganz ging er immer noch nicht. „Das ist nicht Ihr Haus!"

„Doch. Wir zahlen Miete und zwar nicht zu knapp. Also ist es mein Haus. Und ich hab jetzt die Schnauze voll."

Er holte wieder Luft, aber ich krempelte mir einen Ärmel hoch und ging auf ihn zu. Panisch rannte er nach draußen. Die Jungs schauten mich mit großen Augen an. Als ob das jetzt so tapfer gewesen wäre. Sergiu lachte und krempelte wie ich einen Ärmel hoch. „Du Vogel, haha, ich tret dir in die Arsch, na?" Er puffte mir in die Seite. Ich rief Janker über das Walkie, um ihm Bericht zu erstatten. Er war nicht mehr im Haus. Auch gut.

Inzwischen war es verboten, sich am Bierfass zu bedienen. Ich zapfte mir eins und aß ein Stück Brot dazu. Da hörte ich auf einmal Stimmen aus dem Wintergarten und die von Adi war auch dabei. Sie diskutierte mit jemandem. Ich ging hin und sah Klimt nackt im Pool sitzen. Er grinste mich an.

„Was geht'n hier ab?", fragte ich.

„Der will, dass ich mich ausziehe", sagte Adi.

„Und? Keine schlechte Idee."

„Genau", rief Klimt. Er hatte sich offenbar in der kurzen Zeit einen angesoffen. „Komm, Daniel, zieh dich auch aus. Wir machen eine Pool-Party."

Ich zuckte mit den Schultern und knöpfte mein Hemd auf.

„Aber wenn der Dicke uns erwischt!", sagte Adi.

„Keine Panik. Der ist nicht mehr da."
„Wirklich?"
„Wirklich."
„Na gut, aber ich sag noch den andern Bescheid."
„Richtig so!", krakeelte Klimt und goss sich den Wein in den Kopf. Er hielt dabei das Glas auf Armeslänge von sich. Die Hälfte plätscherte in den Pool.
Ich warf Schuhe und Socken und den Rest von mir und stieg ins Wasser. Es war sehr kalt und einen halben Meter tief. Ich setzte mich neben den Klimt und stieß mit ihm an.
„Heute kriegst du sie rum!", meinte er.
„Dein Wort in Gottes Ohr. Gib mal was von diesem Wein."
Er reichte mir seinen Kelch und es schmeckte ziemlich wässrig. Wahrscheinlich war schon einiges aus dem Pool reingeraten. Kurz darauf kam Adi zurück. Sie hatte Dunja und Anna im Schlepptau. Jede von ihnen trug mehrere Flaschen Wein in den Armen. Während sie sich auszogen, kamen auch noch der Tonfutzi und Brigitte dazu. Brigitte war eine der Kellnerinnen. Bis jetzt hatte sie sich völlig wahllos jedem Schauspieler an den Hals geworfen.
Als Adi sich auszog, starrte ich sie unverhohlen an. Sie machte ziemlich schnell, aber trotzdem konnte man sehen, dass sie so gebaut war, wie es sich durch ihre Kleider angedeutet hatte. Alles an seinem Platz.
Sie setzte sich neben Klimt, der sich in dieser Puffer-Rolle offenbar wohlfühlte. Er legte uns beiden einen Arm um den Hals und fing an zu singen. Die anderen folgten Adis Beispiel und kamen verschämt zu uns. Es wurde laut und nass. Wir bespritzten uns gegenseitig und soffen sämtliche Flaschen leer. Irgendwer bekam Hunger, also holten wir Brot und Schnitzel. Im Wasser schwammen die Essensreste und Klamotten herum. Man konnte durch die Brühe schon nicht mehr auf den Grund sehen.
„Musik! Musik! Daniel, spiel uns was!", riefen die Schauspieler.
Ich hockte mich nackt ans Klavier. Ein Bechstein direkt neben dem Pool. Ich haute in die Tasten, was das Zeug hielt und die anderen sangen dazu. Es wurde richtig gut.

Als später die meisten schon weg waren, saßen Adi und der Ton-mann in Handtücher gewickelt neben dem Pool und unterhielten sich. Brigitte drückte sich an Klimt.
Ich war gut dabei und bekam nicht mehr viel mit. Dann war auch der Tonmann verschwunden. Wir restlichen vier lagen kreuz und quer übereinander in einem kleinen Bett. Es war ein schönes Ge-fühl. Wie ein Hundewelpe kam ich mir vor. Ein Embryo im Mutter-bauch. Adi lag in meinen Armen und zitterte. Ich legte eine Decke über uns und schloss die Augen. Diesen Moment würde ich noch bitter bezahlen müssen. Aber zum Teufel, das war es wert.
Irgendwann wurde es ziemlich heiß. Adi strampelte sich frei und stand auf. Sie war rotzevoll, genau wie alle anderen. Ich setzte mich in einen Sessel und schaute Klimt dabei zu, wie er sich über Brigitte hermachte. Der Abend hatte es wirklich in sich. Ein gutes Finale. Er wollte gerade aufsteigen, sie wand sich unter ihm wie noch was, da kreischte Adi plötzlich los. „Was macht ihr denn da!"
„Lass sie doch", sagte ich.
„Das geht doch nicht, Klimt. Hör auf!"
Er schien aus irgendeiner Trance aufzuwachen. Die Stimmung war ruiniert.
„Ausgerechnet mit der", quengelte Adi weiter. „Das ist doch wirk-lich unmöglich."
„Was machst du denn für ein Theater, Mensch?", sagte ich.
„Genau", meinte der Klimt dazu, aber halbblaut. Es war ihm pein-lich. Brigitte rannte aus dem Zimmer. „Ich wollte doch nur ...", stotterte er. „Es war so schön. Gerade haben wir uns doch alle noch geliebt ..."
„Du kannst dich doch nicht einfach so gehen lassen!", schimpfte Adi und suchte ihre Klamotten zusammen. Die führte sich viel-leicht auf. War richtig außer sich.
Ich brachte sie zum Schottentor und setzte sie ins Taxi. Den ganzen Weg maulte sie weiter. „Was ist denn los?", wollte ich wissen. „Bist du eifersüchtig, oder was?"
„Nein, gar nicht. Aber dass er ausgerechnet mit der ekligen Brigitte schlafen will."

„Versteh ich nicht, was dich das angeht."
„Einfach so. Wolltest du da etwa zukucken?"
„Ja, verdammt!", rief ich. „Das wär jetzt genau das Richtige gewesen."
„Tut mir leid. Ich bin so besoffen."
„Ja ..." Ich gab ihr zum Abschied einen Kuss auf die Stirn und steckte dem Fahrer einen Zwanziger zu. Blödes Gentleman-Getue. Zurück am Telegrafenamt kam mir Klimt entgegen. Er war völlig am Ende. Ich ging auf ihn zu und umarmte ihn.
„Mach dir nichts draus", sagte ich.
„Ich weiß nicht, wie das passieren konnte."
„Geh schlafen."
Er küsste mich auf die Wange und ging langsam davon. So ein schöner Abend und dann das. Nur weil Adi so einen Aufstand machen musste.
Ich räumte gerade den Wintergarten auf, da kam Brigitte an. Sie war noch immer halb nackt und hatte geheult. Sie drückte sich an mich und mein Ding ging hoch wie eine Eins.

14

Am liebsten mochte ich den zweiten Teil unseres Stückes. Da gab es eine Szene, in der Janker als Kokoschka in den Krieg zog. Dazu machten wir im Lazarett Feuer und Nebel. Und die Schauspieler lagen kreischend da, mit blutigen Verbänden und allem. Ich patrouillierte als Soldat und wenn Janker kam, musste ich ihn niederschlagen. Das lief jedes Mal anders. Manchmal griff er mich an, manchmal umgekehrt. Aber es war immer echt.
An diesem Abend wollte Dante auch mitmachen. Wir alle nutzten diese Szene, um unsere Aggressionen loszuwerden. Die Verstärkung kam mir gerade recht, denn der Alte wollte es heute richtig wissen. Seine Schläge waren nie besonders hart. Dafür konnte er mit seinem Körpergewicht einiges anstellen. Dante und ich hatten ihn gerade in der Mangel und schenkten ihm ordentlich ein. Da machte er einen Ausbruch und riss ein komplettes Regal mit Laborflaschen um. Er tobte wie ein Wahnsinniger. Und im anschließenden Gerangel ging eine Zuschauerin mit zu Boden.

Sie kreischte und schlug um sich. Ich kriegte auch was ab. Ich lud den Alten mit Dante auf eine Bahre und trug ihn in den Festsaal. Dabei rempelten wir ein weiteres Dutzend Leute um. Wie gesagt, ich mochte die Szene.

Nach der Vorstellung saß ich mit Gustav Mahler auf dem Dach. Wir rauchten Zigarren. Das machten wir einmal die Woche und besorgten die Dinger immer im Wechsel. Diesmal war er dran gewesen und hatte zwei dicke Churchill Marrakeshs besorgt. Die schmeckten nicht übel. Dazu tranken wir den guten St. Laurent und schwiegen behaglich.

Adi hatte sich am Abend zuvor mit diesem Jonathan aus Israel ein Taxi geteilt. Vor seinem Hotel hatte er sie gefragt, ob sie nicht mit raufkommen wollte. Sie fand es doof, wie sie mir erklärte, wenn ein Mann sie so plump anmachte. Das war nicht anständig. Aber Jonathan sei trotzdem so nett und interessant. Ich fand, dass er ein Vollidiot war, aber davon wollte sie nichts hören. Ich hätte so wieso immer gegen jeden irgendwas, mit dem sie sich unterhielt. Aber sie unterhielt sich auch nur mit Deppen. Und war mit einem zusammen.

Ich hatte trotzdem gute Laune. Janker hatte mir fünftausend Euro überwiesen und dabei durchblicken lassen, dass es sich lediglich um einen Vorschuss für den ersten Monat handelte. Bei fünf Monaten Produktionszeit würde ich mir ein dickes Budget für den Film verdienen. Es lagen noch drei Vorstellungen vor uns und dann war schon Israel angesagt. Ich war meinem Leben in Berlin jetzt sehr fern und meinen Freunden dort. Es gab nur noch MATA. MATA und Adi.

„Das ist wirklich bescheuert", sagte ich zu Mahler. „In Berlin würde die mich kaum interessieren. Ich wär jedenfalls nicht so fixiert. Aber hier gibt's ja sonst nix."

„Damit machst du's dir auch nicht leichter", sagte er. „Akzeptier halt deine Gefühle."

„Aber wenn sie doch nicht echt sind?"

„Wieso das denn?"

„Na, weil das auch nicht mein richtiges Leben ist, hier. Dieser ganze

Wahnsinn."

„Woher willst'n das wissen?", fragte er und blies einen Rauchring in den Wind.

„Häh?"

„Du fährst doch jetzt sogar noch mit nach Jerusalem. Dann bist du insgesamt ein halbes Jahr bei MATA. Wieso sollte das halbe Jahr denn weniger real sein, als das andere?"

„Hm ..."

„Und wenn du deinen Film drehst, wird der Wahnsinn auch nicht weniger."

„Stimmt."

„Na siehst du. Vielleicht ist das dein richtiges Leben. Von jetzt an. Und dann liebst du Adi auch wirklich."

„Du bist ganz schön gescheit, Mahler", sagte ich.

„Ich hab das alles auch schon durchgemacht. Früher oder später wird in dem Beruf jeder bekloppt, glaub mir."

„Aber Adi will mich nicht."

„Dann nutz es. Geht's in deinem Film nicht um Sehnsucht?"

„Mein Film ist ein einziger Witz."

„Was sagst du?", fragte er. Seine Stimme war voller Schärfe.

„Ich bin mir nicht mehr so sicher ..."

„Du lässt dich doch nicht von Julius und Dunja beeindrucken, oder?"

„Aber sie haben ja recht."

„Nein, Daniel." Er legte die Zigarre beiseite. „Versprich mir, das nie mehr zu sagen." Ich war irritiert. „Du darfst nicht so werden wie die. Es gibt genug gehässige Künstler. Erzähl deine Geschichte. So wie es war."

„Aber ich mach mich zum Deppen."

„Ja und? Hör auf zu jammern. Du bist, wie du bist."

Ich schwieg eine Weile. „Das ist vielleicht'n Scheißjob", sagte ich dann.

„Ja. Lern lieber was Ordentliches, solange du jung bist."

Ich rauchte weiter an meiner *Marrakesh*. Da sollte mal einer schlau draus werden.

15

Wir brachten die letzte Vorstellung hinter uns. Die Schauspieler verabschiedeten sich untereinander und waren irritiert, weil Janker keine Dernière-Party schmiss. Aber er war mit seinen Gedanken schon in Israel. Hatte eine Menge Stress mit Verhandlungen. Scheinbar war es noch gar nicht sicher, dass wir dort spielen durften. Er rief mich zu sich ins Büro. Dort war dicke Luft. „Nein, nein, nein!", plärrte er gerade.

„Doch, doch, doch!", schrie Tanja zurück.

Ich wäre lieber bei meinem Feierabendbier gesessen.

„Hier, geh die bitte schon mal durch", sagte er und drückte mir eine vielseitige Liste in die Hand. „Du musst den Abbau leiten, die Frau Tanja ist sich zu schade dafür."

„Ich bin mir überhaupt nicht zu schade", maulte sie. „Aber ich hab noch tausend andere Sachen ..."

„Die sind aber nicht wichtig, du Depperte! Des kannst alles machen, wenn wir weg sind und keinen Tag früher."

„Weißt was, Julius, leck mich."

„Hau bloß ab! Ich sag dir, wenn hier irgendwas schief geht, zahlst du dafür dein Leben lang, verstanden?"

„Jaja", rief sie noch und weg war sie. Ach du Schreck, dachte ich. Wenn Tanja wirklich nicht mitkommen sollte, würde der ganze Scheiß an Adi und mir hängen bleiben.

„So eine Kotzfotze", schimpfte der Alte und setzte sich mit rotem Kopf an sein MacBook. Ich suchte schnell das Weite. Was für ein fickriger Mensch. Gönnte einem nicht den kleinsten Moment, um mal Luft zu holen.

Der Abbau blieb also auch an mir hängen. Ich ging mit fünfzehn Helfern durchs Haus und stellte alles zusammen, was mit nach Israel sollte. Das dauerte einen halben Tag, doch ab jetzt musste ich nur noch bei den Schiffscontainern stehen und mir von den Jungs das Zeug bringen lassen. Theoretisch. Dann kam Janker und fing an zu zetern. „Ihr habt's ja noch gar nix g'macht!"

„Doch, wir sind nur erstmal ..."

„Nein, nein, holt jetzt bitte die Sachen aus dem Festsaal, ja!"

Das taten wir und fingen vor seinen Augen an zu schichten. Er kreischte bei jedem Stück rum. „Nein, nicht so, mach das doch quer. Sonst passt das doch nicht!"
Ich bekam schlechte Laune. Der Alte hatte den totalen Kontrollwahn. Ich stellte mich neben die Container und hakte nur noch die verstauten Sachen ab. Irgendwann wurde er hungrig und verpisste sich wieder. Ich übernahm und drei Stunden später war der erste Container voll. Das Gröbste war geschafft.
Am nächsten Tag wurde mir das Abhaken zu langweilig. Wenn wir bezahlte Helfer hatten, versuchte Janker immer zu unterbinden, dass ich mit anpackte. „Lass das doch die machen", sagte er.
Aber dazu war ich zu stolz. Die Burschen betrachteten mich sowieso schon als den zarten Künstler in ihren Reihen. Ich kletterte in den Container und schichtete mit Sergiu den Kram, den sie uns anreichten. Innen waren an die fünfzig Grad und mir lief die Brühe in Strömen. Ich zog schon bald mein Hemd aus.
Zwischendurch kam Janker mit seiner Freundin vorbei. Die war Sportreporterin und musste einen ganz schönen Hau haben, es so lange mit ihm auszuhalten.
„Schau dir den Daniel an", meinte der Alte stolz. „Das ist ein Mannsbild, oder?"
„Du blutest", sagte die Freundin nur.
Ich schaute an mir herab. Da waren ein paar Schnitte in meiner Brust und an den Armen. Ich wischte die Soße mit meinen Handschuhen weg.
„Haha, ein guter deutscher Mann", lachte Janker und ging wieder ins Haus.
Irgendwann kamen wir zum schwersten Stück. Der gusseiserne Herd aus der Küche. Zu zehnt hievten wir ihn hoch, was noch ganz gut ging. Als wir ihn dann im Container nach hinten zogen, rutschte einer der Helfer ab. Ich hielt das Ding ziemlich weit unten, und als es zu Boden krachte, ratschte die scharfe Kante über die Innenseite meiner Arme. Die färbten sich augenblicklich dunkelrot und das Blut quoll überall gleichzeitig hervor.
Diesmal tat es weh.

„So a Schas!", schrie Vincent den Helfer an. „Pass doch auf, du Trottl!"

„Alles okay mit dir?", fragte der mich.

„Hearst, du siehst doch eh, dass er blutet wie aane Sau!"

„Schon gut", beruhigte ich ihn. „So sieht man wenigstens, was wir hier durchmachen." Und ich streckte die Arme von mir wie der kaputte Jesus. Wir lachten und die Burschen klopften mir auf den Rücken. Na also, Männlichkeit bewiesen. War doch alles wunderbar. Als wir fertig waren, stahl ich mich davon und schaute mir die Bescherung genauer an. Sah schlimmer aus, als es war. Ich goss ein bisschen Wodka drüber und winselte.

Unser Flug ging am nächsten Abend um sechs.

Ich fing schon morgens an zu trinken und traf mich dann mit Dante. Der hatte schreckliche Flugangst und musste abgelenkt werden. Wir gingen mit einigen Flaschen in den Festsaal. Dort stand noch immer der *Bösendorfer*.

Ich fing an, meine Palette durchzuspielen und Dante tanzte dazu und sagte portugiesische Gedichte auf. Das hatte Drive, wir steigerten uns voll rein. Wenn ich lauter wurde, ging auch er los wie eine Rakete. Es war ein glorreiches, trunkenes Duett. Wir erfanden die Musik neu und vergaßen das Flugzeug.

Im Taxi pennte er ein. Sergiu und der Tonmann Holger piesackten ihn und malten ihm einen Schnurrbart ins Gesicht. Hinter uns fuhren Janker und Adi im zweiten Wagen. Am Flughafen wurde mir kotzübel und ich entschloss mich, einen Teil des Bieres in Österreich zu lassen. Es wurde eine Riesensauerei. Die Putzfrau tat mir leid.

Janker hatte die Laptops für die Show nicht in die Container pakken wollen. Stattdessen sollte ich sie beide im Handgepäck mitnehmen. Allerdings waren zwei Laptops höchst verdächtig.

Während die Kontrollotzen die Dinger mit diversen Pudern bestäubten, stellten sie dämliche Fragen. „Haben Sie Gegenstände dabei, die als Waffe benutzt werden können?"

„Ähhm ...", machte ich. „Ja."

Die Züge der Lady verhärteten sich. Im Telegrafenamt ging aber dermaßen oft das Werkzeug verloren, dass ich mir für Israel mein eigenes besorgt hatte. Hammer, Zange, Schraubenzieher. Alles Mordwaffen. Ich musste sie dalassen. Dann bat mich die Olle, die Laptops hochzufahren.

„Und wenn es wirklich Bomben sind?", fragte ich. „Explodieren die dann jetzt?"

„Nein. Dann würde ich nicht hier sitzen bleiben. Das müssten Sie in einer gesicherten Kammer machen."

„Soso ..." Ich wurde nervös. Die anderen waren schon längst in der Raucherlounge, die Schweine. Ließen mich hier im Stich. Ich sah mich schon in einer Zelle schmoren, während die sich einen schönen Lenz in Tel Aviv machten. Aber dann startete ich ein Programm und hörte mit der Lady das Adagietto aus Mahlers Fünften. Sie lächelte. Wer so schöne Musik hörte, konnte kein Terrorist sein. Ich durfte zu den andern, die sich noch immer köstlich über Dantes Schnurrbart amüsierten.

Im Flieger setzte ich mich neben ihn und hielt seine Hand. Alles höchst dramatisch. Er war mir jetzt in Liebe verfallen. Das war gut so. Mein Film würde für ihn sicher strapaziös werden. Wir hoben ab und verließen den europäischen Boden. Ich atmete durch. Die erste Hälfte war geschafft.

JERUSALEM

1

Im Flughafen von Tel Aviv war es angenehm kühl. Dann gingen wir raus und die Hitze traf mich wie ein Brett vor den Schädel. Ein Typ, der aussah wie ein Mexikaner, hielt ein Schild mit **MATA** *TEATER* in die Luft und half uns, die Koffer in seinen Kleinbus zu laden. Ich kroch auf den Beifahrersitz und richtete sämtliche Düsen der Klimaanlage auf mich. Draußen zogen Alleen von Palmen vorbei. Ich sehnte mich nach irgendwas. Vielleicht war es Heimweh. Ich wollte zurück nach Berlin. In meine Bude im Wedding. Aber mit jedem Kilometer drangen wir tiefer in den Osten vor.
Als wir ins Vorstadtgebiet von Jerusalem kamen, zeigte Adi auf einen der Hügel.
„Seht ihr die Mauer da?", fragte sie. „Die wird grade von den radikalen Siedlern gebaut. Da muss nun extra der Obama herkommen, um zu schlichten."
Ich schaute nach oben. So entstanden also die großen Schlagzeilen. In den Nachrichten faselten sie dann von neuen Flammen im Nahost-Konflikt. Und der Grund dafür war nichts weiter als diese popelige Mauer.
Unsere Bleibe in der Heiligen Stadt war ein spanisches Guesthouse. Es lag direkt neben der Spielstätte. Ich bekam ein Zimmer mit Kühlschrank und Dusche. Dazu einen großen Balkon, den ich mir mit Adi und Dante teilte. Man konnte von hier über die Altstadt und bis zum Felsendom schauen. Nicht übel.
Zu fünft zogen wir los und tranken dabei abwechselnd aus einer Flasche Bourbon. die Holger und Sergiu sich im Flugzeug gekauft hatten. Ich konnte Holger ziemlich gut leiden. Komisch, dass mir das in Wien nicht aufgefallen war. Er hatte so was Christliches, Braves an sich und ich musste ihn ständig triezen. Der Chef lag schon

im Bett, weil er morgen zurück nach Tel Aviv musste.

„Und schau", sagte Adi, als wir in der jüdischen Neustadt ankamen. „Das ist mein Lieblingscafé. Da sind früher immer die Selbstmordanschläge verübt worden."

Über den Schaufenstern war der Stein zum Teil noch verkohlt. Wir gingen rein. Adi bestellte israelisches Bier für alle. Es war dunkel, ungefähr wie ein Düsseldorfer Alt. Und schmeckte auch so.

„Pfui Deibel", rief ich. „Was ist das denn?"

„Wieso? Das ist *Goldstar*. Das trinken hier alle."

„Lass niemals eine Frau dein Bier bestellen", sagte Holger.

Ich ließ mir ein *Maccabee* geben.

„Nur Idioten trinken *Maccabee*", meinte Adi.

Na schön, war ich eben ein Idiot.

Später legten wir uns auf eine Treppe vor dem Rathaus und tranken und schauten uns die Sterne an. Die waren hier viel größer als zu Hause. Alle paar Minuten kam ein Orthodoxer vorbei, mit schwarzem Gewand und Hut und diesen Locken.

Adi und Holger fingen eine Nahost-Diskussion an. Sie vertrat Israel und er Palästina. Steigerten sich richtig rein. Als ob es darüber was Kluges zu sagen gäbe.

„Worüber reden die?", fragte Dante.

„Bullshit", sagte ich.

Sergiu puffte mir in die Rippen.

„Morgen ich will sehen die Altstadt. Kommst du mit?"

„Von mir aus."

„Au ja!", rief Adi. „Ich zeig euch dann alles."

Es passte mir nicht, wie sie sich aufspielte. Seit wir in Israel waren, kriegte sie sich gar nicht mehr ein. Nur weiter so, mein Mädchen, dachte ich. Wenn sie mir dermaßen auf den Zeiger ging, kam ich vielleicht doch noch von ihr los.

Als wir am nächsten Tag nach einem späten Frühstück aufbrachen, hatte es über vierzig Grad im Schatten. Kein Mensch, der noch alle Sinne beisammen hatte, ging um die Zeit nach draußen.

„Ach, komm", sagte Adi. „Dann wirst du wenigstens mal braun."

„Ich gefall mir so, wie ich bin."

„Ja. *Du.*"

Das saß. Beleidigt trottete ich hinter den anderen her. Ich fühlte mich ganz gut in dieser Altstadt. Enge, endlose Gassen mit kleinen Läden, die Schmuck und bunten Ramsch verkauften. Die Steine, über die wir gingen, waren von all den Füßen über die Jahrtausende spiegelglatt geschliffen worden. Nicht, dass ich viel davon zu sehen bekam. Es war hier dermaßen voll und die Idioten drängelten, als wären sie nicht mehr ganz bei Trost. Japaner, Amis, Spanier, Engländer, Christen, Juden, Moslems, Armenier, Griechisch-Orthodoxe, christliche Araber und muslimische Westler. Einmal überholten wir eine Gruppe von Sektierern, die wie Jesus riesige Kreuze durch die Gegend zerrten.

In der Bullenhitze schleppte Adi uns zum Felsendom, dann zur Klagemauer, zur Grabeskirche und Sergiu hatte noch immer nicht genug. Das lag vielleicht daran, dass er gläubig war.

„Hör mal, ich geh wieder zurück", sagte ich.

„Findest du den Weg?", fragte die Blonde.

„Was denkst du? Seh ich vielleicht so blöd aus?"

„Was hast du denn?"

„Nix." Ich machte mich aus dem Staub.

Dante begleitete mich und grinste die ganze Zeit so von der Seite.

„Sie mag dich wirklich", meinte er.

Wahrscheinlich stimmte das sogar. Aber die ganze Scheiße machte mich kaputt. Ich glaubte noch immer nicht, dass es für Adi rein freundschaftlich war. Aber sie ließ mich am ausgestreckten Arm verhungern.

Nach drei Minuten hatten wir uns verlaufen. Dabei war mein Orientierungssinn ausgezeichnet. Es musste an der Stadt liegen. Dante lachte mich aus und dann lachte ich auch. Wir nahmen uns ein Taxi und saßen gegen Abend wieder auf dem Balkon. Auf der Straße gingen ohne Unterlass die Orthodoxen vorbei. Immer wieder von ihrem Viertel zur Klagemauer und zurück. Wie eine Ameisenstraße.

Auf einmal ließ ein Muezzin seinen Ruf ertönen. Nach und nach stimmten von allen Enden der Stadt seine Kollegen in den Gesang ein. Wie sanfte Wellen rauschten ihre Gebete heran und verklangen traurig im Nachthimmel. Ich legte den Kopf schief und lauschte mit geschlossenen Augen. Da konnte man glatt zum Moslem werden.

2

Unsere neue Spielstätte war das *Jerusalem State Prison for Underground Fighters*. Die Russen hatten das Haus als Unterkunft für ihre Pilger gebaut. In einer Zeit, als es für Christen noch nicht ungefährlich war, ohne militärische Eskorte im Heiligen Land zu reisen. Während der britischen Mandatszeit gehörte es dann zur Hauptbasis der Besatzer und wurde von den Juden *Bevingrad* genannt. Nach Ernest Bevin, dem Typen, der den Sturm auf die *Exodus* befohlen und damit Tausende von Holocaust-Flüchtlingen zurück nach Deutschland geschickt hatte. In dreißig Jahren killten sie dort um die 180 Sträflinge, angeblich aus politischen Gründen. Deshalb war es heute eine Gedenkstätte für den zionistischen Befreiungskampf. Später erfuhr ich, dass diese 180 keine Juden, sondern Araber gewesen waren, ganz normale Kriminelle. Die Briten hatten Angst, die jüdischen Untergrundkämpfer in Jerusalem hinzurichten und schickten sie zu diesem Zweck lieber in den Süden. Allerdings schien das hier keinen zu interessieren. Sie erschufen sich lieber diesen Mythos. Und scheuchten täglich die Schulklassen und Armee-Rekruten durch das Museum, um seiner zu gedenken.

Wir standen vor den Toren des Geländes, um mal wieder was zu arbeiten. Zwei Typen mit Maschinenpistolen beäugten uns misstrauisch, während unsere Ausweise geprüft wurden.

Nachdem sie uns passieren ließen, ging ich mit Sergiu voran. „Kuckst du, Bro." Er zeigte auf den Boden vor dem Haupteingang, wo ein Waffenarsenal ausgebreitet lag, groß genug um einen Krieg anzufangen. Das Museum gehörte inzwischen dem Verteidigungsministerium.

„Das sind M16-Sturmgewehre", meinte Holger. Der kam aus Südafrika und hatte dort unter der Fahne gedient. „Schau, sogar mit Granatwerfern."

Es waren sicher an die zweihundert davon, ordentlich zu Quadraten aufgeschichtet. Offenbar war gerade eine Kompanie Rekruten im Haus. Das Ganze wurde von einem einzelnen, vielleicht 17-jährigen Burschen bewacht, der gelangweilt eine Zigarette rauchte und in die andere Richtung sah.

Janker führte uns durchs Haus. Es war komplett einstöckig und zum größten Teil noch so eingerichtet wie in den Vierzigern. Endlose Gänge, von denen links und rechts die Zellen abzweigten.

„Und, was meinst", fragte der Chef. „Wo sollen wir den Kokoschka-Raum machen? Hier oder da vorn?"

„Tja, vielleicht hier", meinte ich. „Keine Ahnung."

„Naja, keine Ahnung", maulte er. „Du hast doch ein Gehirn, oder nicht?"

„Schon. Aber bis jetzt war's doch ratsam, es unter Verschluss zu halten."

„Jetzt werd mal nicht frech."

„Okay."

Wir kamen an einigen Räumen vorbei, die offenbar als Lager benutzt wurden. Alles voller Holz und Altmetall. Irrsinnig. Die mussten seit Jahrzehnten jeden Schrott gesammelt haben.

„Ihr fangt's am besten gleich an", sagte der Alte. „Das muss alles ausg'räumt werden.

„Is gut."

„Ich bin die nächsten Tage in Tel Aviv. Kann ich mich auf dich verlassen?"

„Sicher", sagte ich.

„Und schau, dass die anderen auch was machen. Vor allem deine Herzallerliebste. Ich versteh nicht, was du an der findest."

„Ich auch nicht."

„Und lass dich nicht von dem depperten Ofer ärgern."

„Von wem?"

„Dem Gefängnisdirektor."

„Wieso? Was is'n mit dem?"

„Das wirst dann schon merken."

Nachdem er weg war, rief ich meine Squad zusammen.

„So, jetzt werden hier andere Seiten aufgezogen", sagte ich.
Es gab da ein kleines Wachhaus, das Janker als Garderobe herrichten wollte.
„Kannst du das schon mal sauber machen?", fragte ich Adi.
Sie machte sich eifrig auf den Weg. Wollte wohl zeigen, dass sie mich als Chef akzeptierte. Dabei hatte sie das Häuschen noch gar nicht gesehen.
„Du bist echt ein Assi", meinte Holger.
„Wieso?"
„Dafür braucht sie doch bestimmt eine Woche."
„Na und? Und ich brauch meinen Frieden." Dazu sagte er nichts mehr. Stattdessen lief er voraus, um mit Sergiu und mir die Sache mit dem Gerümpel anzugehen.
Es dauerte ein paar Tage. Gegen Mittag setzten wir uns immer raus und aßen Falafel vom koscheren Imbiss und ließen uns die Sonne auf die Schädel scheinen. Es gab da zwei junge Soldatinnen, die im Museumsbüro arbeiteten und uns meistens dann über den Weg liefen, wenn wir unsere Hemden ausgezogen hatten. Sergiu zwinkerte mir jedes Mal zu. „Na?"
„Was denn?", fragte ich.
„Kuckst du. Schaut sie dich immer an."
„Die Hübsche?"
„Na! Sie sind beide hübsch."
„Der Daniel hat dafür keine Augen", meinte Holger. „Nur für Adi."
„Oh, Adi, Adi", machte Sergiu. „Ich liebe dich so."
„Fickt euch, ihr Arschlöcher."
Dann war nur noch das Altmetall-Lager übrig. Wir packten grimmig zu und schmissen den Schrott erstmal nach draußen. Uralte, vom Rost zusammengebackene Stahlträger, Zaunpfähle und Stacheldrahtrollen. Plötzlich stürzte ein angegrauter Israeli herein. Er trug einen Schlüsselbund und zuckte mit seinem Kopf immer so in alle Richtungen. Wie eine Taube. Dabei starrte er uns an, als würden wir uns gerade zu dritt an einer Leiche verlustieren. „Was tut ihr denn da?", kreischte er in gebrochenem Englisch.
Ich sagte ihm, dass wir den Raum ausräumten.

„Aber ihr könnt doch meine Sachen nicht wegwerfen. Die sind historisch!"

Seit Jahrzehnten hatte sich kein Schwanz für diesen Kram interessiert. Aber die Taube verlangte von uns, dass wir die brauchbaren Sachen woanders einlagerten. Als ich fragte, was er davon als brauchbar erachtete, lächelte er nachsichtig. Das musste er natürlich von Stück zu Stück beurteilen.

„Sie sind also Ofer, stimmt's?", fragte ich. „Nice to meet you."

Bevor wir loslegten, mussten wir unsere Hemden wieder anziehen. Die nackten Oberkörper beleidigten die Besucher und das Andenken an den jüdischen Befreiungskampf. Ich begann zu meditieren. *Alles für die Kunst. Alles für die Kunst.* Dann griff ich nach einem Stück Wellblech und hielt es Ofer hin. Er nahm es und drehte es im Licht, behutsam wie eine Mutter ihr Neugeborenes, und ein fürsorgliches Lächeln umspielte seine Lippen.

„Das möchte ich behalten."

So verfuhren wir nun mit jedem Stahlträger, jedem verbeulten Ofenrohr. Ja, noch die kleinsten Rostklümpchen bedurften der ungeteilten Aufmerksamkeit des Direktors. Wie schön war doch die Zeit gewesen, in der wir für nur einen Wahnsinnigen arbeiteten. Als wir mit der Sortieraktion durch waren, fingen wir an, den ausgewählten Schrott in das neue Lager zu bringen. Das befand sich an der entlegensten Stelle des Geländes.

Abends saßen Holger, Sergiu und ich auf dem Balkon und tranken. Ich fühlte mich gut. Meine Hände waren vom Rost aufgeschürft, ich hatte Muskelkater und kein einziges Gramm Fett mehr am Körper. Dante saß an seinem Laptop und beschäftigte sich mit Facebook.

„Schaut euch den Homo an", sagte ich. „So ein faules Schwein."

„Aber echt", meinte Holger. „Der hat doch noch nie im Leben was gearbeitet."

„Hey, Sissy! Bist du 'ne Frau oder was?"

Wir hackten solange auf ihm rum, bis ihm der Kragen platzte.

„Okay guys!", rief er. „Euch zeig ich, wie ich arbeiten kann."

Morgens kam ich jetzt immer schwerer aus dem Bett. Meine

Lendenwirbel machten mir Sorgen. Schon seit einer Weile fühlte ich mich mit gekrümmtem Rücken besser, als wenn ich ihn durchstreckte. Das konnte nicht gut sein. Außerdem zuckte ständig so ein dumpfer Schmerz durch meine Schulter- und Armgelenke. Arthrose mit vierundzwanzig? Wohl kaum. Aber früh um acht tat ich mir Leid genug, um es zu glauben.

Ich saß verkatert am Frühstückstisch und versuchte, den Kaffee unten zu behalten. Da spritzte Dante zur Tür herein. Duftend und frisch rasiert und voller Tatendrang. Sein erster Tag als richtiger Mann.

Es wurde eine elende Schufterei. Die Sonne brannte gnadenlos auf die hundert Meter runter, die wir, beladen mit rostigem Eisen, immer wieder auf und ab krauchten. Erst gegen Mittag wurde es besser. Schon längst waren es nicht nur die beiden Mädels aus dem Büro, die uns zuschauten. Eine ganze Kompanie jungfräulicher Rekrutinnen lagerte entlang unseres Arbeitsweges.

Der Schweiß lief uns in Strömen und zog glänzende Spuren durch die Schicht von rotbraunem Schmodder, der unsere Haut bedeckte. Besonders der portugiesische Schönling hatte es den Soldatinnen angetan. Sie feuerten uns an und erröteten und kamen richtig in Wallung. Unterdessen machte sich eine Gruppe von Arabern über den Haufen ausrangierten Metalls vor den Toren her. Das ganze war wie ein Volksfest. Bis ich mit Sergiu eine besonders schwere Zellentür schleppte und dabei nicht auf meine Füße achtete. Ich trat auf einen großen Brocken und knickte um und schaffte es gerade noch, der Tür so einen Drall zu geben, dass sie nicht auf mich fiel. Ein eisiger Schmerz schoss durch mein Fußgelenk und ich dachte nur, *das war's*. Arbeitsunfähig. Kriegsinvalide.

„So 'ne Fickpisse!", schrie ich. Sergiu trat respektvoll einen Schritt zurück. „Was liegt'n da jetzt so'n scheiß Stein rum! Können die keine ordentlichen Wege anlegen, in dem scheiß Land hier?"

Dante und einige der Soldatinnen stürzten zu mir, aber ich scheuchte sie davon und zeterte noch immer wie wild. Mühsam kam ich hoch und humpelte ein bisschen im Kreis. Es war nichts gebrochen, immerhin.

„Was ist passiert, Bro?", fragte Sergiu.

„Verstaucht, glaub ich."

„Ah, Scheiße." Er schaute mir eine Weile bei meinen Gehversuchen zu. Dann nahm er den Stein, der mich zu Fall gebracht hatte und schleuderte ihn gute fünfzig Meter weit durch die Luft. „Dumme Scheiße. Scheiß Arbeit. Wir machen uns kaputt! Alles kaputt für scheiß MATA." Da sagte er was Wahres. Gerade erst waren meine Unterarme verheilt.

„Geht schon wieder", meinte ich. Die Israelis schauten uns noch immer mit großen Augen zu. Mein lautes, wütendes Deutsch schien irgendwas in ihnen zum Klingen gebracht zu haben. Ich grinste ein bisschen. „Balagan", sagte ich. Da atmeten sie erleichtert auf und lachten wieder. Während ich davon humpelte, klatschten einige sogar Beifall. Der Abgang war es ja fast wert gewesen.

Im Guesthouse rieb Adi meinen Knöchel ein und machte einen Verband. Sie tat es sehr zärtlich. Schien meinen Rückzug wohl zu spüren. „Gehen wir mal wieder was trinken?", fragte sie.

„Wenn du meinst, dass das gut ist."

„Klar ist das gut. Du bist doch mein lieber Freund."

„Ach so." Es war die alte Leier. In dem Moment, da ich schwerer zu erreichen war, wurde ich plötzlich wieder interessant. Als Adi fertig war, ging sie zurück in ihr Zimmer und ließ die Tür einen Spalt breit offen. Ich blieb, wo ich war.

3

Am Sabbat war das Museum geschlossen. Wir mussten das Gelände zwei Stunden vor Sonnenuntergang verlassen und durften erst vier- undzwanzig Stunden später weiter arbeiten. Unsere vorwiegend jü- dische Nachbarschaft verwandelte sich in eine Geisterstadt. Die Leute ließen ihre Autos stehen, wo sie gerade waren und verkro- chen sich eilig in den Häusern. Es wurde totenstill. Und ich hatte vergessen, Bier zu kaufen.

Zusammen mit Dante schlich ich in den arabischen Teil der Alt- stadt. Auch dort waren alle Läden geschlossen. Offenbar fürchteten sich ihre Besitzer vor jüdischen Übergriffen. In einer Seitengasse fanden wir einen Spirituosenladen, dessen Jalousie nur zur Hälfte runtergelassen war. Im Halbdunkel dahinter stand ein dicker Araber und winkte uns hektisch herein. Er flüsterte gehetzt und wischte sich dabei den Angstschweiß von der Glatze. Die hatten sie doch nicht mehr alle beieinander. Wir griffen uns einige Bierdosen und fragten dann nach was Härterem. Der Alte machte einen Bückling und eilte hinter seinen Tresen. Eifrig brachte er eine Halbliterflasche Wodka zum Vorschein.

„Ja, ja. Her damit", meinte ich. Seine Augen fingen an zu leuchten. Er packte das Zeug in eine schwarze Plastiktüte, die man sonst immer in Pornoläden bekam. Damit gingen wir zurück zum Guesthouse und fingen schon auf dem Weg an zu trinken. Wir waren die Desperados und den wollte ich sehen, der es wagte, sich mit uns anzulegen. Als es auf unserem Balkon gerade gemütlich wurde, kam die Blonde aus ihrem Zimmer. Sie hatte sich zurechtgemacht und war sehr sexy.

„Habt ihr Lust, mit nach Tel Aviv zu fahren?", fragte sie.

„Eigentlich nicht", sagte ich. „Was machst'n da?"

„Ich treff mich mit den Israelis."

„Mit wem?"

„Ein paar von den Schauspielern. Und Jonathan. Der Journalist, weißt du noch?"

Ich zuckte vage mit den Schultern. Dabei zwickte mich etwas. Es dauerte eine Weile, bis ich Dante davon überzeugt hatte, auch mitzukommen. Adi brachte uns zu einem dieser Großraum-Taxis, die überall an der Hauptstraße standen. Man setzte sich einfach rein und wartete, bis alle Sitze belegt waren. Dann ging es los.

Es war schon nach elf, als wir in Tel Aviv ankamen, aber noch immer unerträglich heiß. Und feucht wie in einem Gewächshaus. Meine Lungen machten da nicht mit. Entweder sie waren voller Kohlenstaub von meiner Ofenheizung in Berlin oder ich bekam langsam Asthma. Wie es sich für einen empfindsamen Künstler gehörte. Zum Glück gab es überall Klimaanlagen. In der Kneipe warteten schon die Israelis. Der neue Gropius. Und Sigmund Freud mit seiner Frau. Der war mir in Wien schon sympathisch gewesen. Hatte ein bisschen was von Woody Allen. Sie tranken alle dieses scheußliche Altbier. Ich ließ mir wieder ein *Maccabee* bringen und wurde prompt deswegen aufgezogen.

„Was haben die denn alle?", fragte ich Adi.

„Ich hab doch gesagt, nur Idioten trinken *Maccabee*."

„Besser als dieses scheiß Frauenbier."

Ich stellte zufrieden fest, dass Jonathan nicht da war. Stattdessen kam Holger zur Tür rein. An seinem Arm hing die neue Produktionstante. Da schien wohl was zu laufen.

„Hey Holger!", rief ich. „Sag mal, hast du nicht 'ne Freundin?"

„Halt die Schnauze", zischte er.

„Du wirst doch wohl nicht mit 'ner Jüdin ins Bett steigen, oder?"

„Wieso nicht? Völkerverständigung."

„Das sagst du südafrikanischer Weißarsch ..."

„Fick dich. Hey guys", rief er zu den anderen. „Das ist übrigens ein echter Nazi!" Die Leute an den Nachbartischen schauten ein wenig pikiert.

„Ich hab's gewusst", meinte Freud. Er sprach als Einziger Deutsch. „Ich hab dich gesehen in Wien. Großer, deutscher Mann. Ich hatte ein bisschen Angst."

„Na, dann pass mal lieber auf."

Wir fingen an zu trinken und gaben uns immer im Wechsel Wodka-Runden aus. Als Freud mal wieder dran war, sprang er plötzlich auf und hob tragisch die Arme. „Dein Großvater hat meinen Großvater getötet. Und jetzt muss ich dir Wodka ausgeben? Wann wird mein Volk aufhören zu leiden?" Dann holte er den Sprit.

Als wir betrunken waren, beugte er sich zu mir. „Als ich bei der Army war, ja?", sagte er. „Sind wir nach Auschwitz gefahren. Das machen alle Rekruten. Haben uns den ganzen langweiligen Scheiß da angeschaut."

„Ja und?"

„Hör doch mal zu! Nachts war ich mit meinen Kumpels saufen. Es gibt da so eine Militärpolizei, die uns schützen soll. Falls was passiert. Aber wir sind abgehauen. Auf dem Heimweg, ja, haben wir ein paar Neonazis getroffen. Zehn oder zwölf, doppelt so viele wie wir.

Und sie haben uns gleich erkannt. Dass wir Juden sind." Er zeigte auf seine Nase und zwinkerte. „Weißt du, wir haben alle Leute im KZ verloren. Meine Großeltern sind in Treblinka gekillt worden. Bei den andern genauso. Aber hey, was soll's. Wir wollten keinen Streit. Nur 'ne Sauftour. Plötzlich fangen die an zu singen: *Auschwitz, Birkenau, Schalala Lala. Auschwitz, Birkenau, Scha Lala Lalala.*"

„Alter."

„Naja, wir haben sogar gelacht. Diese Neonazis sind doch nur kleine Fürze. Und das Lied ist ja auch irgendwie lustig. Dann kommen die und schubsen. Aber wir bleiben cool. Sagen: ‚Hey, kriegt euch wieder ein.' Und dann seh ich auf einmal, wie einer von denen seine Bierflasche hebt. Um sie zu werfen oder irgendwas. Und dann ..."

„Ja, was dann?"

„Es hat nur eine Sekunde gedauert, dann war ich bei ihm und hab ihm die Nase gebrochen. Das Knacken hättest du mal hören sollen. Und meine Jungs sind in einer Bewegung auf die Nazis los. Und wir haben denen so die Scheiße aus dem Leib geprügelt, du glaubst es nicht. Bis die Militärpolizei uns da weggezerrt hat, um die Nazis zu schützen. Wir mussten alle unsere Klamotten wegwerfen, weil sie so voller Blut von denen waren."

„Richtig so."

„Naja", sagte er mit einer wegwerfenden Handbewegung. „Was ich damit sagen will, ist: Wir sind Juden, verstehst du? Wir haben Feinde auf der ganzen Welt, egal, wo wir hinkommen. Wir sind daran gewöhnt. Scheiß drauf. Aber wenn uns jemand angreift, dann ist es aus. Keine Gnade. Ich bring ihn um. Nie mehr, verstanden, nie mehr lassen wir uns irgendwas gefallen."

„Du bist ja'n schlimmerer Nazi als ich", sagte ich.

„Verlass dich drauf."

Als der Laden dicht machte, ließen wir uns noch einige Flaschen für den Weg geben. Freud, Dante und ich stützten uns gegenseitig und torkelten hinter den anderen eine lange Straße entlang.

Plötzlich öffnete sich die Welt vor uns. Wir standen am Mittelmeer. Unsere Reise ans Ende der Nacht hatte uns an dieses wundervolle Ufer gespült. Gerade als der Suff den Deckel zumachen wollte.

Ich zog mich aus und rannte mit meiner Flasche in die Fluten. Das Wasser war warm und ich schwamm drauf los. Hinter mir fingen sie an zu schreien. „Hey, komm zurück! Du ertrinkst doch!" Aber ich kümmerte mich nicht darum. Noch nie war ich so glücklich gewesen. Ich war jetzt weit draußen. Um mich herum nur Meer und Sternenhimmel. Ich legte mich auf den Rücken und schloss die Augen. Was für ein Leben.

„Hey, du Nazi, wo bist du?", schrie Freud noch immer. „Bist du endlich tot?"

Ich machte mich auf den Rückweg, bevor die noch die Küstenwache riefen. Adi und die anderen hatten sich im Sand zusammengerollt und pennten. Nur noch Freud war wach und brachte einen Joint zum Vorschein.

Ich klopfte ihm auf die Schulter. „Freud", sagte ich. „Das ist der Beginn einer wunderbaren Freundschaft."

„Prost, mein Führer", sagte er und reichte mir das letzte Bier.

Dann saßen wir da und rauchten und redeten nicht viel. Am Horizont wurde es wieder hell.

4

Sonntags ging es dann richtig los. Janker hatte endlich den Mietvertrag unterschrieben, wodurch wir nun zu jeder Tages- und Nachtzeit im Museum arbeiten durften. Gleichzeitig kamen die Schiffscontainer aus Österreich an, die Sergiu mit einigen Arabern leer räumte.

Ich saß derweil bei Janker, der mir erklärte, wie ich die Spielräume ausstatten sollte. Schon am nächsten Abend würden die restlichen Schauspieler aus Wien ankommen und er wollte dann gleich mit den Proben beginnen.

Ich legte also los und arbeitete die Nacht durch. Und den Tag darauf auch. Schleppte wie ein Bekloppter die Möbel durch die Gegend, hängte Bilder und Spiegel an die Wände, rollte Teppiche aus. Ich geriet richtig in Trance. Und hatte am Abend das Kokoschka-Zimmer, die Küche und den Festsaal fertig.

Auf MATAS Thron schlief ich ein ...

„Daniel! Daniel!"

Erschrocken öffnete ich die Augen. Anna und Dunja standen vor mir und überfielen mich mit Küsschen und Umarmungen.

„Oh Gott, was ist denn passiert?", rief ich. Mein Herz klopfte wie ein Dampfhammer.

„Wir sind da!", sagte Anna. „Wir sind in Israel. Hier ist es ja so schön."

Ich war noch immer ganz zittrig.

„Jetzt lasst's ihn halt in Ruhe", meinte Janker, der danebenstand.

„Hast das alles allein gemacht?", fragte er. Die Frauen schauten sich beeindruckt um.

„Ja", krächzte ich und fand langsam in die Realität zurück.

„Du bist verrückt. Wieso delegierst denn sowas nicht?"

„Bin zu faul."

„Leg dich bitte hin. Ich will nicht, dass du dich so kaputt machst."

„Das ist ja ganz was Neues", meinte ich beim Aufstehen.

„Sei nicht so frech."

„Tschuldigung."

„Herr Obersturmbannführer."

„Sag das nicht zu laut. Die denken eh alle schon, dass ich ein Nazi bin."

„Und? Bist doch auch, oder?"

„Ja, aber nur für dich." Ich dachte gar nicht daran, jetzt aufzuhören. Wenn der Alte die Pferde schon scheu machte, wollte ich mir einen Vorsprung verschaffen. Ich hasste das Gefühl, weniger getan zu haben als möglich. Außerdem hatte es einen gewissen Reiz, am Rande des Deliriums zu balancieren.

Als ich gerade in unserem Möbellager zugange war, kam meine Lieblingssoldatin aus dem Büro vorbei. Ihr Name war auch Adi, was sie für mich umso interessanter machte. Allerdings schien sie Feierabend zu haben und hatte ihre Uniform durch ein leichtes, grünes Kleid ersetzt. Ich mochte die Uniform lieber.

„Hey", sagte sie.

„Hey", sagte ich.

Sie hatte schwarze Augen und war klein und sehr schlank.

Und sie hieß Adi.

„So ...“, sagte sie in diesem hebräischen Englisch, das mir immer besser gefiel. „Wirst du irgendwann auch aufhören zu arbeiten?“

„Glaub schon.“

„Ich hab nur gedacht ... Vielleicht geh ich noch was trinken.“

„Hört sich gut an.“

Sie kratzte sich am Hals und schaute in die Gegend. Ich wühlte derweil in einer Kiste mit Mahler-Fotos.

„Naja“, sagte sie und lachte ein bisschen. „Ich hab mich gefragt ... wo du auch mal eine Pause brauchst ... Magst du mitkommen?“

„Ja“, sagte ich.

„Ah, okay, ähm ... prima. Dann ... kennst du die Bar auf dem Hügel?“

„Das *Jukebox?*“

„Ja. In einer Stunde oder so?“

„Okay.“

Sie war kaum gegangen, da rauschte der Direktor ins Lager. Zuckte wie wild mit dem Kopf. Und beschwerte sich, dass ich ohne sein Einverständnis die Spiegel im Festsaal aufgehängt hatte. „Du kannst nicht einfach Löcher in meine Wände machen. Die sind historisch!“ Er bestand darauf, von nun an über all meine Arbeitsschritte informiert zu werden. Bei einem täglichen Meeting in seinem Büro. Ich vermutete, dass er vor allem deshalb so zickig war, weil er mein Gespräch mit der Soldatin belauscht hatte. Bevor ich mich auf den Weg machte, erstattete ich Janker Bericht.

„Na, dann musst des eben so machen“, meinte er. „Ich hab dir ja g'sagt, dass der Ofer einen Hau hat.“

„Aber ich kann doch nicht wegen jeder fucking Schraube um Erlaubnis fragen.“

„Geh bitte, nerv mich nicht. Ich muss hier was arbeiten.“

Tatsächlich lag Dunja gerade halbnackt auf der Tafel und blätterte in ihrem Text. Ich suchte schnell das Weite.

Das *Jukebox* lag gegenüber der Polizeizentrale. Die Tische auf der Terrasse standen direkt an der Gefängnismauer, hinter der all die arabischen armen Schlucker schmorten. Hier spielten sie die Beatles und Lily Allen und man saß da und paffte. Und oben lag in endlosen Schlingen der Klingendraht auf den Steinen, wie eine Festtagsgirlande.

Ich war zu früh, also drehte ich noch eine Runde um den Block. Fragte mich, ob das in Ordnung war, die Blonde mit der Soldatin zu betrügen. Was war meine Liebe wert? Liebte ich Adi überhaupt noch? Oder war es Sturheit? In den letzten Tagen hatte ich jedenfalls nicht viel an sie gedacht.

Dann stand ich wieder vor dem *Jukebox*.

Die Kleine saß an der Bar und trank *Beck's*. Ich bestellte mir auch eins. Die Barkeeperin lächelte mich mit ihren Augen an. Sehr mandelförmige, große Augen. Sie hatte dunkle, lockige Haare und trug sie hochgesteckt und mein Blick fiel auf diesen Hals. Eine kleine Tätowierung zierte ihn. Nichts Besonderes, nur ein paar ineinander verschlungene Linien. Mir wurde ganz schwindlig davon.

„Weißt du, was ich meine?", fragte die Soldatin. Sie hatte wohl davor irgendwas gesagt. Ihr Blick huschte kurz zur Barkeeperin.

„Sorry?", meinte ich.

„Ich hab gesagt, dass dein Boss ein ziemlicher Arsch ist."

„Tja ... So wie deiner, oder?"

„Das stimmt." Wir unterhielten uns über das Stück. Sie wollte wissen, wie das Ganze funktionierte und ich erklärte es ihr. Zwischendurch schaute ich ein paar Mal zu der Frau hinterm Tresen. Sie schaute jedes Mal zurück.

Die Soldatin nahm mich mit zu sich. Sie wohnte noch bei ihren Eltern und wir mussten leise sein. Was kein Problem war. Sie wollte es sehr zärtlich und langsam. Von einer Uniformierten hatte ich eigentlich was anderes erwartet.

Als wir genug voneinander hatten, bat sie mich zu gehen. Ihre Eltern durften nicht erfahren, dass sie es mit einem Nichtjuden getrieben hatte. „Und noch dazu mit einem Deutschen", sagte ich. „Sei still", meinte sie und kicherte. Einige der Frauen hier schienen auf Deutsche abzufahren. Wahrscheinlich war es der Hauch von Gefahr, der uns so interessant machte. Irgendwie morbide. Oder einfach nur ihre Art, die Geschichte zu bewältigen.

So oder so, ich begann mich langsam wohl zu fühlen in Erez Israel.

5

„Ich hab's satt! Wenn ich dieses jüdische Rassistenarschloch noch
einmal sehe, bring ich ihn um!", schrie Janker mit rotem Kopf und
ich konnte ihm nur zustimmen. Es war wegen der Meetings mit
dem Gefängnisdirektor. Die liefen nicht so gut. Jetzt war extra der
Autor unseres Stückes angereist, um den Streit zu schlichten. Er
war Israeli und eine gewisse Größe in seinem Land.
„Bitte Julius", sagte er. „Beruhige dich."
„Beruhigen? Ich soll mich beruhigen? Dieser Kretin ruiniert unser
ganzes Stück und lässt meine Leute nicht arbeiten."
„Stimmt das?", wandte der Autor sich an mich.
„Ja. Er blockiert mich, wo er kann."
„Dieser Wichser!", schrie Janker.
„Julius, bitte."
„Nein. Es reicht. Wir haben alles gemacht. Wir haben akzeptiert,
dass die Schauspieler nicht nackt sein dürfen. Wir haben akzeptiert,
dass wir keine Kokoschka-Bilder mit nackten Frauen aufhängen
dürfen. Dabei ist das Weltkunst, verfickt noch eins."
„Du verstehst das nicht."
„Das sagt das Arschloch auch immer. Bei jedem Scheiß, wenn ihm
die Argumente ausgehen, sagt er: ‚Das verstehst du nicht. Du bist
keiner von uns.' Aber weißt du, was das für mich ist? Ganz gewöhn-
licher Rassismus ist das für mich. Dieser Hurensohn!" Ich hatte den
Alten noch nie so außer sich erlebt. „Und jetzt schreibt er meinen
Leuten auch noch vor, wie sie arbeiten sollen. Und wenn wir das
machen, denkt er sich wieder was Neues aus!"
„Ja, aber Julius", meinte der Autor ruhig. „Ofer hat hier die Voll-
macht. Wenn du seine Forderungen ..."
„Forderungen? Forderungen? Was hat dieser Wurm, dieses Insekt
von mir zu fordern?!"
„Julius, wenn du nicht mit ihm kooperierst, kündigen die uns den
Mietvertrag."
„Mit diesem Verrückten kann man nicht kooperieren!", brüllte Jan-
ker, dass die Wände wackelten. „Verstehst du das denn nicht?"
„Ihr habt gar keine Wahl", sagte der Autor. „Wir machen morgen

eine Krisensitzung in Tel Aviv. Mit allen. Dem Vermieter, dem Kurator, den Anwälten, allen."

„Ich will diesen Haufen von Arschlöchern nicht mehr sehen!" Der Autor zuckte resigniert mit den Schultern. Janker schrie noch eine Weile und klopfte die Lautsprecher seines Computers zu Brei. Dann entschieden sie, dass ich zu den Verhandlungen fahren sollte. Ich fand das überhaupt nicht lustig. In meinen Augen war ich ein menschenscheuer Choleriker. Nicht unbedingt die besten Voraussetzungen für einen Diplomaten. Zusammen mit dem Autor und der Produktionstante fuhr ich nach Tel Aviv.

„Du musst höflich sein", sagte der Autor. „Wir treffen den Vize-Verteidigungsminister und einige der höchsten Kulturbeauftragten der Regierung. Aber lass dich nicht einschüchtern. Du vertrittst die Interessen von Julius."

Ich kam mir vor wie die Hauptfigur in einem Simmel-Roman. Das Meeting fand im Penthouse des Cameri-Theaters statt. Ich saß an einem riesigen Tisch, mir gegenüber all die hohen Tiere mit ihren Anwälten, der Theaterdirektor und der fuchtige Ofer. Auf meiner Seite hatte ich nur den Autor und die Produktionsfrau, die mir links und rechts an den Ohren hingen und simultan übersetzten. Es wurde viel über die Lage und Ofers Sicht der Dinge gesprochen. Dann kehrte Stille ein und alle starrten mich an. Ich sollte etwas sagen.

„Naja", machte ich. „Ich komm halt zu nix. Ofer muss verstehen, dass ich schon einen Chef habe. Und keinen zweiten brauchen kann."

Einer der Kerls, laut Namensschild *Assistant Director General and Head of Human Resources*, lächelte herablassend und antwortete.

„Das verstehen sie", meinte der Autor. „Aber du sollst berücksichtigen, dass das Haus eine historische Bedeutung hat und du mit deinem deutschen Übermut nicht einfach eine Baustelle daraus machen kannst."

So lief der Hase also. Deutscher Übermut. Ich wurde sauer. „Ihr habt genau gewusst, auf was ihr euch mit Janker einlasst. Da braucht ihr mir jetzt nicht ans Bein zu pissen."

Der Autor lachte und übersetzte. Erstaunlicherweise lachten die anderen auch. Ich machte mich wohl ganz gut. Sie schlugen vor, mit den täglichen Meetings in Ofers Büro fortzufahren. Zur Deeskalation. Außerdem wollte der Verrückte zwanzig Freikarten für sich und seine Freunde.

„Ach Gott, das kann ich doch nicht entscheiden", meinte ich.

„Das war keine Frage", sagte der Autor. „Entweder du gehst darauf ein, oder sie beenden die Co-Produktion."

Also schüttelte ich ein paar Hände. Deal. Zurück in Jerusalem faltete Janker mich dermaßen zusammen.

„Was hast du versprochen?", schrie er.

„Ja, was schickst du mich da auch hin?"

„Zwanzig Freikarten! Das ist schiere Erpressung!"

Der Autor beruhigte ihn und schilderte das Ganze nochmal.

„Ich muss jetzt zu dem Meeting mit Ofer", sagte ich.

„Ja, geh doch zu deinem Freund."

„Mein Freund? Ich hass das Arschloch auch. Du musst dich ja nicht mit dem ganzen Scheiß rumärgern!"

„Geh mir aus den Augen."

Das tat ich und hockte die nächste halbe Stunde bei dem Bekloppten. Er wollte, dass ich einen Plan zeichnete, wo im Haus wir Fackeln verwenden würden. Das war unmöglich, weil die Schauspieler damit in der Gegend rumliefen. Aber ich verschob das Problem auf später und versprach Ofer vorerst alles, was er wollte.

Dummerweise probten wir bereits am nächsten Abend das Mahler-Begräbnis. Es gab ähnlich viele Feuerstellen wie in Wien. Außerdem stellte ich in der Mitte des Exerzierhofes einen Grabstein aus Styropor auf. Er wurde von etlichen der unseligen Fackeln beleuchtet. Der Boden in diesem Hof war für Ofer besonders kostbar, weil man darin noch die Einschusslöcher und Mörserkrater aus dem Unabhängigkeitskrieg sehen konnte. Er war hier schon mit der Lupe rumgekrochen, um nach Wachsflecken zu suchen.

Nach der Szene legte die arglose Dunja ihren Mantel auf den Grabstein und ich dachte noch darüber nach, ihn da wegzunehmen. Allerdings hatte ich den Sarg auf der Schulter.

Als wir ihn endlich abgesetzt hatten, kam ein Funkspruch von Holger: „Daniel, im Exerzierhof brennt irgendwas.“
Ich sah auch schon den roten Widerschein am Himmel. Der Grabstein war zu einer brennenden Pfütze geworden. Die Flammen züngelten bis über die Dächer des Gefängnisses und fetter, schwarzer Qualm stieg auf. Ich holte einen Feuerlöscher und machte der Sache ein Ende. Doch die Rettung kam zu spät. Das stinkende, geschmolzene Styropor hatte sich großflächig in den historischen Boden gefressen. Noch im Umkreis von zehn Metern war der Hof von schwarz-melassigen Spritzern übersät. Janker trat nach einer Weile neben mich.
„Wo ist denn unser Grabstein?“
Ich zeigte auf den Fleck.
„Oh.“
„Ja“, meinte ich.
„Hat Ofer das schon gesehen?“
„Bestimmt.“
Janker nickte nachdenklich. „Soviel also zu Deeskalation.“
Wir fingen gleichzeitig zu lachen an. Es musste einfach raus. Die Tränen liefen uns runter und wir kriegten uns nicht mehr ein.
„Ofers schöner Boden“, keuchte ich. „Den Fleck, haha, den Fleck sieht man bestimmt noch mit Google Earth. Oh Gott, hahaa!“
Wir standen da und wieherten, bis uns die Bäuche wehtaten. Die Schauspieler reagierten einigermaßen befremdet. Wenigstens waren der Alte und ich wieder Freunde.

6

Ein Gutes hatte die Sache. Ofer wollte nichts mehr mit mir zu tun haben. Die Meetings wurden an die Produktionsfrau delegiert und ich war aus dem Schneider. Das musste gefeiert werden. Ich besorgte eine große Flasche Wodka und setzte mich zu Dante auf den Balkon. Die Blonde war unterwegs und würde uns heute nicht stören.
Schon länger hatte ich den Eindruck, dass Dante mehr in mir sah als einen Freund. Das schmeichelte mir natürlich. Ich mochte ihn

gern und seine Homo-Neigungen machten mich aus irgendeinem Grund nicht befangen. Als er nun gegen Ende des Abends fragte, ob wir nicht in einem Bett schlafen wollten, fand ich das nur natürlich.

„So wie Brüder", sagte er.

„All right."

Wir legten uns nebeneinander hin und umarmten uns. Er war völlig außer sich, hielt sich aber zurück. Wollte wohl mir die endgültige Entscheidung überlassen. Ich war jetzt ziemlich klar und wusste ganz gut, was ich tat. Ich strich ihm ein bisschen über Arme und Rücken und versuchte, dabei etwas zu empfinden. Er war ein attraktiver Mann. Aber ich konnte mir nicht helfen. Die ganze Zeit war mir eher nach Lachen zumute. Und in meiner Hose spielte sich rein gar nichts ab. „Sorry, Bro", sagte ich. „Da wird nix passieren." Er sprang auf und rannte in sein Zimmer. Das tat mir irgendwie leid.

Dann war wieder Freitag und die Sabbat-Regelung bescherte uns einen frühen Feierabend. Der Portugiese lud mich zum Essen in die Altstadt ein. Das war schon wieder so ein Affront gegen die Bevölkerung, weil jetzt auch noch Ramadan war. Es dauerte eine Weile, bis wir einen christlichen Araber fanden, der sich traute, uns eine Schüssel Shrimps hinzustellen. Dazu gab es süßen Reis und Bier, das uns der Alte zur Tarnung in Pepsi-Pappbechern ausschenkte.

„Und was war das nun neulich nachts?", fragte ich.

„Ich weiß nicht", meinte Dante. „Ich war so betrunken."

Ich äußerte mein Bedauern darüber, nicht schwul zu sein.

„Ich bin auch nicht schwul", sagte er. „Ich bin bi."

„Ach so."

Die Shrimps waren ausgezeichnet. Vor uns gingen die Araber auf und ab und machten Stielaugen. Oder beschimpften uns.

„Und wie läuft es mit Adi?", fragte Dante nach einer Weile.

„Ich glaub, ich hab's hinter mir", meinte ich. Das war wohl etwas übertrieben. Aber es ging mir schon beträchtlich besser. „Lass uns über was anderes reden", sagte ich. Aber Dante ließ nicht locker. Erzählte mir Sachen über Adi, die ich nicht hören wollte. Mit wem sie alles flirtete. „Und hast du gewusst ", sagte er. „Dass sie in Wien in den Klimt verliebt war?"

„Nein", sagte ich.

„War sie aber."

„Das ist doch Bullshit."

„Nein, ist es nicht. Sie hat's mir erzählt."

Ich ließ mein Bier sinken. In meiner Brust ballten sich dunkle Wolken zusammen.

„Das glaub ich nicht", meinte ich. „Sie liebt doch ihren Freund."

„Es stimmt aber", sagte Dante lächelnd. Für ihn war das nur Getratsche. „Du musst nur die Anzeichen erkennen."

„Welche Anzeichen?"

„Come on. Du weißt, was ich meine."

Und er hatte recht. Alles bekam einen Sinn. Deswegen war sie auch so ausgezuckt, als Klimt die blöde Brigitte ficken wollte. Deshalb war sie die ganze Zeit um ihn herum gegeistert. Diese Hure. Von wegen, sie liebte ihren Freund. Müsste sich über ihre Gefühle zu mir klar werden. Ich war der dümmste Kerl auf der Welt. Dante sah jetzt, was er angerichtet hatte. „Deshalb wollte ich nicht über sie reden", sagte ich und die Eiszeit zog herauf.

„Sorry, Daniel, ich hab doch nur … Es tut mir leid."

Aber das machte es nicht besser. Adi und Klimt. Klimt und Adi. Ob sie ihn gefickt hatte? Mit ihm geknutscht? Tausend Bilder schossen mir durch den Kopf. Tausend Erinnerungen, die jetzt plötzlich eine ganz andere Bedeutung hatten. Ich sprang auf und ging raus aus dem Laden. Dante folgte mir nicht. Es war wie verhext. Man schleppte sich irgendwie voran, versuchte dabei, nicht allzu oft aufs Gesicht zu fallen, und dann rammte einem das Schicksal seinen Gewehrkolben in die Weichteile. Ich ging ins *Jukebox*.

Sie war wieder da. Die Frau mit dem Hals. Noch bevor ich sie sah, roch ich ihr Parfum. Das war mir beim letzten Mal schon aufgefallen. Sehr herb, wie Efeu oder feuchtes Speed. Ein grüner Geruch. Sie sah mich und schlug die Augen nieder. „Hi", sagte ich.

Sie schaute wieder hoch. Es ging mir durch und durch.

„Hi", sagte sie.

„*Beck's*, bitte." Sie begann zu zapfen. Am linken Ringfinger trug sie einen Ring mit Stein. Ich wollte sie. Sämtliche Alarmglocken begannen zu schrillen. Leg dich nie mit einer Barkeeperin an. Sie stellte das Bier hin, damit sich der Schaum setzte.

„Woher kommst du?", fragte sie und nie zuvor hatte eine Zunge schöneres Englisch gesprochen.

„Berlin."

„Oh. Ja?"

„Ja."

„Berlin ist sehr schön. Ich war einmal dort."

„Ja? Wann?"

„Weiß nicht. Vor zwei Jahren." Auch bei ihr blitzte es in den Augen, als sie hörte, dass ich Deutscher war.

„Bist du aus Israel?", fragte ich.

„Ja. Aus Haifa ..." Ich nickte und kuckte blöd. „Das ist im Norden", sagte sie lächelnd. Dann war sie eine Zeitlang beschäftigt. Es wurde ziemlich voll in der Kneipe und die Leute bestellten dauernd so ein Getränk, für das sie jedes Mal einen 5-Liter-Kanister auf den Tresen wuchten musste. Eine gelbliche Flüssigkeit kam heraus. Ich schaute ihr zu und immer, wenn sie an den Zapfhahn kam, lächelten wir uns an. Als sie mal wieder Luft hatte, schenkte sie uns zwei Kurze ein. „Cheers."

„Lehayim", sagte ich.

„Sprichst du Hebräisch?"

„Nein." Wir tranken.

„Wie lange bist du schon hier?", fragte sie.

„Hm ... Seit acht Wochen."

„Wow, das ist lang. Machst du hier Ferien?"

„Nein, ich arbeite. Im Theater."

„Wo?"

Ich erklärte es ihr. Sie schien beeindruckt. Während wir uns unterhielten, goss ich mir einen halben Liter nach dem anderen hinter die Binde. Dass ich Barfrauen so rigoros aus meinem Beuteschema raushielt, lag nicht daran, dass ich noch nicht mit ihnen auf Tuchfühlung gegangen wäre. Aber es war ein verdammt harter Job. Man brauchte Ausdauer dafür. Und Trinkfestigkeit. Man musste sie als Menschen begreifen und als Dienstleisterinnen in Anspruch nehmen und dabei immer unterhaltsam bleiben. Ihnen die Schicht erträglicher machen. „Und was machst du so?", fragte ich.

„Naja ... Ich studiere. Modedesign."

„Wirklich? Ich hätte gedacht, du bist Tänzerin."

Sie errötete. Ganz leicht. „Warum?", fragte sie und machte wieder so einen Augenaufschlag.

„Weiß nicht. Vielleicht die Art, wie du dich bewegst." Ein Typ rief ihr etwas vom anderen Ende der Bar zu. Sah aus wie ein Vollpfosten. Schien ihr Chef zu sein. Sie antwortete auf Hebräisch und verdrehte dann die Augen. So, dass nur ich es sehen konnte. Ich wollte wieder was sagen, da kippte plötzlich mein Bier um und zerschellte auf dem Tresen. Ich war überhaupt nicht dran gekommen. Jemand anderes musste es umgestoßen haben. Aber da war niemand. Wieder quengelte der Chef, aber sie wischte nur unbeeindruckt das Bier auf. Dann sammelte sie die Scherben ein und zapfte mir ein neues. „Das geht aufs Haus", sagte sie.

Ich bestellte nochmal zwei Kurze. Nachdem wir sie gestürzt hatten, schaute sie mich ganz seltsam an.

„Weißt du", sagte sie. „Ich war früher Tänzerin."

„Wirklich?"

„Ja. Ich habe Ballett getanzt, seit ich ein Kind war, aber ... als ich dann zur Army musste, naja ... zwei Jahre ohne Übung ... das war zuviel. Aber das hat bisher noch niemand gemerkt. Du hast ein gutes Auge."

Tänzerin und Soldatin, dachte ich. Wahnsinn.

„Wie heißt du?", fragte ich.

„Dana."

„Hi, Dana. Ich bin Daniel."

Sie sagte etwas auf Hebräisch und lächelte. Ich war jetzt sehr betrunken. Stand langsam auf und zahlte meinen Deckel.

„Dana", sagte ich dann. „Ich hoffe, wir sehen uns wieder."

„Okay."

„Laila Tov."

„Haha ... ja. Laila Tov."

Fröhlich torkelte ich nach Hause. Es war schon nach vier, aber ich bollerte so lange gegen die Tür von Anna, bis sie aufmachte.

„Daniel", sagte sie. „Was ist denn nur los?"

„Ich bin verliebt, Anna", rief ich. „Juhu, ich bin verliebt!"

„Juhu ... Aber das ist doch nichts Neues."

„Ach, ich mein doch nicht Adi."

„Nein?"

„Nein. Die ist ein alter Hut. Who the fuck is Adi?"

Anna war völlig hinüber. Die Proben in den letzten Tagen waren ziemlich hart für sie gewesen. Aber jetzt lachte sie. „Das ist toll, Daniel. Wirklich."

„Ja. Und sie ist Jüdin. Stell dir vor, wenn wir Kinder kriegen! Dann sind die Juden. Meine Kinder! Juden! Haha!"

„Irre", sagte Anna. „Du bist total besoffen, oder?"

„Nein. Naja, doch, aber das hat doch damit nix zu tun."

„Okay. Macht's dir was aus, wenn ich jetzt wieder schlafen gehe?"

„Nein, überhaupt nicht. Schlaf gut, Anna."

Und ich rannte in mein Zimmer. Ich war bereit für eine neue Runde. Es stimmte eben doch: Das einzige Mittel, um es mit den Frauen auszuhalten, war: noch mehr Frauen.

7

Wenn man in den MATA-Festsaal kam, befand man sich auf einer hölzernen Empore. Erst über eine schmale Treppe gelangte man hinunter in den eigentlichen Raum. In ein paar Tagen sollte Premiere sein und die Frage war nicht, ob ich bis dahin alles schaffen würde. Sondern ob ich wenigstens die wichtigen Sachen schaffte. Und jetzt wünschte Janker sich auch noch eine zusätzliche Treppe und einen Balkon für die Empore.

„Julius, du weißt, dass ich nur Stuss mache", sagte ich.

„Ja und?"

„Ich kann dir vielleicht 'ne Treppe bauen, die irgendwie so aussieht. Aber keine, über die jeden Abend dreihundert Leute gehen."

„Ach, so schwer ist das nicht. Machst halt zwei Bretter so runter, und ein paar quer drüber als Stufen, nicht?"

„Das nimmt uns die Behörde niemals ab."

„Kümmer du dich um deinen Kram, und ich mich um meinen, ja?"
Also setzte ich mich bei einem Bier ins *Jukebox* und machte eine
Zeichnung. Das konnte gar nichts werden. Die Juden würden sich
bei der Premiere reihenweise das Genick brechen. Und schuld da-
ran wäre der einzige Deutsche im Team. Ich raufte mir die Haare.
Dana kam näher und schaute. „Was machst du da?", fragte sie. Wie-
der stieg mir dieses Parfum in die Nase.
„Ich muss 'ne Treppe bauen."
„Ja? Ich dachte, du bist Stagemanager."
„Dacht ich auch."
Sie warf einen Blick auf meine Zeichnung und schüttelte den Kopf.
Nahm ein neues Blatt Papier und fing an. Ich betrachtete dabei ihr
Gesicht. Es gefiel mir immer besser. Und der Nacken. Sie runzelte
konzentriert die Stirn, während sie zeichnete. Das machte sie auch
beim Bierzapfen so. Als würde es all ihre Aufmerksamkeit erfor-
dern. Ich grinste. Sie bemerkte es. „Was?", fragte sie.
„Nichts."
Sie räusperte sich plötzlich und trat einen Schritt zurück. „Well",
machte sie. „Ich glaube, so funktioniert es." Dann ging sie zurück
an die Arbeit.
Was war denn jetzt? Waren meine Absichten mir so klar ins Gesicht
geschrieben? Was waren meine Absichten überhaupt? Die Zeichnung sah ziemlich professionell aus. „Danke", sagte ich. Sie nickte
abgehackt.
Ich trank noch zwei, drei Biere. Während der ganzen Zeit beach-
tete sie mich nicht mehr. Wenn unsere Blicke sich begegneten,
schaute sie schnell woanders hin. Schon wieder so eine Psycho-
Frau. Dafür hatte ich anscheinend ein Händchen.
Am Damaskus-Tor fand ich einen arabischen Schreiner, der die
Geduld aufbrachte, meine Zeichnung mit mir durchzugehen. Dana
hatte alle Maße dazu geschrieben. Ich würde die fertigen Teile nur
noch zusammensetzen müssen.
„Sag mal, Holger", fragte ich am nächsten Abend. „Hast du Lust
auf'n paar Biere?"
„Klar", meinte er.

„Hast du auch Lust, dabei 'ne Treppe mit mir zu bauen?"

„Wie bitte? Du weißt schon noch, dass ich der Tonmann bin, oder?"

„Ja und? Ich bin der Stagemanager."

„Na, meinetwegen. Wann denn?"

„Jetzt." Wir ließen uns das Holz liefern und breiteten dann alles im Festsaal aus. Ich zeigte Holger den Bauplan. „Was ist denn das?", fragte er. „Du hast ja voll die Mädchenschrift."

„Fick dich, du Arsch." Er lachte mich aus.

„Das hab ich nicht geschrieben!"

„So? Wer denn dann, Daniela?" Ich erzählte ihm von Dana.

„Das ist doch voll schön", rief er.

„Naja, ich weiß nicht. Beim letzten Mal war's schon wieder so komisch."

„Dann musst du's eben langsamer angehen."

„Was denn angehen? Mit diesem dämlichen Tresen da zwischen uns."

„Lass dir Zeit."

„Ich hab keine Zeit! Ich bleib ja nicht ewig hier." Derweil schraubten und sägten wir. Der Balkon stand schon nach einer Stunde, weil er rechteckig war. Kein Problem. Erst mit der Treppe wurde es dann schwieriger. Vor allem, weil wir beide so besoffen waren. Als ich meinen ersten Gehversuch darauf machte, war es draußen schon wieder hell. „Naja, ich weiß nicht", sagte ich. „Schwankt schon ein bisschen."

„Das bist du, du Suffkopp! Die Treppe ist einwandfrei."

„Na, probier du doch mal, du Vogel!"

Er tat es. „Ja und", sagte er. „Ist doch prima." In dem Moment brach die Stufe unter ihm weg. Er fiel auf den Arsch und jammerte. Wir brachten noch ein paar zusätzliche Stützen an. Und pennten dann irgendwie ein.

Ich kam erst wieder zu mir, als eine Gruppe von Rekruten mich mit Kronkorken bewarf. In meinem Mund hatte sich Sägemehl gesammelt und ich brauchte eine Weile, um mich aufzusetzen. „What the fuck", fing ich an. Die Rekruten suchten kichernd das Weite. Kurz danach kam Ofer und sah uns da liegen. Auch er rannte davon. Petzte es mit Sicherheit seinen Freunden beim Verteidigungsministerium.

„Ey, Holger!" Er grunzte und winkte ab. „Holger, lass uns mal nach Hause gehen."

„Geh weg."

Ich rüttelte an seiner Schulter. Er sprang auf und rannte nach draußen. Und kotzte sich die Seele aus dem Leib. „Mann, Mann", sagte er. „Du hast'n schlechten Einfluss auf mich."

„Ja, komm. Geh'n wir, bevor's noch Ärger gibt."

Am Tor stand Ofer und verfolgte giftig unseren Abzug. Die kleine Soldatin war auch dabei. Ich zwinkerte ihr zu. Der Direktor bemerkte es und stürmte in sein Büro. Ich vermutete, er konnte es nicht ertragen, dass eine von seinen Leuten, seinem Volk, etwas mit uns Herrenmenschen zu schaffen hatte.

„Geht's dir gut?", fragte sie.

„Klar."

„Du siehst schrecklich aus."

„Danke", sagte ich. „Und du bist sehr schön." Sie lächelte und machte einen Knicks. Was mit ihrer Uniform komisch aussah. Ich hätte es so einfach haben können.

Bei der Premiere wimmelte es nur so von Kameras und Journalisten. Diese israelisch-österreichische Co-Produktion machte wohl doch einigen Wirbel. Außerdem waren der Verteidigungsminister und seine Frau zu Gast.

Die Schauspieler machten einen nervösen Eindruck. Mehr als gewöhnlich. Dabei hatten die gar keine Ahnung von den wirklich wichtigen Dingen. Der Pyrotechnik zum Beispiel. Für die war ich zuständig und ich war auch der Einzige, der über die Sicherheitsvorkehrungen Bescheid wusste. Es gab keine. Und natürlich machte die Treppe mir Sorgen.

Der einzig Entspannte in unserem Haufen war Janker. Er stand mit einem Glas Sekt im Hof und grinste. Als ich an ihm vorbei musste, drückte er mich plötzlich an seine Brust. „Jetzt haben wir's geschafft", sagte er. „Wenn die Premiere gelaufen ist, können die uns gar nichts mehr. Dann haben wir Öffentlichkeit, weißt du."

„Schön."

„Danke, Daniel."

„Da nicht für", meinte ich.

Aber er drückte mich und schaute mir in die Augen. „Danke", sagte er nochmal.

Holger hatte im Festsaal eine kleine Butze, in der sein Tonstand untergebracht war. Obendrauf stand mein Verfolgerspot, mit dem ich die erste Szene unterstützen sollte. Ich kroch also nach oben und saß schwitzend im Schatten und betete. Die ersten Zuschauer kamen herein und stiegen unsere Treppe runter. Sie hielt. Zwar bogen sich die Stufen ein wenig, aber sie hielt.

An der Tafel machte ich den Verteidigungsminister aus. Nur so zum Jux ließ ich den gleißenden Strahl meines Verfolgers über sein Gesicht schweifen. Er hielt rasch eine Hand vor seine Augen. Dann schwenkte ich weg. Er nahm die Hand wieder runter. Ich machte es nochmal. Er verzog das Gesicht und verbarg unbewusst seine Augen. Ich schwenkte weg. Seine Hand ging runter. Ich schwenkte hin. Die Hand ging hoch. Was für ein Spaß. Der Rest der Vorstellung lief dann auch ganz gut.

Erst am Schluss, nach einem tobenden Applaus, als die Leute nach draußen strömten, geschah das Unvermeidliche. Eine dicke Frau brach mit einem Bein durch eine der Stufen und steckte dann da und kreischte und wedelte mit den Armen. Naja, dachte ich, eine war zu verkraften. Kollateralschaden. Wir sperrten die Treppe und damit hatte es sich.

8

Inzwischen war es Oktober. Und mit den täglichen Vorstellungen kam jetzt wieder die Routine. Halbtags brachte ich im Museum alles auf Vordermann. Dann hing ich in Straßencafés rum und machte mir meine Gedanken. Wie ich es auch drehte und wendete, der Fall Dana schien zu einer ähnlichen Katastrophe wie Adi zu werden. Vielleicht sollte ich aufhören, immer so blind nach meinen Gefühlen zu handeln. Was brachten sie mir den schlussendlich ein, außer immer neuen Qualen?

Ich saß gerade bei einem Frühschoppen, da kamen Dunja und Anna vorbei. „Hey", sagte ich. „Setzt euch."

Sie bestellten sich was zu trinken.

„Wie läuft's?", fragte Anna.

„Einen Scheiß läuft es."

„Wie?", machte Dunja. „Immer noch Liebeskummer wegen Adi?"

„Ach, Quatsch. Ich renn doch schon wieder 'ner anderen hinterher."

Ich erzählte ihnen von Dana. „An einem Abend flirtet sie mit mir und dann zeigt sie mir die kalte Schulter. Hin und her. Ich glaub, die spinnt."

„Vielleicht ist sie schüchtern."

„Außerdem komm ich nicht an diesem Tresen vorbei. Der ist unüberwindbar."

„Ach, was. Wenn sie mit dir flirtet, will sie auch was von dir. Frag sie doch, ob ihr euch nicht mal woanders treffen könnt. Wenn sie nicht arbeiten muss."

„Wollt ich ja. Ein paarmal schon. Aber es geht nicht. Ich trau mich nicht."

„Du bist doch sonst nicht so."

„Wenn's drauf ankommt, schon."

„Ich würd sie fragen", sagte Dunja. „Dann weißt du wenigstens, woran du bist. Du hast doch nichts zu verlieren."

„Doch. Mein Seelenheil."

„Ach, komm. Sei nicht so pathetisch."

Die hatten gut reden. Seit Jahren krebste ich schon so rum. Die Frauen, mit denen ich was hatte, lagen mir alle irgendwie am Herzen. Ich mochte den Sex und sie waren interessant. Aber es waren eher Gefährtinnen und keine Geliebten. Ich verliebte mich nur in Frauen, die ich nicht haben konnte.

In drei Wochen würde ich sowieso aus Israel verschwinden. Die Sinnlosigkeit dieses Abenteuers war unübersehbar. Aber jedes Mal, wenn ich den Entschluss fasste, die Sache mit Dana sein zu lassen, rauschte eine Frau mit diesem Parfum an mir vorbei. Das schienen hier viele zu benutzen. Es war nicht auszuhalten. Bevor ich wusste, was überhaupt los war, hatte meine Nase schon mit meinem

Unterbewusstsein kommuniziert. Mein Herz bekam einen Stich und ich schaute mich um. Dana? Was? Wo? Ach so. Ein einziges Mal würde ich es noch probieren. Ich ging ins *Jukebox*. Statt jedoch wie sonst vorm Tresen rumzuhängen, zockte ich ein paar Runden am Kicker. Dabei stellte ich fest, dass der Typ, der mit mir spielte, einer der Besitzer der Kneipe war. „Dann bist du also der Deutsche?", fragte er mich irgendwann.

„Woher weißt du das?"

„Sie haben über dich geredet."

„Wer?"

Er runzelte die Stirn. „Naja", sagte er. „Wer wohl?"

„Dana?" Er grinste und ging davon. Ich wartete eine Zeitlang, aber er kam nicht wieder. Verdammt, dachte ich. Ich hätte ihn nach dem Ring an ihrer Hand fragen sollen. Oder irgendwas anderes. Ich ging zum Tresen.

„Geht's dir gut?", fragte sie. Also wieder Zuckerbrot. Vielleicht war sie auch nur entspannter, weil ich ihr heute nicht auf die Pelle rückte.

„Klar", sagte ich.

Sie schaute vom Zapfhahn auf. Ich war drauf und dran, sie zu fragen. Aber was? Ob sie mit mir ins Kino wollte? Oder spazieren? Irgendwo was trinken? Da standen so viele Leute. Und was, wenn sie einen Freund hatte? Was war das für ein blöder Ring? Am linken Ringfinger. Das hieß doch was, oder? War sie verlobt? Es wurde wieder nichts.

„Holger", sagte ich am nächsten Abend. „Ich lass es sein." Es war ein spielfreier Tag und wir saßen in einer Gasse am anderen Ende der Stadt. „Bald bin ich hier weg und komm nie mehr nach Israel. Es hat keinen Sinn. Also scheiß auf Dana. Prost."

„Darauf trinke ich nicht", meinte er.

„Sei nicht so zickig. Heb schon deinen Becher!"

„Nein. Ich bin der Meinung, dass von etwas Gutem auch nur Gutes kommen kann."

„Ach, komm. Du und dein Christenkram, echt."

„Nein, Daniel. Du liebst sie, also solltest du auch darum kämpfen."

„Was weiß ich, was ich tu! Vielleicht weiß ich gar nicht, was Liebe ist." Holger erklärte mir, was Liebe war.

Ich rührte mit dem Finger in meinem Bier rum. Als ich einmal aufblickte, glaubte ich, etwas zu sehen. Hatte mich aber getäuscht. Nein, da wieder. Gerade war eine Frau in die Kneipe gegangen, die wie Dana aussah. Jetzt kam sie wieder raus. Es war Dana. Mit einer Freundin.

„Holger", sagte ich leise. Er steckte noch mitten in seinem Vortrag. „Holger, schau mal."

„Was ist denn?"

„Da. Sie ist da. Dana ist da." Es gibt keinen Zufall, dachte ich.

„Siehst du", sagte Holger. „Es gibt keinen Zufall."

„So'n Quatsch", meinte ich. Mein Herz klopfte so stark, dass mir der Kopf wackelte. Dana sah mich und wir winkten uns zu.

„Na los", sagte Holger. „Jetzt musst du aber hingehen."

„Ich weiß. Oh Gott, was mach ich nur?"

„Trau dich!"

„Ja, lass mir noch'n Moment."

Es gab da eine Luke, durch die man auch von der Gasse aus Getränke holen konnte. Dana und ihre Freundin setzten sich an einen Tisch in der Nähe. Ich stand auf und bestellte zwei Biere und lehnte mich dann cool an die Mauer. Es war, als hätte ich sowas noch nie gemacht. Als sie herüber schauten, fasste ich mir ein Herz.

„Wollt ihr an unseren Tisch kommen?"

Zum Glück war Holger dabei. Zwei Frauen waren immer so eine Sache. Kaum hatte ich sie vorgestellt, fing er an zu sabbeln. Freche, betrunkene Konversation. Ich musste mich nur zurücklehnen und gescheit aus der Wäsche schauen. Das konnte ich sowieso am besten. „Und?", fragte er irgendwann. „Wie ist es eigentlich, in Israel zu leben?"

Dana zuckte mit den Schultern. „Wie überall, nehm ich an", sagte sie.

„Was meinst du?"

„Naja, ihr wisst schon ... Life's a bitch and then you die."

Ich mochte sie wirklich. Irgendwann lehnte ich mich zu ihr und sagte, dass ich bisher nur sehr selten eine hübsche Tätowierung gesehen hätte. „Aber deine ist echt der Wahnsinn."

„Danke", sagte sie und errötete. Zum ersten Mal, seit ich sie kannte, trug sie die Haare offen. Wahrscheinlich, weil sie nicht auf Arbeit war. Frauen nahmen wohl immer an, dass sie mit offenen Haaren am attraktivsten waren. Mir gefielen sie hochgesteckt besser. Vor allem bei so einem Hals.

Holger erzählte jetzt von unserem Stück.

„Klingt interessant", sagte Danas Freundin. Ein Steilpass.

„Ja, ihr müsst es euch anschauen", rief ich. „Ich besorg euch Freikarten."

„Ach, nein. Das brauchst du nicht", sagte Dana.

„Oh, doch. Und wie!"

„Na gut, dann ... Toll! Danke."

Wir luden sie zur nächsten Vorstellung ein und machten uns dann rar. Auf dem Rückweg konnte ich nicht aufhören zu grinsen.

„Siehst du", meinte Holger. „Von was Gutem kann nichts Schlechtes kommen."

„Abwarten", sagte ich.

„Jetzt freu dich doch mal. Die steht auf dich."

„Meinst du?"

„Daniel. Du hast offensichtlich null Ahnung von Frauen."

Dieser Gedanke hatte mich auch schon beschlichen.

9

Janker gab mir die Freikarten. Am Abend der Vorstellung stand ich nervös auf dem Gefängnisdach und spähte zur Treppe, über die all die Besucher hereinströmten.

Wegen meines Kompliments mit der Tätowierung hatte ich insgeheim eine Wette mit mir laufen. Wenn Dana ihre Haare heute wieder hochgesteckt trug, standen meine Chancen nicht schlecht. Das wälzte ich jetzt die ganze Zeit in meinem Kopf. Haare hoch: Gut. Haare offen: Mal sehn. Allerdings waren es nur noch zehn Minuten bis Stückbeginn. Natürlich würde es auch etwas über meine Chancen aussagen, wenn sie überhaupt nicht auftauchte.

„Was ist denn los?", meldete sich Janker über Funk. „Wo ist denn nun deine Jüdin?"

„Die kommt schon noch", sagte ich.

Noch fünf Minuten. Ich gab Holger das Zeichen, die Einlassmusik abzudrehen. Die Treppe war inzwischen leer. Vielleicht war Dana schon drin und ich hatte sie nur übersehen? Ich eilte über die Dächer zum Hof und schaute hinab. Nichts zu sehen.

Noch drei Minuten. Ich holte mein Handy raus und fragte sie per SMS, ob sie den Eingang finden würden. In der Sekunde, als ich die Nachricht abschickte, tauchten die beiden auf der Treppe auf. Dana hatte ein hinreißendes, schwarzes Kleid an. Und trug die Haare hochgesteckt.

„Welche ist denn deine?", funkte Janker. „Die Tätowierte oder die andere?"

„Die Tätowierte", sagte ich.

„Sehr gut!"

Im Festsaal hatten sich die meisten Schauspieler bereits unter das Publikum gemischt. Ich nahm mir ein Glas Sekt und stellte mich neben Freud.

„Lass mich raten", sagte er. „Es ist die da." Er deutete auf Dana, die mit ihrer Freundin schüchtern vor meiner fabelhaften Treppe stand.

„Ja", sagte ich. „Woher hast'n das gewusst?"

„Sie ist die schönste Frau im Raum."

Das wollte ich hören. Während der Vorstellung kreuzte ich ein paarmal wie zufällig ihren Weg. Sie schien dem Stück sehr konzentriert zu folgen. Warum auch nicht? Während der Pause, als sich die meisten Israelis auf das koschere Buffet stürzten, stand sie nur verloren daneben.

„Iss doch was", sagte ich.

„Nein, danke. Ich kann nicht. Es ist so komisch. All die Leute hier."

Ich glaubte zu wissen, was sie meinte.

In der letzten Szene lief irgendwas nicht so, wie Janker es gern gehabt hätte. Nach dem Applaus zickte er rum und teilte mich per Funk für irgendeinen Quatsch ein. Von wegen Sekt für die Zuschauer ausschenken. Ich schenkte genau drei Gläser aus und suchte damit das Weite. Dana und ihre Freundin standen im Hof. „Kommt mit", sagte ich und ging mit ihnen aufs Dach. Da saßen wir dann und ich wusste nicht so recht.

„Danke, das war wirklich toll", sagte die Freundin und stürzte ihr Glas. „Aber ich muss leider los." Sie und Dana umarmten sich. „Viel Spaß noch", sagte sie. Die Frau hatte Benehmen. Ich umarmte sie auch und dann war sie verschwunden.

„Und?", fragte ich. „Hat's dir gefallen?"

„Es war schön ... Naja ... Ich weiß nicht, was ich sagen soll."

„Musst du ja nicht." Ich fragte mich, ob ich sie jetzt küssen sollte. Das machte man doch so. In einer Situation wie dieser. Oder?

„Ich mag dein Parfum", sagte ich. „Was ist das?"

„*White Musk Body Shop*."

„Aha." Ich kam mir immer blöder vor. „Was ist das eigentlich für ein Ring?", fragte ich dann.

„Was meinst du?"

„Naja, ich dachte nur ... du trägst ihn an der linken Hand ... Bist du verlobt, oder so?"

„Nein", sagte sie. „Das ist nur, weil ich mit der rechten Hand immer die Gläser wasche."

„Ah", machte ich. Es war so beschissen romantisch mit dem goldenen Felsendom da drüben und den Sternen und allem.

„Magst du irgendwo was trinken gehen?", fragte ich.

„Ja", sagte sie und stand auf. Sie schien erleichtert. Wir gingen in die jüdische Neustadt und fanden einen Laden, der noch geöffnet hatte. Auf der Terrasse gab es eine Couch und ich setzte mich. Neben mir war noch reichlich Platz.

„Ich mag diese Bar", sagte Dana und schaute in die Gegend und setzte sich dann so neben mich, dass wir uns nicht berührten, aber schon die elektrische Ladung des anderen spüren konnten. Als die Kellnerin kam, bestellte ich ein *Maccabee*.

„Du trinkst *Maccabee*?", fragte Dana.

„Ja, warum nicht?"

„Nur Idioten trinken *Maccabee*."

„Warum?"

„Naja, weil es scheiße ist."

Wir tranken und unterhielten uns. Ich fand es immer am einfachsten, über die Bücher und Filme zu reden, die man mochte. Weil man dann früher oder später auf einen Nenner kam und euphorisch wurde und sich gegenseitig hochschaukelte. Diesmal ließ ich es bleiben. Weil es eine Lüge war. Und im Grunde überhaupt nichts über den Menschen sagte.

Als die Kellnerin uns die letzte Runde brachte, fing Dana an, ihren Hals zu reiben.

„Weißt du", sagte sie. „Es ist so, dass ... also, ich bin ein ziemlich privater Mensch, aber ... ich hab Spaß und du bist nett und interessant ..." Ich trank von meinem Bier. „Und ich mache sowas normalerweise nicht, aber ... ich wohne nur um die Ecke ... also ... wir könnten zu mir gehen und noch was trinken. Wenn du magst."

„Das würde mir sehr gefallen", sagte ich.

Sie wohnte in einer winzigen Einzimmerwohnung mit Hochbett. Die Einrichtung bestand aus einem Tisch mit Computer und einem Bügelbrett. Ansonsten gab es nur Kisten mit haufenweise Stoff und Schnittmustern.

Wir setzten uns auf den Boden und tranken Scotch mit Wasser. Inzwischen fühlte sich alles sehr vertraut an. Als sie irgendwann aufs Klo ging und danach zurückkam, fragte ich: „Warum sitzt du eigentlich so weit weg?"

„Naja ...", sagte sie.

Ich griff unter ihr Kinn und zog sie herüber. Es wurde ein langer Kuss. Ich hielt sie und sie fasste an meine Oberarme und Schultern und machte leise Geräusche. Dann stiegen wir auf das Hochbett. Ich mochte es lieber zu streicheln, als gestreichelt zu werden. Bei ihr schien das umgekehrt zu sein. Das traf sich ganz gut. Irgendwann lag ich auf ihr und wir schauten uns an.

„Du bist so schön", sagte sie.

„Danke", sagte ich.

Wir liebten uns ziemlich lange und es wollte mir einfach nicht kommen. Der Alkohol konnte nicht schuld sein. Und aus der Übung war ich auch nicht. Vielleicht lag es an dem Terror der letzten Monate.

Oder daran, dass ich sie so lange aus der Ferne bewundert hatte und jetzt alles so schnell gegangen war. Vielleicht bedeutete sie mir auch mehr als nur einen Fick. Irgendwas Dämliches in der Art sagte ich jedenfalls.

„Ich mag, wie du bist", flüsterte sie und küsste mir auf die Augen.

Irgendwann lagen wir nebeneinander. Ich war noch immer in ihr, aber wir machten gerade Pause.

„Soll ich ein Fenster aufmachen?", fragte sie.

Es dauerte eine Weile, bis ich mein Hirn weit genug hochgefahren hatte, um darüber nachzudenken.

„Nein", sagte ich dann. „Geh nicht weg."

„Gute Antwort."

Dann machten wir weiter. Schliefen zwischendurch ein. Wachten auf und fingen wieder an. Es war ein endloser, leidenschaftlicher Trip.

Als es schon längst wieder hell war, legten wir nochmal richtig los und diesmal merkte ich, dass es was werden würde. Dann passierte es. Wir blieben eng umschlungen liegen. Sie machte die Augen zu und ich betrachtete sie.

Sie lag tatsächlich in meinen Armen. Mir wurde auf einmal bewusst, wie einsam ich war. Das war nicht schlimm. Ich mochte meine Einsamkeit. Aber das hier fehlte mir. Und jetzt hatte ich es.

Dana öffnete die Augen.

„Sag etwas auf Deutsch", sagte sie.

„Du bist die schönste Frau, die ich je getroffen hab."

Zum Glück verstand sie es nicht.

„Das ist hübsch", meinte sie. „Es klingt so klar und rein."

Wir gingen gemeinsam duschen. Standen einfach nur unter dem Wasser und umarmten uns. Alles, was ich tat, schien sie genauso zu wollen. Zwischendurch pflückte sie sich ein Büschel Haare aus der Frisur.

„Was ist das?", fragte ich.

„Weiß nicht. Stress, nehme ich an. Sorry."

„Das macht nichts", meinte ich und zeigte auf die drei kümmerlichen Härchen auf meiner Brust. „Ich hatte hier auch mal total viele Haare, aber du weißt schon ... Stress."

Sie lachte und küsste mich. Und die ganze Zeit lief die Dusche. Ich dachte an all die armen Palästinenser in der Westbank, die nun wegen uns verdursten würden.

„Du hast recht", sagte sie und drehte das Wasser ab. Wir trockneten uns gegenseitig ab und stiegen in unsere Klamotten. „Wann sehen wir uns wieder?", fragte ich.

„Weiß nicht. Ich ruf dich an."

„Wann?"

„Mal sehen."

Das war nicht genau das, was ich hören wollte, aber es spielte jetzt keine Rolle. Wir küssten uns nochmal zum Abschied. Dann ging ich zurück in die Welt.

10

Wir sahen uns schon am nächsten Abend. Sie hatte Dienst im *Jukebox* und ich holte sie nach Feierabend ab. Wir gingen zu ihr und stiegen gleich ins Bett.

Es lief so ähnlich wie in der Nacht zuvor. Nur war der Zauber nicht mehr so stark. Wie auch? Nicht dass Dana etwas von ihrem Reiz verloren hatte. Im Gegenteil, ich dachte schon über Fernbeziehung und all den Kram nach. Aber wenn ich ihr in die Augen schaute, war darin irgendwas anders als gestern.

Am Morgen danach saß sie auf der Fensterbank und ich stand hinter ihr und hatte meinen Kopf auf ihrer Schulter. Sie strich ganz leicht mit ihrem Gesicht über das meine. Ihre Augen waren geschlossen. „Ich muss gehen", sagte ich irgendwann.

„Allright."

„Sehen wir uns die Tage?"

„Okay." Sie schaute aus dem Fenster.

„Na gut", machte ich. „Bis dann."

„Bye."

Ich ging zur Tür, da kam sie mir nochmal nachgerannt. „Warte", rief sie und gab mir einen langen Kuss. Ich ging nach draußen.

Auf der Straße begegnete ich Dante.

„Wo hast du geschlafen?", fragte er.

„Bei Dana."

„Aha. Wie läuft's?"

Ich erzählte es ihm.

„Weißt du", sagte er dann. „Ich glaube, du solltest mal mit Adi reden. Sie ist ein bisschen traurig wegen dir."

Das war mir eigentlich recht. Andererseits fühlte ich mich inzwischen dazu in der Lage, freundschaftlich mit ihr umzugehen. Ich ging also in den Festsaal, wo sie gerade damit beschäftigt war, die Kerzenleuchter neu zu bestücken.

„Hey, Engelchen."

„Hallo."

„Dante sagt, du bist traurig."

„Ach ja?"

„Ja."

Sie fummelte weiter mit den Kerzen rum.

„Bist du traurig?", fragte ich.

„Ach, Daniel, ich weiß auch nicht. Es ist nur ..."

„Was?"

„Ich hab gar nicht mehr das Gefühl, dass wir noch Freunde sind."

„Wieso denn?"

„Ich weiß nicht. Du redest gar nicht mehr mit mir."

„Naja", sagte ich. „Ich dachte, du willst es vielleicht nicht hören. Also die Sache mit Dana."

„Aber warum denn nicht? Du bist mein bester Freund. Natürlich will ich das hören, wenn du dich verliebt hast."

„Ich dachte, dass du eifersüchtig bist."

„Aber wieso denn?"

„Ja, keine Ahnung."

„Nein", sagte sie. „Du bist mir nur total fremd in letzter Zeit. Und ich dachte schon, ich hätte meinen besten Freund verloren."

„Ach, Quatsch. Denk dir nicht so viel dabei."

„Na gut."

Wir umarmten uns. Ich war mir nicht sicher, was das jetzt sollte. Ob es nur ein neues Gambit von ihr war. Ich versuchte in den nächsten Tagen, mir nicht allzu viele Gedanken über die beiden

Frauen zu machen. Die Arbeit lenkte mich ganz gut ab. Trotzdem hatte ich so eine Ahnung. Irgendwo zwischen Magen und Herz.

Danas Anruf kam am zweiten Abend nach unserem letzten Treffen. Zehn Minuten vor Beginn der Vorstellung. Ich stand wieder mal auf dem Gefängnisdach. „Hey", meldete ich mich.

„Hey." Ihre Stimme klang belegt. „Bist du auf Arbeit?", fragte sie.

„Ja. Und du? Gehst du heute ins *Jukebox*?"

„Ja."

„Also", sagte ich. „Willst du mich danach sehen?"

„Ich weiß nicht."

„Was?"

„Was denkst du?", fragte sie.

„Ich? Klar will ich dich sehen. Und du? Hast du keine Lust?"

„Ich weiß nicht."

„Hm?"

„Ich weiß nicht, ob wir uns nochmal sehen sollten."

„...Warum nicht?"

„Keine Ahnung", sagte sie. „Es ist nur ... ach ..."

„Hey, entspann dich. Vielleicht treffen wir uns und reden darüber?"

„Du kannst doch jetzt reden, oder?"

„Ja ... naja ..."

„Okay", sagte sie. „Ich ruf dich an. Aber lass uns tagsüber treffen."

„Ist mir recht", meinte ich.

„Okay. Bye."

„Ähmm, ja ... Bye." Sie hatte schon aufgelegt.

Ich war nicht besonders spritzig an dem Abend. Die einzelnen Szenen schienen ewig zu dauern und ausschließlich von mir zu handeln. Wofür machte ich das alles überhaupt? Ging es noch um den Film? Schwitzend stand ich in meiner Totengräberjacke neben Mahlers Sarg und fragte mich, warum ich nicht auf der Stelle nach Berlin zurück fuhr. Die anderen Träger kamen. Wir wuchteten die schwarze Kiste hoch und ich merkte, wie ich einen Krampf bekam. Es begann im Bizeps und kroch dann über die Schulter den ganzen Rücken hinunter. Ich biss die Zähne zusammen und trug Mahlers schweres Ende durch die schwarze Nacht.

11

Am wohlsten fühlte ich mich inzwischen auf dem Gefängnisdach. Es gab da eine sanfte Schräge, wo ich tagsüber immer schon eine Sechserpackung Bier versteckte. Die trank ich dann in der Stunde vor Vorstellungsbeginn. Zwischen sieben und acht. Niemand wusste, dass ich hier oben war. Ich lag auf der Schräge und genau über mir war ein Sternenbild, das aussah wie ein Segelflieger. Den mochte ich. Er war mein Freund.

Ich konnte mir nicht erklären, was mit Dana los war. Sie wusste, dass ich in zwei Wochen das Land verlassen würde. Wahrscheinlich hatte sie sich gerade deshalb so rückhaltlos auf mich eingelassen. Aber gleichzeitig war ich mir sicher, dass die erste Nacht sie genauso umgehauen hatte wie mich. Manchmal machte ich die Augen zu und ließ sie nochmal wie einen Film vorüberziehen, diese Nacht. Hielt immer wieder an und versuchte, Danas Körper zu spüren. Sie zu riechen und ihre Stimme zu hören. „Ich mag, wie du bist ...“ Es war die beste Nacht meines Lebens gewesen. Das konnte ich sagen. Und so gesehen war mein Kummer völlig fehl am Platz. Aus etwas derart Gutem durfte wirklich nichts Schlechtes entstehen. Da hatte Holger völlig recht.

Ich setzte mich also nach Feierabend hin und schrieb Dana eine lange E-Mail. Packte komplett aus. Dass ich zu allem bereit war. Mit ihr. Und nicht akzeptieren würde, dass der Schmerz zwischen uns trat. Die Wahl lag bei ihr. Aber in jedem Fall würde ich unsere gemeinsame Zeit für immer im Herzen tragen. Danach fühlte ich mich ungemein erleichtert. Als würde ich nach langer Agonie am Meer sitzen und mir von der lauen Brise das tränennasse Gesicht trocknen lassen. Sie rief erst am nächsten Abend an, während ich wieder berauscht unter dem Segelflieger lag.

„Hey“, sagte ich.

„Hey.“

„Ma Nishma?“

„Mir geht's gut“, sagte sie. „Naja, du weißt bestimmt, wie ich mich fühle.“

„Weiß ich das?“, fragte ich.

„Daniel ... Das Leben ist manchmal so blöd, oder?"

„Ja, das ist es."

„Deine Mail hat mich so berührt ... es ist genau, wie du sagst, aber ..." Ich schwieg und pulte dabei ein bisschen Moos aus den Zwischenräumen der Steine unter mir.

„Ich hab dir gesagt, dass ich ein privater Mensch bin ... ich kann nicht ... mit so starken Gefühlen kann ich nicht umgehen."

„Also fühlst du auch was für mich?", fragte ich.

„Ich weiß nicht ... Ich bin so verwirrt."

„Was meinst du?"

„Keine Ahnung."

„Aber wenn du verwirrt bist, muss da doch was sein", sagte ich.

„Vielleicht ... Ich brauche Zeit. Und ich weiß, dass du bald gehen musst, aber ..."

„Ach, das ist kein Problem. Lass dir Zeit."

„Bist du sicher?", fragte sie.

„Klar. Wir haben alle Zeit der Welt. Entspann dich, Dana."

„Okay."

„Ruf mich an. Ich werd da sein." Mir kam kurz der Gedanke, dass es vielleicht gar nicht gut war, mich so zur Verfügung zu stellen. Je schwerer erreichbar, desto attraktiver. Und umgekehrt. Aber bei Dana war das anders. Bei ihr hatte ich von Anfang an auf Ehrlichkeit gesetzt. Keine Spielchen diesmal.

Ich fühlte mich von Licht und Wärme durchdrungen.

Als ich zu den Garderoben kam, um den Schauspielern das Zeichen für ihren Auftritt zu geben, fing Freud schon von Weitem an zu jammern. „Oh nein, Daniel! Wir wollen nicht da raus. Das jüdische Volk hat genug gelitten!"

„Von wegen gelitten!", rief ich. „Judenlümmel! Geldsäcke, Halsabschneider!"

„Lass uns in Frieden!"

„Ihr seid doch die Kriegstreiber. Los jetzt! Kleider und Schuhe auf einen Haufen, und dann Abmarsch unter die Duschen."

Freud lachte und duckte sich unter meinen Schlägen. „Nazischwein, Hilfe, Hilfe, helft mir!"

Der jüdische Werfel fing derweil an, mit schrillen Sieg-Heil-Rufen durchs Zimmer zu marschieren. Sie waren ein netter Haufen. Wir tranken zusammen die Flasche Arak aus, die Gropius auf seinem Schminktisch stehen hatte und machten uns dann an die Arbeit. Die Vorstellungen waren hier wesentlich anstrengender als in Wien. Weil ständig etwas schief ging. Außerdem geisterte der verrückte Ofer jeden Abend durch die Flure. Kontrollierte, ob die Schauspieler sein Museum demolierten. Einmal hatte er sich sogar in die Szene eingemischt. Seither mussten Adi und ich immer kleine Kameras mit uns führen, um beim nächsten Mal alles aufzuzeichnen. Als Werfel in seinem Monolog spontan einen der Museumsräume betrat, war es wieder soweit. Ofer zuckte aus und versuchte das Publikum am Eintreten zu hindern. „Nein, nein!", schrie er. „Ihr könnt da nicht rein. Das ist ein historischer Raum!"

Ich stand mit der Kamera daneben, während Janker mir über Funk ins Ohr kreischte. „Film alles mit, hörst du! Hallo! Hörst du mich! Daniel!"

Ich brauchte die Hände zum Filmen. Und konnte nicht auch noch das Walkie bedienen. Es passte mir ohnehin nicht, dem Alten die Beweise für seine Klagen und Gerichtsprozesse zu liefern. Obwohl mir das bei Ofer nicht leidtat. Der Trottel hatte alles daran gesetzt, sich meine Feindschaft zu verdienen.

„Daniel!", schrie Janker weiter. „Meld dich doch, verfickt noch eins. Filmst du mit? Hallo! Geht das scheiß Walkie überhaupt?"

Ich blieb ruhig. Auch als Ofer auf mich losging. Heute war ein Tag des Glücks. Dana war verwirrt. Das war mehr, als ich erwarten konnte.

12

Nur noch acht Tage in Israel. Und Dana hatte sich bis jetzt nicht wieder gemeldet. Ich fragte mich, ob ich meinen Flug verschieben sollte. Adi würde auch zwei Wochen länger bleiben und hatte für die Zeit sogar eine Unterkunft. „Wenn du willst, kannst du mit mir wohnen", sagte sie.

„Meinst du wirklich?"

„Klar. Dann haben wir noch ein bisschen was vom Land."

„Ach, das Land ist mir doch scheißegal", sagte ich. „Ich will Dana."

„Na also, dann kämpf um sie."

„Das ist nicht so einfach. Du verstehst das nicht."

„Was gibt's denn da nicht zu verstehen? Du liebst sie, also riskier auch mal was."

Ich wusste nicht, was das Richtige war. Einen Kampf hatte ich noch nie gescheut. Aber das war genau mein Problem. Vielleicht sollte ich es diesmal bleiben lassen. Die Nacht mit Dana in guter Erinnerung behalten und mit dem Ganzen abschließen.

Dann meldete sie sich. „Lass uns nochmal von vorn anfangen", sagte sie.

Also verschob ich meinen Flug. Adi überredete mich sogar, neue Klamotten für das Date anzuschaffen. Sie schleppte mich in eine riesige Mall. Und während ich in einer Umkleidekabine stand, brachte sie von draußen immer neue Sachen rein.

„Verdammt, ich seh ja aus wie 'ne Schwuchtel!", rief ich und riss mir den letzten Vorschlag wieder vom Leib. „Was willst du denn aus mir machen, sag mal?"

„Wieso? Ist doch fesch", sagte sie.

„Von wegen fesch. Ich seh aus wie'n fucking Model."

Sie seufzte und hielt mir ein anderes Hemd hin. Es war lila.

„Ey, du weißt aber schon, dass ich 'ne Frau abschleppen will, oder?"

„Probier's mal an."

„Das Ding ist lila!"

„Das ist nicht lila, das ist aubergine."

„Aubergine ... Is ja noch schlimmer." So übel sah es dann wirklich nicht aus. Also nahm ich es und dazu noch ein paar Hosen. Irgendwo musste mein Geld ja hin.

Am Abend stand ich lange vorm Spiegel und beäugte mich misstrauisch. Ein auberginefarbenes Hemd. Es ging eindeutig bergab mit mir.

„Oh, du hast ein neues Hemd", sagte Dana, als ich sie vor ihrer Haustür abholte.

Wir setzten uns in so eine Art Amphitheater gegenüber des

Jaffa-Tors und schauten hinunter auf die Stadtautobahn. Es fiel mir schwer, eine Unterhaltung in Gang zu bringen.

„Und was ist nun mit uns?", fragte sie dann.

„Keine Ahnung. Du weißt, wie ich denke."

„Ja ... es ist nur ... wir haben nur so wenig Zeit, bevor du gehst ... und ich hab das Gefühl, als *müssten* wir sie nutzen ..."

„Wir müssen gar nichts."

„Weißt du, ich kann dich nicht so oft sehen. Ich mag es, den Menschen zu vermissen, den ich liebe."

„Das ist doch perfekt", rief ich. „Wir werden ein Paar und wenn ich dann aus Israel weg bin, können wir uns Tag für Tag gegenseitig vermissen." Sie lachte ein bisschen und dann seufzte sie und lehnte sich an mich. Ich legte einen Arm um ihre Hüfte. Atmete in tiefen Zügen ihren Duft ein.

„Ich wollte es dir erst nicht sagen", meinte sie. „Aber ich hatte bis vor Kurzem noch einen Freund ..."

„Bis wann?"

„Bis vor vier Wochen ... Vielleicht ist es zu früh für mich ..."

„Hast du dich von ihm getrennt?", fragte ich.

„Nein. Er hat sich getrennt."

„Verstehe ..."

„Was?", fragte sie.

„Nichts. Ich denk nur nach ..."

Wir saßen da und tranken unser Bier.

„Ich muss zwei Wochen länger bleiben", sagte ich.

„Ach, ja?"

„Ja. Muss noch ein paar Sachen für die Produktion erledigen."

„Dann können wir uns vielleicht nochmal treffen ..."

„Das wäre schön." Ich brachte sie zurück zu ihrer Wohnung und fragte mich unterwegs, ob sie mich in ihr Bett einladen würde. Und ob ich dann besser stark sein und ablehnen sollte.

„So", sagte sie, als wir vor der Haustür standen. „Ich würde dich ja fragen, ob du mit hochkommen willst, aber ich muss morgen früh aufstehen ..."

„Das ist okay", meinte ich.

„Bis bald."
„Bis bald, Dana."
Wir umarmten uns. Ich wusste nicht, ob ich sie küssen sollte. Also küsste ich sie auf die Wange. Sie ließ es zu und drehte dann den Kopf so, dass sich unsere Mundwinkel ganz sacht berührten. Ich sah ihr in die Augen und trat einen Schritt zurück. „Bye", sagte ich. Sie stand da und schaute und dann lächelte sie und sagte: „Ach, fuck it!" Und küsste mir auf den Mund. „Bye, Daniel."
Sie lief ins Haus und kurz danach ging das Licht in ihrem Zimmer an.

13

Bisher hatte der Plan so ausgesehen, dass wir nach der letzten Vorstellung einen Tag frei machten. Und dann in aller Ruhe abbauten. Doch am Abend der vorletzten Aufführung hatte Janker eine Idee.
„Weißt, was ich mir gedacht hab?"
„Was denn?"
„Dass es vielleicht ein Fehler ist, mit dem Abbau zu warten. Wenn wir nicht mehr spielen, sind wir in keiner guten Position mehr. Dann können die mit uns machen, was sie wollen."
„Wer denn?"
„Na, dein Freund Ofer. Und die Drecksäcke vom Theater. Die könnten uns hier einfach raushauen und unsere Ausstattung behalten."
„Wieso sollten die das machen?", fragte ich.
„Geh, bitte. Bis jetzt haben sie uns doch sabotiert, wo sie konnten. Deshalb hab ich mir gedacht, wir könnten heimlich nach der Dernière abbauen. Was meinst? Schaffen wir das in einer Nacht?"
„Klar. Mit genug Helfern geht alles."
„Aber du darfst es keinem erzählen. Vor allem nicht den Israelis!"
Also wieder keine Abschlussparty. Stattdessen mussten die österreichischen Schauspieler sogar beim Verpacken der Requisiten helfen. Adi hatte einen Haufen deutscher Zivis aufgetrieben, die hier ihren Auslandsdienst machten. Zwei Stunden nach Ende der Vorstellung ließen wir sie heimlich aufs Gelände.

Wir hatten genau acht Stunden Zeit, bis die Securities und Ofer zurückkommen würden. Acht Stunden für einen Job, der uns in Wien zwei Tage gekostet hatte. Sergiu und Holger holten mit einem Trupp Zivis die großen Möbel aus den Räumen, während ich mit einer Zange durchs Haus zog und alle Lampen abknipste. Die losen Kabelenden ließ ich einfach hängen und liegen, wo sie waren. Wir hatten uns vertraglich dazu verpflichtet, sämtliche Nägel und Schrauben wieder aus den Wänden zu holen und die Löcher zu verspachteln. Alle Räume sollten besenrein sein und jeder einzelne Wachsspritzer entfernt werden. Ich selbst hatte Ofer all diese Sachen hundert Mal versprochen. Wir machten nichts davon.

Ich hatte mir vom *Jukebox*-Besitzer ein Gramm Koks besorgen lassen und war jetzt entsprechend skrupellos. Als wir anfingen, die beiden Container zu beladen, dämmerte es bereits. Noch vier Stunden. Adi brachte mit den Schauspielern die letzten Kleinigkeiten aus dem Museum.

„Sollen wir da drin noch sauber machen?", fragte sie.

„Nein", rief ich. „Niemand geht mehr ins Gefängnis, verstanden! Wir laden jetzt ein und dann machen wir, dass wir hier wegkommen." Es würde nicht hinhauen. Bald würden die Soldaten hier auftauchen und uns alle erschießen. Ich scheuchte die armen Zivis dermaßen, dass einer nach dem anderen zusammenbrach. Auch meine Muskeln taten von der Akkordarbeit so weh, dass ich nichts mehr heben konnte. Nur Sergiu stopfte unermüdlich Möbelstück um Möbelstück in den Container.

„Schneller, schneller", rief ich und rieb mir den Rest vom Koks ins Zahnfleisch.

Janker hatte sich schon längst aus dem Staub gemacht. Er war noch paranoider als ich. Vor drei Tagen hatte er schon ausprobiert, ob er das Land überhaupt verlassen konnte. Hatte sich einen Flug gebucht, nur um zu sehen, ob sie ihn durch die Kontrollen ließen. Noch zwei Stunden. Der erste Container war abgeschlossen und der zweite zur Hälfte gefüllt. Holger und die anderen rafften sich nochmal zu einem Endspurt auf. Sie schmissen das Zeug einfach so hinein, ohne Rücksicht auf Verluste.

Ich drehte noch eine letzte Runde durchs Museum. Der Festsaal sah aus, als hätte ein Bürgerkrieg darin getobt. In der Küche lag kreuz und quer das faulige Gemüse und lockte schon jetzt die Ratten an. Ich konnte nicht anders, als zu lachen. Das war Grabschändung, Mord, Genozid. Im Hof und auf dem Dach türmten sich Trümmer und Müll. Wachs und Asche bedeckten den Boden.

Noch eine Dreiviertelstunde. Der erste Container war schon abgeholt worden und der Fahrer des zweiten LKW wartete bereits, dass wir fertig wurden.

„Hopp, hopp, hopp", schrie ich. „Wir haben's bald geschafft. Nein, Holger, lass die Badewanne da und die Tischplatten auch. Packt die Requisiten noch ein und dann Feierabend."

Plötzlich kam ein Typ mit seinem Auto an und blockierte damit die Zufahrt zum Container. Ich stürzte zu ihm, aber er war schon ausgestiegen.

„Was tun Sie da?", pflaumte er mich an. „Das ist ein Privatparkplatz!"

„Wir sind ja fast fertig, Mensch", sagte ich.

„Nein, das ist illegal!"

Ich schaute auf die Uhr. Es waren keine zwanzig Minuten mehr. Und vielleicht kamen die Securities früher zum Dienst. Ich trat an den Typen heran. „Wir arbeiten seit zwanzig Stunden. Und wir werden das hier zu Ende bringen."

„Nein, werden Sie nicht. Ich rufe jetzt die Polizei", sagte er.

Dann kam Adi angerannt. „Daniel, Daniel", schrie sie. „Die Securities sind gekommen."

„Wo?"

„Sie gehen grad durchs Haus und wollen wissen, wo du bist."

„Okay", sagte ich und packte den Typen am Kragen. „Beweg deine Karre. Du weißt nicht, was hinter mir liegt. Ich schwöre, ich bring dich um." Sergiu reichte mir wortlos ein kleines Metallrohr.

„Das ist doch wohl ein Scherz", bellte der Typ.

Ich kloppte einen seiner Scheinwerfer kaputt.

„Nein, das ist kein Scherz! Ich kill deine mistige Schüssel und dann kill ich dich!", schrie ich. Das Koks war eine gute Idee gewesen. „Los jetzt!"

Aber auch der zweite Scheinwerfer musste dran glauben, ehe der Typ endlich den Motor anließ. „Ich geh zur Polizei! Sie sind ja verrückt!", rief er und brauste davon. Kopfschüttelnd machte sich der Spediteur daran, den Container aufzuladen.

„Kommt, wir hauen ab", sagte ich. „Der schafft das schon." Holger und die anderen liefen bereits los. Ich packte Adis Arm und rannte hinterher. „Wir müssen uns verstecken!", rief ich.

„Ja, lass uns in die Wohnung von meinen Freunden gehen."

„Wo ist die denn?"

„Gleich hier um die Ecke."

„Meinst du, das ist gut?"

„Wir haben doch keine Wahl."

Also eilten wir zum Guesthouse, um unsere Sachen zu holen. Der Besitzer wartete bereits auf uns.

„Habt ihr Julius gesehen?", fragte er.

Adi schaute mich an. „Der sitzt doch schon im Flieger, oder?"

„Sei still", sagte ich. „Nein, haben wir nicht. Warum?"

„Weil er die Miete noch nicht bezahlt hat. Aber ich brauch das Geld. Die Bank hat unser Konto gesperrt. Er schuldet uns noch über 50.000 Dollar." Er hielt uns einen Wisch hin und wollte, dass wir unterschreiben.

„Was ist das?", fragte Adi.

„Unterschreib nichts", sagte ich und rannte zu den Zimmern. Mit den Koffern wollte ich an dem Besitzer vorbei.

„Bitte unterschreibt das. Da steht, dass ihr hier gewohnt habt." Wieder schubste ich Adi vor mir her. „Wir kommen später zurück", keuchte ich. „Dann klären wir das!"

„Wirklich?", rief er noch. Aber wir waren schon um die Ecke.

„Warte, Daniel, warte!", rief Adi. „Nicht so schnell."

„Doch, komm. Sonst kriegen sie uns!"

„Wer?"

„Alle."

„Alle?"

„Die Bullen, die vom Museum, das Verteidigungsministerium, alle!" Sie wurde ein wenig blass. „Okay, du hast recht."

„Moment", sagte ich. „Wo sind Holger und Sergiu?"

„Die kommen schon zurecht."

„Nein, niemand wird zurückgelassen!"

Adi stöhnte. „Das ist doch kein Film, Daniel."

Und was das für ein Film war. Die hatte ja keine Ahnung. Ich schwitzte und kaute wie ein Bekloppter auf meinem Zahnfleisch herum. Dann schossen Holger und der Rumäne um die Ecke. Wir folgten Adi in eine enge Gasse und durch einen Hof zu einem winzigen Haus. Sie machte auf und wir stürzten hinein, schlossen die Tür und sämtliche Rollläden.

Draußen begannen, die Sirenen zu heulen.

14

Ich war mit Adi allein. Alle anderen hatten erfolgreich das Land verlassen. Mein Handy klingelte ununterbrochen. Irgendwelche Leute vom Theater oder dem Ministerium, die mich zu Jankers Verbleib befragen wollten. Aber der hockte schon längst in seiner schicken Bude im 1. Bezirk und lachte sich eins.

Zwei Tage nach unserer abenteuerlichen Flucht traute ich mich wieder die Nähe des Museums. Vor den Toren lagen Berge von Müll und die Securities trugen immer mehr heran. Ich versteckte mich hinter ein paar Büschen, bis auch die kleine Soldatin mit einem Müllsack um die Ecke kam. Sie freute sich, als sie mich sah, und rannte zu mir. „Hey! Ich dachte, du bist wieder in Europa", sagte sie.

„Nein. Ich bleib länger."

„Weißt du, Ofer ist völlig durchgedreht. Er hat sogar geweint, als er das Chaos gesehen hat."

„Prima", sagte ich.

Sie puffte mir in den Bauch. „Er wollte dich sogar anzeigen und einsperren lassen."

„Mich? Wieso?", fragte ich.

„Weil dein Boss nicht mehr da ist. Aber sie wollten einen der Verantwortlichen."

„Na, ich bin jedenfalls keiner davon."

„Die Polizei war auch da. Mit so einem Typen, der gesagt hat, dass du ihn umbringen wolltest."

„Und was hast du ihnen erzählt?"

„Ich hab doch nicht mit denen gesprochen. Aber du solltest der Polizeistation nicht zu nahe kommen."

Das hatte ich ohnehin nicht vor. Stattdessen saß ich in unserem kleinen Haus und trank Wodka mit Sprite und rauchte *Guantanameras* und wartete auf eine Nachricht von Dana.

Adi hatte eine Katzenfamilie bei uns aufgenommen. Eine Mutter mit fünf Kindern. Ich mochte Katzen nicht recht, aber diese Straßenkämpfer fand ich irgendwie gut. Das waren noch richtige Raubtiere, zäh und kampferprobt. Es gab auch keinerlei Kontakt zwischen uns. Sie ließen sich füttern und pennten bei uns. Aber wehe, Adi näherte sich auf weniger als einen Meter. Dann wurde die Mutter zickig und fing an, um sich zu schlagen. Was die Blonde natürlich nicht davon abhielt, es den ganzen Tag zu versuchen. „Kuck mal, Daniel, wie nah ich schon dran bin!" Und dann, zack, hatte sie wieder ein paar Striemen am Arm. „Aua! Du Böse, du!"

Ich lag gerade in meinem Bett und spähte durch die Jalousien nach draußen.

„Du, Daniel", rief Adi von unten.

„Was los?"

„Ich hab grad mit der PR-Tante von MATA telefoniert. Sie fragt, ob wir heute mit ihr in die Knesset kommen wollen."

„Wohin?"

„In die Knesset."

„Hab ich schon verstanden. Aber was ist das?"

„Das Parlament."

„Und was sollen wir da?"

„Keine Ahnung. Aber ich geh auf jeden Fall. Da dürfen nur Israelis rein. So 'ne Chance kriegen wir nie wieder."

Ich hatte keine Lust, aber allein wollte ich auch nicht bleiben. Also setzten wir uns ins Taxi und ließen uns auf diesen Hügel mit den Parlamentsgebäuden bringen. Angeblich sollten am Empfang zwei Besucherpässe für uns liegen. Das war aber nicht so. Der Futzi hinter der Glasscheibe behandelte uns wie Staatsfeinde. Doch dann kam die PR-Tante und machte ihn zur Sau. Er wurde ziemlich blass und telefonierte hektisch rum.

„Was hat sie denn zu ihm gesagt?", fragte ich.

„Sie ist die Tochter von irgendeinem Minister, glaub ich."

„Wie praktisch."

Wir traten auf das Gelände. Ein riesiger Platz, der so aussah, wie ich mir die Akropolis vorstellte. Klassisch.

„Wollt ihr in den Plenarsaal?", fragte die PR-Lady.

„Klar", rief Adi. „Geht das?"

Überall im Hauptgebäude hingen Bildschirme an den Wänden, auf denen sie live die Ereignisse aus dem Sitzungssaal zeigten. Ein Orthodoxer faselte gerade inbrünstig ins Mikro und deckte seine unsichtbaren Zuhörer mit allerhand dramatischen Handbewegungen ein.

Als wir dann sehr leise hinter der PR-Frau hineinschlichen, sah ich, dass der Kerl vor leeren Stuhlreihen predigte. Im ganzen Raum saßen genau drei Leute. Einer schlief, ein anderer tippte eine SMS und der dritte las Zeitung. Ich setzte mich und fand das alles sehr lustig. Mit einem Schlag hätte ich jetzt weltweit Schlagzeilen machen können. Einfach kurz aufstehen und die deutsche Nationalhymne anstimmen. Die erste Strophe. Was die dann wohl denken würden? Und sicher müssten dann die Bundeskanzlerin und der Außenminister kommen und sich für meinen Auftritt entschuldigen. Hochoffiziell. Dann würden die Medien sich auch mit Sicherheit auf meinen Film stürzen. Und ich wäre mit einem Schlag berühmt. Als Nazi zwar, aber immerhin.

„Komm, wir müssen wieder gehen", riss Adi mich aus meinen Gedanken. „Warum grinst du so komisch?"

„Ach nix." Wir ließen uns noch vor der Fahne fotografieren. Adi und ich. Sie schien sehr glücklich zu sein und ich freute mich für sie. Dann fuhren wir wieder nach Hause. Legten uns auf eine Matratze im unteren Zimmer und schauten auf Adis Laptop deutsche Seifenopern an. Ich war müde und betrunken und hielt nur halbherzig die Augen offen.

Irgendwann kitzelte mich was und Adi flüsterte in mein Ohr: „Daniel, schau. Schau mal. Aber beweg dich nicht." Eins der Katzenkinder war gerade auf meinen Bauch geklettert und machte es sich dort bequem. Als ihm nichts weiter passierte, folgten die anderen zaghaft. Es waren vier Getigerte und eine Schwarze. Die Schwarze war die kleinste und bekam von den anderen ständig aufs Dach. War auch beim Essen immer die Letzte. Aber bei der Eroberung meines Bauches hatte sie den Anfang gemacht.

Adi war hin und weg. Sie legte sich nah zu mir und ihren Kopf auf meine Schulter. Dann, ganz langsam, bewegte sie ihre Hand zu der Schwarzen. Die Mutter beäugte uns misstrauisch von der Seite. Dann war Adi dran. Kraulte der Schwarzen den Kopf. Sie ließ es geschehen. Die anderen drängelten sich jetzt alle zu der Hand hin. Und die ganze Szene hob und senkte sich leicht im Rhythmus meiner Atemzüge. Es war ein stiller, heiliger Moment. In den Augenwinkeln der Blonden glitzerten die Tränen.

Als ich das nächste Mal wach wurde, war es dunkel und Adi lag noch dichter bei mir. Ich hatte mein Gesicht in ihren Haaren. Vorsichtig fasste ich ihr um die Hüfte. Sie gab einen leisen Seufzer von sich und legte ihre warme Hand auf meinen Hals. Die Katzen lagen kreuz und quer über mir. Sogar die Mutter.

Mein Herz klopfte, aber ich döste wieder weg. Jedes Mal, wenn ich aufwachte, schien die Blonde mir noch näher zu sein. Es war sehr schön. Am Morgen hatte sie ihre Lippen an meinem Hals. Langsam machte sie die Augen auf. Und blieb so liegen. Ich wusste nicht, was los war.

Dann stand sie auf und räusperte sich. Ging ins Bad. Ich fasste auf die Stelle, an der sie gelegen hatte, und spürte ihre Wärme schwinden.

15

Gegen Mittag sagte Dana unser abendliches Date ab. Das war mir irgendwie egal. Die Nacht mit Adi hatte großen Eindruck auf mich gemacht. Vielleicht war sie ja doch die Frau meines Lebens? War ich nicht zu Dana gegangen, weil ich mich von *ihr* ablenken wollte? Wie gut sie sich angefühlt hatte. Ich war verrückt nach ihr. Ich liebte sie. Noch nie hatte ich eine Frau so geliebt. Den ganzen Tag überlegte ich, wie ich es anstellen konnte, wieder in einem Bett mit ihr zu landen. Sollte ich sie darauf ansprechen? Oder würde das den Zauber zerstören? Jetzt wo es wieder hell war, würde sie das Ganze bestimmt als belanglos abtun. Ich bettelte am Abend richtig darum. Behauptete, dass es mir wegen Dana schlecht ging. Und ich nicht allein schlafen wollte. Sie ließ sich überzeugen. Hielt aber Distanz. Erst zur Morgendämmerung fanden wir wieder zusammen. Aber als sie kurz aufwachte, rückte sie wieder von mir ab. Ich fragte mich, was ich hier eigentlich machte. Wie erbärmlich ich war. Ich stand auf und ging in mein Bett. Konnte nicht mehr einschlafen. Ich trank ein Glas Sprit mit Leitungswasser und wälzte mich auf der Matratze herum. Dann ging ich nach draußen. Als ich vom Hof auf die Gasse trat, hörte ich einen vielstimmigen Chor wütender Stimmen. Sie riefen immer wieder ein Wort, das ich nicht verstand. Ich folgte dem Lärm zur Shivtei Israel. Hunderte von Orthodoxen blockierten sie. „Schabbes, Schabbes!", blökten sie. Die Bullen marschierten gerade auf. In einer Gruppe von Schaulustigen machte ich die Soldatin aus.

„Shabbat Shalom", sagte ich. Sie fiel mir um den Hals.

„Was ist denn hier los?", fragte ich.

„Ach, die ärgern sich."

„Ja, ich seh schon. Aber wieso?"

„Kennst du den Parkplatz auf dem Hügel?"

„Ja."

„Der Bürgermeister hat entschieden, dass er ab jetzt auch am Sabbat geöffnet bleiben soll. Das finden die aber nicht so gut."

„Die haben doch Langeweile.".

„Vielleicht", sagte die Kleine.

Gerade kam ein Araber in einem Taxi vorbei. Die Fundamentalisten-Kinder bewarfen die Karre mit Steinen und wurden dafür von den Alten gelobt. Dann scheuchten die Bullen sie weg.

„Lass uns was trinken", sagte ich.

„Aber ich muss noch zu meiner Oma."
„Es ist vielleicht das letzte Mal. Ich fliege bald."
„Na gut." Wir besorgten uns was und fanden eine sonnige Stelle auf dem Rathausplatz. Die Kleine setzte sich zwischen meine Beine und lehnte sich zurück. „Wie geht's deinem Herz?", fragte sie.
„Blutet noch immer."
Sie lächelte und streichelte meinen Arm.
„Warum können nicht einfach wir zusammen sein?", fragte ich.
„Uns verlieben und so."
„Das würde nichts werden, glaub mir."
„Warum nicht?"
„Weil ich so doof bin."
„Das sagt Adi auch immer. Die andere, mein ich."
„Hm …" Wir seufzten beide gleichzeitig und mussten daraufhin lachen. Ich küsste ihren Hals und sie fasste nach hinten um meinen Nacken. Das machte mich an, aber es würde zu nichts kommen. Nicht mehr.
Wir verabschiedeten uns vor dem Museum. „Kommst du irgendwann zurück nach Jerusalem?", fragte sie.
„Hoffentlich. Ich würd meinen Film gern auf dem Festival hier zeigen. Wenn ich ihn gemacht habe."
„Okay. Du weißt ja, wo du mich findest."
„Mach's gut, Schöne."
„Du auch, deutscher Mann."
Ich setzte mich in den Bus nach Tel Aviv. Ein letztes Mal zum Meer. So langsam kam ich mir unglaublich bescheuert vor. Adi, Dana, Adi, Dana, Adi. Immer hin und her. Und jedes Mal glaubte ich, dass es die große und einmalige Liebe war. Was waren meine Gefühle wert? Wenn sie sich dermaßen leicht beeinflussen ließen. Und austauschbar waren. Oder war ich wirklich in beide Frauen verliebt? Konnte auch sein. Ich ging zum Strand und rief Freud an.
„Hey, mein Führer."
„Hallo, du Schmock", sagte ich. „Ich sitz am Meer. Komm mal runter und bring was zu trinken mit."
„Allright."

Es war sogar *Maccabee*, was er da hatte.

„Schau, was ich für dich tue", meinte er. „Es gibt nichts Peinlicheres, als *Maccabee* zu kaufen."

„Danke, Freud."

„Wie läuft's mit den Frauen?"

„Scheiße. Und bei dir?"

„Frag nicht. She's depressed."

Wir stießen an und tranken. „Zigarre gefällig?", fragte ich.

„Klar."

Ich half ihm beim Anbrennen. „Ich würd gern so bald wie möglich wieder herkommen."

„Wieso?", fragte Freud. „Was willst du bei uns Untermenschen?"

„Keine Ahnung. Ihr habt mich angefixt."

„Weißt du", meinte er paffend. „Ich habe eine Idee für ein Drehbuch. Der Film soll in den Golanhöhen spielen."

„Und?"

„Es ist schön dort im Winter. Komm mit mir. Wir schreiben das Drehbuch und gehen mit den Kibbuzim jagen."

„Was jagt man denn da?"

„Boars, ähm ... Schweine ..."

„Wildschweine."

„Ja. Und *Porcupines* ..."

„Kann man die essen?"

„Man kann, aber naja ... so toll schmeckt es nicht."

„Hauptsache abknallen die Viecher." Auf die Jagd wollte ich schon immer mal gehen. Hemingway-Romantik. „Und dann machen wir einen Film?", fragte ich.

„Klar. Lukas & Freud Filmproduction."

„Klingt gefährlich. Ein Nazi mit jüdischen Hintermännern."

„Exakt."

Am liebsten wäre ich gleich da geblieben. Es hätte alles so schön sein können. Ich wäre mit Freud jagen gegangen. Und seine Frau hätte die Stachelschweine zubereitet. Dana wäre gekommen, um dabei zu helfen. Und dann hätten wir uns in die Sonne gesetzt und schweren Rotwein getrunken.

16

Am Abend ging ich ins *Jukebox*. Allerdings erst, nachdem ich mich davon überzeugt hatte, dass Dana nicht da war. Ich setzte mich an die Bar und mixte mir doppelte Wodkas in mein Sprite. Nach einer Weile kam der nette Besitzer vorbei. Wir setzten uns an einen der Tische vor der Gefängnismauer. „Wie läuft's?", fragte er.

„Ich hau morgen ab."

„Und kommt Dana mit?"

„Sehr witzig."

„Ja, ich weiß. Aber warum eigentlich nicht? Sie war so aus dem Häuschen."

„Ich glaub, ich hab's verschissen."

Die ganze Zeit grinste er so komisch, als wüsste er irgendwas. Ich stand auf, um pissen zu gehen und auf einmal schossen mir die Schnäpse in den Kopf. Der Weg zum Klo war jetzt sehr holprig und schwankte. Als ich zurückkam, grinste der Kerl noch immer. „Kuck mal", sagte er mit einer Kopfbewegung.

Ich schaute hin und sah, dass Dana den Berg rauf kam. „Was?", fragte ich. „Was macht sie denn ... Hat sie heute Schicht?"

„Ja."

„Und du hast es gewusst?"

„Natürlich."

„Ach, fuck. Warum hast du denn nichts gesagt? "

Er zuckte mit den Schultern und ging nach drinnen. Dana war nicht besonders erfreut. Sie nickte mit einer hölzernen Bewegung und folgte ihrem Chef.

Langsam trank ich mein Glas aus. Verdammt, was wollte die eigentlich? War schließlich meine Sache, wo ich mich betrank. Und überhaupt. Eigentlich war sie doch auch nicht viel besser als Adi. Machte genau die gleichen Spielchen. Hin und her. Statt mich komplett abzuschießen, ließ sie mir gerade genug Hoffnung, um mich weiter zu quälen. „Keine Sorge", sagte ich und knallte ein paar Hunderter auf den Tresen. „Ich bin schon weg." Damit verbeugte ich mich und schwankte nach draußen. Riss dabei einen Stuhl um und schaute nicht zurück. Und dann – Blackout.

Ich erwachte nackt in meinem Bett. Rannte ins Bad und kotzte in die Wanne. Großer Gott. Jetzt war es wirklich so weit.

„Alles klar bei dir?", rief Adi von unten.

„Ich sterbe!"

„Warte, ich komm hoch."

„Nein! Lass mich. Geht schon." Schon kam der nächste Schwall.

„Dana war vorhin hier."

„Was?", keuchte ich.

„Dana war vorhin hier."

„Oh Mann, ja, aber ..." Ich rappelte mich auf und schlang mir ein Handtuch um. „Was hat sie denn hier gemacht?"

„Mir einen Brief für dich gegeben."

„Gib her."

Es waren nur ein paar Zeilen.

Hey. Es tut mir wirklich leid, wie ich mich letzte Nacht benommen habe. Ich weiß, dass es falsch war, deshalb hab ich auch angerufen. Ich wollte mich nur entschuldigen, bevor du schlafen gehst. Aber wahrscheinlich habe ich es verdient, angeschrien zu werden. Ich sag es nochmal: Es tut mir leid, wie sich die Dinge zwischen uns entwickelt haben. Du hast jedes Recht, böse auf mich zu sein.

Ich setzte mich und las es wieder und wieder. Ich hatte keine Ahnung, wovon sie da sprach. In meinem Kopf war totale Leere.

„Warst du hier, als ich heimgekommen bin?", fragte ich die Blonde.

„Ja ..."

„Und was hab ich da gemacht?"

„Alles mögliche."

„Na, sag schon."

„Okay", sagte sie und räusperte sich. „Also zuerst hast du den Tisch hier kaputtgemacht und die Katzen rausgejagt. Und du hast gebrüllt und dann hat dein Telefon geklingelt und du hast noch mehr gebrüllt. Und danach bist du raus gegangen."

„Und dann?"

„Dann bist du wieder gekommen und hast Blut an den Händen gehabt."

Ich schluckte. Zwischen meinen Fingern und unter den Nägeln

waren tatsächlich noch Reste davon. Ich untersuchte mich kurz nach Schnitten oder dergleichen. Nichts zu finden.

„Aber Dana war okay, als sie hier war?", fragte ich.

Adi schaute mich seltsam an. „Also von ihr war es nicht, wenn du das meinst. Zumindest soweit ich sehen konnte."

Ich zog mich an und ging zur Tür.

„Hey, warte", rief sie. „Wir müssen zum Flughafen."

„Ich beeil mich. Kannst du meine Sachen packen?" Und schon war ich draußen. Ich versuchte krampfhaft, mich zu erinnern. An einer Hauswand in der Gasse fand ich einen blutigen Handabdruck. Das half mir aber nicht weiter.

Ich ging zu Dana und stand eine ganze Weile vor der Tür. Die nackte Angst steckte mir in den Knochen. Aber wenn ich ihr irgendwas getan hätte, wäre sie sicher nicht mit einem Brief vorbei gekommen. Oder doch? Nie mehr Wodka, schwor ich mir. Dann klopfte ich. Es raschelte. Die Tür ging auf.

„Hey", sagte ich.

„Daniel ... du ..."

„Kann ich reinkommen?"

„Naja, ich − ..." Sie trat zurück und ließ mich vorbei und rieb sich dabei den Hals. Dann blieb sie einfach in der Mitte des Zimmers stehen. Ich hatte sie bei der Arbeit gestört. Überall Stoff und das Bügeleisen dampfte. Dana ließ den Kopf hängen. Untätig, überfordert, verloren. Stand einfach nur da und schaute zu Boden. Ich begriff, was ich getan hatte. Es war ein Verbrechen, sie so zu überrumpeln. Den Frieden ihrer Einsamkeit zu stören.

„Es tut mir leid", sagte ich. „Ich wollte nicht ... Ich geh wieder."

„Nein, warte", sagte sie und schaute auf. Sie hatte Tränen in den Augen. Ich ging hin und umarmte sie. Ihr Körper zuckte unter lautlosen Schluchzern. „Ich wollte wirklich keine Spielchen mit dir machen", sagte sie leise. „Ich ... ich liebe dich, aber ... ich kann nicht ... es ist nicht ... ich kann einfach nicht ..."

Wir standen sehr lange so da. Schließlich war ich es, der sich von ihr löste. „Hab ich dir irgendwie wehgetan, oder so?", fragte ich.

„Was meinst du?"

„Ich war so betrunken, ich weiß nichts mehr."
„Nein. Warum fragst du?"
„Vergiss es."
Sie musste es nicht wissen. Und ich besser auch nicht.
„Ich muss jetzt gehen", sagte ich.
„Daniel ... ich ... es tut mir leid. Wir haben uns einfach zum falschen Zeitpunkt getroffen."
„Ich weiß."
„Irgendwann vielleicht", sagte sie. Und gab mir einen langen Kuss.
„Irgendwann", sagte ich.
„Bye, Daniel. Ich werd dich vermissen."
Ich atmete durch. Und ging. Zurück auf die Straße. Zurück in unser Haus. Zurück an den Flughafen. Zurück nach Berlin.
Zwölf Stunden später saß ich auf meinem Bett im Wedding. Mit meiner Decke und den vier Wänden außen herum. Jetzt war es vorbei. Ich lebte noch und es war vorbei. Alles hier war so wie früher. Nur ich nicht.

KOKS UND NUTTEN

1

Samstag. Sabbat andernorts. Ich war im Hospiz und kam mir vor, als wäre ich niemals weg gewesen.

„War's schön im Urlaub?", fragten mich die Schwestern. „Du siehst erholt aus."

Waren die blind? Oder verblödet? Wie konnte ich erholt aussehen? Ich sah nicht erholt aus. Ich war der einzige Überlebende eines Flugzeugabsturzes. Ich war Dresden, 1945. Die einzige Person, die den Beginn einer neuen Ära in meinem Leben entsprechend würdigte, war Frau Wolschke. Denn sie war tot. Gerade mal vor zwei Wochen gestorben. Wäre ich nicht länger in Israel geblieben, hätte ich sie noch getroffen.

„Vielleicht schaust du mal in Zimmer 7 vorbei", kam es von irgendwoher. „Herr Fechner. Der könnte was für dich sein. Ist nicht ganz einfach."

Ich ging nicht ins Zimmer 7. Geisterte stattdessen durch die Flure. Diese neuen Anfänge hasste ich wie die Pest. Wenn ich niemanden kannte und einfach so in die Zimmer der Leute rein platzen musste, um mich vorzustellen. „Hallo, ähm ... ich bin Daniel, also ... Wollen Sie vielleicht ein bisschen Gesellschaft?" Total bescheuert. Meistens freuten sich die Patienten natürlich und wurden schnell zutraulich. Aber ich quälte mich trotzdem. Stand ewig vor den Türen rum und fragte mich, welches Recht ich hatte, den Leuten so auf die Nerven zu gehen. Ich dachte an Dana und stellte mir vor, dass sie mich hier sehen könnte. Wie ich Licht in das Leben anderer brachte. Vollkommen selbstlos. Vielleicht würde sie dann doch zu mir kommen? Mir war nach Musik zumute, also setzte ich mich ans Klavier und spielte drauflos. Das Ding war nichts im Vergleich zu dem *Bösendorfer* in Wien. Aber immer noch besser als mein E-Piano.

Ich klimperte schon eine ganze Weile, als sich irgendwann ein ausgemergelter Kerl im Rollstuhl näherte. Er rollte immer ein paar Meter vorwärts und verschnaufte dann. Dabei brummelte er vor sich hin. Als ich gerade eine Arabesque probierte, schlug er die Hände über dem Kopf zusammen. „Mein Gott, haut der da drauf", rief er. Ich hörte auf zu spielen. „Was ist los?"
„Du machst ja das Klavier kaputt. Das ist Debussy und nicht der Radetzky-Marsch!"
„Wieso? Ist doch schön ..."
„Pah!" Er parkte neben mir und schaute mich an. Seine Augen waren zwei enge, kluge Schlitze. „Spiel schon weiter", sagte er.
„Wenn's Ihnen nicht gefällt ..."
„Sei nicht so zickig!"
Ich zuckte mit den Schultern und spielte ein Nocturne. Gab mir große Mühe. Wenn mir eine Stelle gut gelang, war der Alte ganz still. Aber wenn ich patzte, brummte er wütend. Nicht dass ich mich verspielte, aber ich bekam nicht immer den richtigen Drive hin. „Mann!", schrie er dann wieder. „Mach doch mal zarter. Da steht *piano*, Mensch."
„Wo?" Ich hatte gar keine Noten dabei.
„Das ist Nachtmusik. Du spielst das wie eine Kriegserklärung."
„Ja, Mann, ich bin doch kein Pianist."
„Dann lass es bleiben." Seine Augen funkelten kampflustig.
„Wer sind Sie überhaupt?", fragte ich.
„Das könnte ich dich auch fragen, du Rotzbengel."
Ein müdes Lachen entwich mir.
„Was! Was lachst du da so blöde?"
„Nix, schon gut."
„Schon gut? Was ist denn das für ein Ton? Was stellen die denn hier für Leute ein?"
„Ich bin nicht angestellt."
„Ach Gott, bist du so ein Gutmensch?"
„Haargenau. Ein astreiner. Meine Fähigkeit, Mitleid zu empfinden, ist grenzenlos."
„Du bist ja ein schrecklich arroganter Eierkopf."

„Daniel heiß ich."

„Ist mir doch scheißegal, wie du heißt. Los, bring mich auf mein Zimmer!"

Ich schob ihn ungefragt zur Tür von Zimmer 7.

„Das war jetzt aber'n kurzer Ausflug", sagte ich.

„Geht dich einen feuchten Kehricht an."

„Ich hör dann also mal auf zu spielen ..."

„Gott sei Dank."

„Soll ich noch ein bisschen da bleiben?"

„Dir haben sie wohl ins Hirn geschissen, wie?" Er schüttelte entgeistert den Kopf und stierte aus dem Fenster. Ich ging ins Schwesternzimmer und nahm mir seine Akte vor. Jahrgang '31. Verwitwet. Keine Kinder. Beruf Ingenieur. Bei *Bemerkungen* stand, dass er oft Besuch hatte. Diagnose: Prostata-Krebs.

„Und, versteht ihr euch?", fragte die Schwester, die mich zu ihm geschickt hatte.

„Wir sind ein Herz und eine Seele."

„Schön. Dann kannst du ihm gleich sein Mittagessen bringen und ein bisschen dabei bleiben. Damit er nicht so allein ist."

Ich holte es und ging zu ihm.

Er lag platt auf seinem Bett. „Verflucht nochmal, Kerl. Kannst du nicht anklopfen?"

„Hab ich doch."

„Mach nur nicht zu dolle. Sonst brichst du dir noch deine zarten Pianisten-Finger."

„Wollen Sie im Bett essen?"

„Nein."

„Ich soll bei Ihnen bleiben, bis Sie fertig sind."

„Soso. Und das passt dir nicht, wie?"

„Ist schon in Ordnung. Hier muss ich wenigstens kein Süßholz raspeln."

„Pah ha ..." Er lachte trocken und verschluckte sich dabei. Auf dem Weg zum Tisch geriet er ins Straucheln. Ich griff automatisch unter seinen Arm. Er machte sich unwillig los und funkelte mich an. Dann ließ er sich auf den Stuhl fallen.

„Du bist hier also ehrenamtlich?"

„Ja."

„Und wieso, wenn man fragen darf?"

„Ach", sagte ich und machte eine unbestimmte Handbewegung.

„Was? Ein Klugscheißer wie du hat doch bestimmt tausend Gründe dafür."

„Wahrscheinlich. Aber das Thema hängt mir zum Hals raus. Kann ich nicht einfach hier sitzen und Ihnen beim Essen zuschauen?" Er maß mich mit einem langen Blick. Dann schüttelte er wieder den Kopf und machte sich wortlos über sein Essen her.

2

Obwohl die Produktion nun schon seit fast drei Wochen zu Ende war, hatte Janker kein Geld überwiesen. Der Vorschuss aus Wien war in Israel komplett drauf gegangen. Ich musste allein für Zigarren und Alkohol an die viertausend Euro ausgegeben haben. Trotzdem machte ich einige Termine mit Kameraleuten und Regieassistenten aus. Wurde Zeit, mit dem Film in die Gänge zu kommen. Was mich noch antrieb, wusste ich nicht. Weder in meinem Kopf noch im Herzen fand ich plausible Gründe. Doch hatte ich gelernt, den beiden nicht mehr zu trauen. Der alte Plan war das Einzige, was mir Halt gab. Draußen war es bereits ziemlich kalt. In meiner Wohnung ebenfalls. Ich hatte keine Kohlen mehr im Keller, um daran was zu ändern. Mir machte das nichts aus. Über die Jahre hatte ich mich an die Kälte gewöhnt. Allerdings war mir heute danach, eine Frau abzuschleppen. Und die würde mit Sicherheit frieren. „Lass uns lieber zu dir gehen", sagte ich in so einem Fall. „Bei mir ist es ziemlich frisch."

Aber da lachten sie immer und zwinkerten und sagten: „Du wirst mir schon einheizen, oder?" Ich zuckte dann nur mit den Achseln. Immerhin landeten wir auf die Art gleich im Bett.

Mit meinem feschen Hemd ging ich in die Kneipe und freute mich, Tolstoi am Zapfhahn stehen zu sehen.

„Ha", machte er. „Der Meister aller Fotzen ist wieder da."

Ich nickte müde und ließ mich auf einen Barhocker sinken.

„Bist ja richtig braun", sagte er.

„Israel halt."

„Und da trägt man lila Hemden, ja?"

„Leck mich. Gib mir'n Bier."

„Schön, dass du wieder da bist."

„Prost." Wir grinsten ein bisschen und tranken aus. Dann erschien Thorben in der Tür. Wie auf Bestellung.

„Ey, Daniel."

„Hallo."

„Seit wann bist'n wieder da?"

„Seit gestern."

Er ging nach hinten und hängte seine Jacke an den Haken. Dann stellte er sich neben mich und zupfte an meinem Ärmel rum.

„Biste in Israel schwul geworden?"

„Aber echt", meinte Tolstoi. „Ein lila Hemd. Voll peinlich."

„Das ist nicht lila, ihr Arschlöcher. Das ist aubergine."

Sie lachten mich beide aus. Alles war wieder beim Alten. Wir zockten eine Weile, bis mir einfiel, weswegen ich eigentlich hergekommen war. „Mann, in dem Scheißladen gibt's überhaupt keine Frauen!", rief ich.

„Na, nur dich halt", sagte Thorben. „Geh doch ins *Bürger*."

„Ja!", rief ich. „Genau das mach ich auch. Ihr werdet euch noch umschauen!"

„Ach, du bist doch viel zu betrunken."

„Da kennt ihr mich aber schlecht."

Das *Bürger* war nicht besonders weit vom Restaurant meines Marktchefs entfernt. Also schaute ich dort nochmal kurz vorbei. Sie hatten gerade Feierabend und mein Kumpel Andreas stand hinterm Tresen. Er war der Küchenchef, mit dem ich im Puff gewesen war. Ein Koch durch und durch. Arbeiten und saufen, arbeiten und saufen, Tag für Tag. Das schlug sich in einer ziemlich verqueren Arbeitsmoral nieder. Ich hielt nicht besonders viel davon, weil ich im Hospiz die Leute sah, die ihr ganzes Leben lang geschuftet hatten. Und zum Schluss einsahen, dass es rein gar nichts brachte, sich so den Arsch aufzureißen. Aber Andreas war ein Waffenbruder und ich

mochte ihn gern. „Ey!", rief er und schenkte mir einen Klaren ein.
„Wieso bist'n so dünn? Wo is'n deine schöne Plauze?"
„Tja, alles abgearbeitet."
„Na, besser is. Prost, Vojel."
„Was is'n das?"
„Is doch egal, oder?" Er wartete, bis ich ihn gekippt hatte und
schenkte mir nach.
„Sag mal, hast du was zum fit werden?", fragte ich.
„Logisch. Aber musste uffs Klo gehn für. Der Alte hat mich gestern
hier erwischt ..." Er holte ein Briefchen aus seiner Brusttasche und
gab es mir.
„Ist das Koks oder Speed?"
„Speedo."
„Sehr gut."
„Wieso?"
„Ich geh ins *Bürger*. Und auf Koks kann ich nicht ficken."
„Echt nicht?"
„Na, wie im Puff halt." Er lachte und klopfte mir auf die Schulter.
„Kommst du mit?", fragte ich, nachdem ich mir die Nase gepudert
hatte. Er schaute zu seinem Hilfskoch.
„Ey, mach ma allein sauber", meinte er. „Ich geh mit unserm Kün-
stler auf Achse."
Im *Bürger* hatte ich schon ein paar Lesungen gehabt und war danach
zum Tanzen geblieben. All die Mädels der Studienausflüge und Wo-
chenendtrips boten sich hier an ihren letzten Abenden dar. Weil sie
scharf auf ein Erlebnis waren, von dem sie dann zu Hause erzählen
konnten. Und natürlich gab es entsprechend viele Macker, die genau das wussten und ausnutzten.
Ich stellte mich mit Andreas an den Tresen und ließ meinen Blick
schweifen. Der DJ legte Russendisko auf und die Tanzfläche füllte
sich gerade. Scheinbar war vorher irgendein Konzert gewesen. An
den kleinen Tischen saßen noch immer vereinzelt Leute rum. Darunter eine Brünette mit Zöpfen und einer spitzen Nase. Ich ging
zu ihr und setzte mich. „Wie heißt du?", fragte ich. Das schien mir
ein guter Einstieg zu sein.

Sie musterte mich kurz und beugte sich dann zu meinem Ohr. „Miriam. Magst du tanzen?"

„Klar", sagte ich. Wir drängelten uns in die Mitte der Menge und schlenkerten Arme und Beine. Der DJ war gut. Natürlich half mir auch das Speed auf die Sprünge. Miriam schien eine fabelhafte Zeit zu haben.

„Na, du Vojel", pöbelte Andreas, als ich mal wieder an der Bar stand. Inzwischen trank ich alkoholfreies Bier. Ich meinte es wirklich ernst.

„Ganz gut. Und du?"

„Ich geh nochma aufs Klo. Kommste mit?"

„Lieber nicht. Bin total drauf."

Er verzog sich, als Miriam sich einen Weg zu mir bahnte.

„Was machst'n sonst so?", fragte ich.

„Ich bin Designerin. Mach so Illustrationen für Bücher. Und du?"

„Die meiste Zeit schreib ich."

„Aha."

„Ist auch egal, oder?"

Sie lachte auf diese Art. Ich wollte sie gerade zu mir ziehen, da war sie auch schon da und wir knutschten. Ich fand sie gar nicht so hübsch, aber küssen konnte sie.

„Wollen wir irgendwohin gehen?", fragte ich.

„Okay."

„Vielleicht zu dir?"

„Hm ..., das geht nicht, da ist meine Schwester. Können wir nicht zu dir?"

„Doch. Da ist nur ziemlich kalt."

„Ach", machte sie und küsste mich nochmal. „Du wirst mir schon einheizen, oder?"

Bei mir angekommen, fror sie erbärmlich. Weil ich ein Gentleman war, griff ich ins Bücherregal und machte ein Feuer.

„Was verbrennst du denn da?"

Ich schaute auf die Einbände.

„Günther Grass. Paulo Coelho. Nichts Besonderes."

„Aber sowas macht man doch nicht."

„Zu irgendwas müssen sie ja gut sein."
Sie zog sich ziemlich schnell aus. Ich kam nicht nach und saß gerade auf dem Bett und zerrte an meiner Hose. Da stellte sie sich über mich und machte einen Bauchtanz. Ließ ihre Zöpfe wirbeln. Setzte sich auf mein Gesicht. Wir kämpften lange miteinander, so an die zwei Stunden. Es machte einen Heidenspaß. Dann pennte sie ein und schnarchte ein bisschen. Ich lag daneben und schaute sie an. Nein, besonders hübsch war sie wirklich nicht. Eine Stunde später weckte ich sie. „Du, Miri."
„Mhm mhm ..."
„Miri, ich muss arbeiten gehen."
„Ach, nein."
„Bleib ruhig hier liegen."
Sie machte die Augen auf.
„Hast du überhaupt geschlafen?", fragte sie.
„Nein."
„Bist du auf irgendwas drauf?"
„Ja. Speed."
„Dachte ich mir schon. Kann ja nicht mit rechten Dingen zugehen, so 'ne Ausdauer."
Ich hatte nur noch vierzig Minuten, bis ich vor dem Restaurant stehen musste. „Ach, scheiß drauf", sagte ich und sprang nochmal zwischen ihre Beine.
Völlig verschwitzt und mit rasendem Herzen rannte ich dann auf die Straße. Miri war mitgekommen und ich brachte sie mit dem Taxi zum *Bürger*. Da hatte sie ihr Fahrrad angeschlossen.
„Mach's gut, Puppe", rief ich.
„Du auch. Sehen wir uns wieder?"
„Wer weiß."
„Ja. Wer weiß ..." Sie winkte mir, bis der Fahrer um die Ecke gebogen war und die Schönhauser Allee hoch heizte. Vor dem Restaurant stand schon unser Lieferwagen und Ronny war mit Einladen beschäftigt.
„Morgen, Daniel. Siehst ... gut aus. Hast du geschlafen?"
„Nein."

„Musst mal schauen. Nimm zuerst die Pommes aus dem oberen Kühlschrank, die sind nicht mehr lange haltbar."

„Alles klar." Ich wischte mir den Schweiß von der Stirn und machte mich an die Arbeit.

3

„Einverstanden", sagte ich zu Uschi. „Auf *Koks und Nutten*!" Wir stießen mit einem doppelten Büffelgraswodka an. Uschi war um die vierzig und kam aus einem Kaff, das keine fünfzehn Kilometer von meinem eigenen Geburtsort entfernt lag. Sie mochte mein Drehbuch und wollte den Film unbedingt machen. Als Regieassistentin und Produktionsleiterin. Das waren gleich zwei schwierige Posten und ich war mir nicht ganz sicher, ob sie das schaffen würde. Bei unserem Treffen hatte ich ihr erzählt, was das für Typen waren, mit denen ich im Puff gewesen war. Als ich zwei Stunden später in mein E-Mail-Postfach schaute, hatte sie mir bereits einige Casting-Vorschläge für die beiden geschickt. Die Kerle sahen haargenau wie Andreas und sein Hilfskoch aus. Überarbeitet, durchtrieben, irgendwie schlau. Offenbar verstanden Uschi und ich uns ganz gut. Ich hetzte jetzt viel durch die Gegend. Schaute mir Drehorte an, traf Kameraleute, Beleuchter, Tonmeister. Trotzdem musste ich die ganze Zeit an Dana denken. Warum schrieb sie mir nicht? Warum konnte sie so leicht einen Strich unter das Ganze ziehen? Und warum, zum Teufel, begegneten mir an jeder Straßenecke Frauen, die ihr Parfum trugen? *White Musk Body Shop.* Ich war diesem Geruch hilflos ausgeliefert. Er verhieß das vollkommene Glück und meinen Untergang.

Ich ging wieder ins Hospiz. Die hatten zurzeit alle Hände voll zu tun. Außerdem kam mir die Idee, einen Teil meines Filmes dort spielen zu lassen. „Wie geht's dem Fechner?", fragte ich.

Der Blick der Schwester verfinsterte sich. „Irene war bei ihm."

„Und?"

„Sie kam heulend hier vorbei und ist nach Hause gegangen."

Ich musste mein Grinsen unterdrücken. Irene war eine der anderen Ehrenamtlichen. Um die fünfzig, voller Liebe für die Schöpfung des Herrn und restlos vom Guten im Menschen überzeugt. Als ich Zimmer 7 betrat, saß Fechner am Fenster und schaute konzentriert durch ein Kameraobjektiv. „Herrgott nochmal, ihr sollt anklopfen, ihr Aasgeier!" Er wickelte das Ding in ein Stofftuch.

„Ich hab angeklopft."

„Aha! Der Klugscheißer. Du kommst auch, wie es dir gerade passt, wie?"

„Das ist mein Privileg als Freiwilliger."

„Pah."

„Was haben Sie denn mit der armen Irene gemacht?"

„Dieses Küken? Ha! Sowas Empfindliches."

Ich setzte mich neben ihn und schaute neugierig auf das Stoffbündel in seinem Schoß. „Was'n das?"

„Das möchtest du gerne wissen, wie?"

„Ja, sag ich doch."

„Wenn du es fallen lässt, bring ich dich um." Er reichte es mir behutsam. Carl Zeiss stand darauf und einige Zahlen.

„Schau mal durch", sagte er leise.

Ich tat es und etwas Merkwürdiges geschah. Obwohl ich damit nach draußen schaute, konnte ich an den Rändern das Zimmer sehen. Wie bei einem Fischaugen-Objektiv, nur dass es nicht so verzerrt war.

„Da staunst du, nicht wahr?"

„Nicht schlecht."

„Ja, für sowas hatten die Nazis Geld."

Ich nickte und gab es ihm zurück.

„Die haben mich '45 noch eingezogen. Da war ich gerade mal vierzehn. Ha. Was hast du gemacht, als du vierzehn warst?"

„Keine Ahnung. Schule. Bin Mädchen nachgerannt."

„So? Da bist du aber der erste Heterosexuelle, der mir hier über den Weg läuft."

„Gut möglich."

„Ich war bei der Luftabwehr. Aber nicht an den Kanonen. Nein, ich bin weit draußen gesessen, bei Nacht. Ich saß auf einem Hocker und hab durch ein Fernglas in den Himmel geschaut. Und in dem

Fernglas: Zwei von denen hier. 160°-Weitwinkel-Objektive, ohne jede Verzeichnung. Sowas können die heute gar nicht mehr schleifen. Ich hab also in den Himmel geschaut. Es war stockdunkel. Ich musste genau auf die Sterne achten. Wenn ich sie sehen konnte, war alles in Ordnung. Aber sobald sich ein Schatten darüber geschoben hat, das waren dann die Nachthexen." Er schaute mich an, als müsste ich die kennen. „Pah, was guckst du blöde. So haben wir die Mädels genannt. Die sind nachts gekommen und haben schon weit vor Berlin die Motoren abgestellt. Völlig lautlos und unsichtbar sind sie gekommen. Bis die Bomben fielen. Da wussten wir dann, dass sie da waren. Na, ich war jedenfalls der Einzige, der sie bemerkt hat. Wenn sich ihre Flieger vor die Sterne geschoben haben. Drei- oder viermal war das. Und dann hab ich auf einen Knopf gedrückt und um mich herum standen vierundzwanzig riesige Scheinwerfer, 200 Kilowatt. Die brannten immer, waren aber abgedeckt. Und wie ich auf diesen Knopf drücke, gehen die Klappen auf. Da haben die Jungs an den Batterien sie dann gesehen, die Nachthexen. Und haben Zunder gegeben." Er nickte und schaute in die Ferne. „Jedenfalls hab ich geahnt, wann es vorbei war. Ich bin als Erster desertiert und hab die Objektive vergraben. Die Russen haben mich dann geschnappt und nach Polen gebracht. Aber nur für zwei Tage. Dann haben sie mich laufen lassen. Weißt du, was die in Polen mit einem Deutschen gemacht haben, Ende '45?"
„Ich kann's mir denken."
„Na, sie haben mich jedenfalls nicht gekriegt. Ich hab eine Weile gebraucht, aber dann war ich zurück an der Stelle. Und hab mir die Objektive geholt. Eins hat mir so ein Amerikaner geklaut. Aber das andere ..." Er tätschelte stolz das Ding in seinem Schoß.
„Gute Geschichte", sagte ich.
„Wenn du meinst. Ist wahrscheinlich nicht das erste Mal, dass dir ein alter Sack hier seine Märchen erzählt."
„Nein."
„Soso. Hör mal, ich krieg gleich Besuch. Verzieh dich lieber, bevor die uns hier noch zusammen sehen."
„Is gut. Bis die Tage dann mal."

„Jaja. Lass dich nicht unterkriegen."

Am Nachmittag ging ich ins Finanzamt, um meine Firma zu gründen. Lukas & Freud Filmproduktion. Der Name war Programm, auch wenn ich den Israeli schon seit Tagen nicht erreichen konnte. Ich war scharf auf die Sache mit den Golan-Höhen. Sehnte mich nach dem gelobten Land und einer gewissen Bar in Jerusalem. Doch aus dem Osten kam keinerlei Lebenszeichen.

Stattdessen rief mich Janker nach Wien, um für ihn auszusagen. Es ging um die Tante, die wir bei unserem Gerangel in der Kriegsszene zu Boden gerissen hatten. Vor einer gefühlten Ewigkeit. Während Uschi nun beinahe täglich Schauspieler zum Casting traf und sich um die Genehmigungen für die Drehorte kümmerte, reiste ich ein weiteres Mal nach *Kakanien*.

Der Prozess fand am frühen Morgen statt. Ich saß im Gerichtssaal und beobachtete mit eigenen Augen, wie Janker sich produzierte. Es schien ihm großen Spaß zu machen. Er schäkerte mit der Schreiberin und den Sachverständigen und erzählte Anekdoten, während sein Anwalt gelassen danebensaß. Von der anderen Partei war offenbar keine Gegenwehr zu erwarten. Unter Juristen schien es so eine Art Kodex zu geben, niemals gegen eine Person vor Gericht zu ziehen, die sie zuvor selbst vertreten hatten. Und da Janker in der Vergangenheit so gut wie jeden Anwalt mit Rang und Namen beschäftigt hatte, konnten seine Gegner meist nur noch mit Zweitligisten antreten.

Die Klägerin sank angesichts dieser Posse immer weiter in sich zusammen. Sie trug ein wallendes Gewand und strahlte die gleiche selbstzufriedene Dekadenz aus, die so vielen von Jankers Fans zueigen war. Als sich nun auch noch herausstellte, dass sie bereits am Abend *vor* dem Zwischenfall in der Vorstellung gewesen und mit ihren offenbar erotischen Avancen bei dem Alten abgeblitzt war, verlor sie endgültig die Anteilnahme der Anwesenden. Völlig zerstört starrte sie auf den Bildschirm, als er schließlich nicht ohne Triumph eine Aufnahme seines Kameramannes vorspielte, der durch puren Zufall unseren Zusammenstoß aufgezeichnet hatte. Man sah, wie sie sich aus einiger Entfernung näherte und sich dann regelrecht unter den von mir gefällten Janker warf. Der Alte wurde in sämtlichen Anklagepunkten freigesprochen und zeigte dabei ein Grinsen, das mich aus irgendeinem Grund an die gebleckten Zähne Idi Amins denken ließ.

Er verabschiedete sich sehr eilig, weil er noch zu einem anderen Gerichtstermin musste.

„Wann kann ich denn mit dem Geld rechnen?", rief ich ihm hinterher.

„Keine Hektik, ja."

„Nur weil ich bald was für den Film brauche."

„Jaja, ich überweis was." Und weg war er. Ich stand im Regen und fragte mich zum ersten Mal, was ich tun sollte, wenn er einfach nicht bezahlte. Und ich mich in die Horde von Gefickten einreihte. Soweit ich es überblicken konnte, brauchte ich für den Film an die 20.000 Euro. Und dafür hätte Janker noch zwei Nullen an meinen Kontostand anhängen müssen. Was, wenn er sich weigerte? Für einen Prozess hatte ich weder Zeit, noch Geld, noch Nerven.

Ich klappte meinen Kragen hoch und begann zu laufen. Die Antwort war, dass ich es auch ohne Jankers Unterstützung schaffen würde. Irgendwie. Ich war nicht durch die Hölle gegangen, um mich jetzt von schnöden Geldsorgen aufhalten zu lassen.

4

„Wer ist eigentlich dieser Freud?", fragte Uschi irgendwann.

„Wieso willst'n das wissen?"

„Wieso nicht? Ich arbeite doch für ihn, oder?"

„Nein, du arbeitest für mich. Freud ist in Israel."

„Und was hat er mit unserem Film zu tun?"

„Er finanziert ihn."

„Ach so."

Wir saßen in der Kneipe wie jeden Tag und warteten auf unsere Verabredungen. Ich kam mir schon ganz wichtig vor.

„Und wird er wenigstens zum Dreh herkommen?"

„Kann schon sein. Ich frag ihn mal."

„Der Kameramann, der um elf kommt, ist auch Israeli."

„Ich weiß.“

„Was hast du denn mit den Juden?“

„Keine Ahnung. Auf einmal schießen die überall aus dem Boden.“ Wir hatten inzwischen einige dralle Latinas überzeugt, unsere Nutten zu spielen. Auch Andreas' Rolle war schon besetzt. Fehlte nur sein Hilfskoch. Ich konnte mich erinnern, dass dieser damals nicht mitkommen wollte, weil er es eine Woche zuvor mit der Puffmutter getrieben hatte. Im Drehbuch war er zwangsläufig zu einer komischen Figur geworden.

„Da kommt der Moltke“, sagte Uschi. „Nach dem kann man ja die Uhr stellen.“

Jens-Carsten Moltke war mein Wunschdarsteller für den Hilfskoch. Er spielte in seinen Filmen mit so einem biederen Ernst, dass ich mich vor Lachen jedes Mal bepissen musste. Nachdem er mit kaum hörbarer Stimme gegrüßt hatte, saß er einfach da und musterte mich. Ich schaute zurück. Schweigen war mein Element, da konnte mich keiner beeindrucken. Nur Uschi rutschte nervös auf ihrem Platz herum. Gerade als sie sich räusperte, beugte Moltke sich ruckartig nach vorn. Sein Oberkörper schoss richtig an den Tisch.

„Alles klar, ich mach's“, sagte er.

„Wie bitte?“, fragte Uschi.

„Ich mag das Drehbuch. Aber auch Idioten können gute Drehbücher schreiben. Ich musste dich sehen, Daniel, ich musste den Schmerz in deinen Augen sehen. Du bist echt. Ich liebe dich. Ich bin dabei.“

„Hm“, machte ich. „Na, ich lieb dich auch.“ Wir schüttelten uns die Hand. „Dann können wir ja jetzt trinken.“

„Alles klar. Ich hab heute frei.“

„Männer“, sagte Uschi. „So schnell wie mit dir hab ich noch nie gecastet.“

Der Gedanke war mir auch schon gekommen. Gemeinhin dachte man bei dem Wort Casting an lange Schlangen von Schauspielern, die in kargen Räumen irgendwelche Texte rezitierten und sich zum Affen machten. Aber ich brauchte das alles nicht. Genau wie Moltke musste ich meinem Gegenüber nur in die Augen sehen, um zu beurteilen, ob er es brachte. Zumindest glaubte ich das. Spätestens beim Dreh würde ich ja Gewissheit haben.

Während Uschi unserem Aufnahmeleiter eine ganze Liste von Aufträgen ins Telefon diktierte, trank ich mit Jens-Carsten, genannt JC, einige Biere. Es war vor zwölf und die hatten offenbar die Leitung noch nicht angezapft. Aber nach dem dritten Glas war der Messinggeschmack verschwunden.

„Ich find dich echt toll, Daniel", meinte JC mit rotem Kopf. „Da bist du ein halbes Jahr arbeiten gegangen für den Film?"

„Klar."

„Du machst es ganz ohne Förderung?"

„Ach Gott, damit mir irgendwelche Eierkopf-Redakteure in den Kram reden? Nein, danke. Ich lass mir nichts verwässern."

„Du bist wirklich super."

„Jetzt hör mal auf, ich krieg ja ganz dicke Eier."

„Hast du doch schon, oder?"

„Allerdings."

Als wir auch Uschi davon überzeugt hatten, von ihrer biologischen Brause auf Gin Tonic umzusteigen, kam der Kameramann. Den hatte ich ganz vergessen. Er war eine stattliche Erscheinung, groß und rund. Auf seinem Kopf türmte sich ein Haufen brauner Locken.

„Hey Yoav", rief ich. „Setz dich. Ich bin Daniel. Willst'n Bier?"

„Nein, danke. Einen Kaffee, bitte." Yoav war erst vor kurzem von Tel Aviv nach Deutschland gezogen und hatte mit seinen Filmen bereits Erfolge in Cannes, Locarno und auf der Berlinale gefeiert.

„Hör zu, das ist Uschi. Und das ist JC, unser Hilfskoch. Trink doch ein Bier mit uns."

„Nein, wirklich nicht. Ich muss nachher noch einen anderen Regisseur treffen."

Ich merkte, dass er sich nicht ganz sicher war, was man von mir halten sollte. In Berlin tummelten sich einfach zu viele Leute, die auf Künstler machten. Und denen mehr daran gelegen war, sich selbst in Szene zu setzen, als die Welt um ein Kleinod zu bereichern. Mein Drang, mich zu beweisen, kam durch.

„Und, was hältst du vom Buch?", fragte ich.

„Ist ganz gut. Du hast da ziemlich viele Locations. Mit wie vielen Drehtagen habt ihr denn gerechnet?"

Ich schaute zu Uschi. „Zehn oder elf. Bis jetzt", sagte sie.

Yoav runzelte die Stirn. „Aber mindestens elf. Weißt du schon, auf was wir drehen sollen?"

„Die Entscheidung wollte ich dir überlassen", sagte ich. „Film können wir uns natürlich nicht leisten."

„Mein Tagessatz ist dreihundert. Normalerweise."

„Lass uns das mal allein besprechen."

„He", machte JC. „Und was ist mit meiner Gage?"

„Wieso? Du bist doch Schauspieler."

„Schauspieler müssen draufzahlen", sagte Uschi.

JC lachte und schwankte zur Toilette.

Ich wandte mich wieder an Yoav. „Das kriegen wir schon hin."

„Und wann wollt ihr drehen?"

„In vier Wochen."

„Das ist aber knapp."

„Ich weiß. Unser Hauptdarsteller kommt aus Lissabon. Und der Flug ist schon gebucht."

„Dann müssen wir uns ranhalten. Lass uns gleich morgen die Drehorte besichtigen."

So langsam fühlte ich mich unter Druck gesetzt. War vielleicht nicht schlecht, einen Profi an Bord zu haben.

„Hast du schon daran gedacht, den Puff im Atelier nachzubauen?"

„Wir sind dabei", sagte ich.

„Und die Szene im Hospiz?"

„Drehen wir in einem echten Hospiz."

„Wer spielt den alten Mann?"

„Einer der Patienten."

„Sehr gut. Dann lass uns morgen gleich dort anfangen."

Er stand auf und ging zielstrebig nach draußen.

„Ich glaub, der ist gut", meinte Uschi.

„Ja", sagte ich. „Haben wir heute noch Termine?"

„Mehrere."

„Mach mal allein. Ich glaub, ich muss ins Hospiz."

„Drehen wir wirklich mit einem Patienten?"

„Hab ich gesagt, ja."

In dem Moment kam JC vom Klo zurück und war ganz grün im Gesicht. „Meine Güte", sagte er. „Das Bier von denen bleibt aber nicht lange unten."

„Ich glaub, die sind das Zapfen nicht gewohnt um die Zeit."

„Wollen wir die Tage mal richtig einen heben?"

„Klar. Das müssen wir mit Dante sowieso noch machen. Damit ihr euch aneinander gewöhnt."

„Ich hoffe, der ist nicht so 'ne Pussy wie du."

„Klar. Was denkst du denn?" Wir klopften uns zum Abschied auf die Schultern. Uschi lächelte zufrieden.

5

Es dauerte nicht lang, bis ich die Hospiz-Chefin von den Vorteilen überzeugt hatte, die ein Dreh im Haus mit sich brachte. Die meisten Leute stellten sich unter Einrichtungen wie dieser noch immer finstere Keller vor. Triste Endstationen, von den Schreien der Sterbenden erfüllt. Mein Film würde aller Welt zeigen, dass dem nicht so war.

„Und von was handelt er?"

Ich druckste eine Weile herum und spuckte es schließlich aus. Merkwürdigerweise lachte sie und klatschte in die Hände. „*Koks und Nutten?* Das find ich toll. Prima! Wir haben gerade erst ein Seminar gemacht, das hieß *Drogen, Sex & Sterbehilfe*." Offenbar hatte ich sie unterschätzt.

Fechner war an diesem Tag nicht gut aufgelegt. Seine Schmerzen piesackten ihn.

„Werfen Sie doch'n paar Pillen ein", sagte ich.

„Jetzt werd mal nicht komisch, ja."

„Ich mein ja nur."

„Die machen mich matschig in der Rübe. Willst du vielleicht, dass ich genauso debil werde wie die ganzen Tattergreise da draußen?"

Wir beschränkten uns also auf Musik. Ich mochte Rachmaninov ziemlich gern und Fechner kannte sein zweites Klavierkonzert nicht. Es war ein sehr düsteres Stück, der Russe musste bodenlose Abgründe in seiner Seele gehabt haben. Jedenfalls gab es im ersten Satz dieses Crescendo. Das Klavier legte sich mutig mit dem Orchester an, doch aus dem unbedarften Frage-Antwort-Spiel wurde ganz schnell bitterer Ernst und der einsame Kämpfer ging tosend zugrunde. Es war meine Lieblingsstelle und wir lauschten wie hypnotisiert. Fechners Körper begann unmerklich zu beben. Genau in diesem Moment, nur wenige Takte vor dem Höhepunkt, ging die Tür auf und eine Schwester platzte herein.

„Daniel, kannst du Zigaretten drehen? Mensch, ist das laut, macht doch mal leiser!"

Der Alte und ich zuckten wie geschlagen zusammen.

Ich stellte die Musik ab.

„Ach, ganz ausstellen brauchst du's nicht. Ihr hört aber traurige Sachen."

„Ich kann keine Zigaretten drehen", log ich und dachte, vielleicht kommen wir nicht wieder dazu, das Konzert zu spielen und Fechner wird sterben, ohne es je gehört zu haben.

Die Schwester duckte sich unter meinem Blick. „Wenn du nachher Zeit hast, kannst du vielleicht mal ins Zimmer 3 schauen", sagte sie und machte die Tür hinter sich zu. Ich wollte aber nicht ins Zimmer 3. Da wohnte ein Kerl, der den ganzen Tag vor der Glotze hockte und Springer-Presse las und ein langweiliger Vollidiot war und bis zum Schluss bleiben würde. Ich wollte in Zimmer 7 sein, bei Fechner. Denn Fechner war ein Komet, kurz vorm Verglühen. Auch wenn die Stimmung für Rachmaninov ruiniert war. Wir saßen grimmig auf unseren Stühlen.

„Sag mal", räusperte er sich schließlich. „Du bist doch so ein Klugscheißer." Ich zuckte mit den Schultern. „Vielleicht kannst du mir helfen. Meine Tochter will mich besuchen. Wir haben uns seit zwanzig Jahren nicht gesehen und sie kann erst in sechs Wochen kommen. Sie ist in Argentinien. Aber ich weiß nicht, ob ich's noch so lange mache."

„Ach, bestimmt."

„Bist du Arzt, oder was?"

„Nein.“

„Dann quatsch nicht so viel. Du sollst mich nicht trösten. Ich merk doch, was Sache ist.“ Ich nickte still. „Wie gesagt, wir haben uns lange nicht gesehen. Im Grunde ist es meine Schuld. Obwohl sie genauso ein Dickkopf ist wie ich. Meinst du, wir können irgendeine Botschaft von mir aufnehmen? Dass sie mich nochmal lebend sieht, oder meine Stimme hört, oder was?“

„Hm, ja, also ...“

„Was? Spuck's schon aus.“

„Na, wissen Sie, ich werd bald einen Film drehen. Handelt mehr oder weniger von mir selbst und ... Naja, die erste Szene spielt im Hospiz.“

„Sag bloß. Und soll ich vielleicht als Statist mit dem Rollstuhl durchs Bild fahren?“

„Nein. Sie hätten eine richtige Rolle. Ich wollte Sie sowieso fragen.“

„Na, das trifft sich ja, wie?“

„Kann man sagen.“

„Und wenn ich jetzt nicht gefragt hätte?“

„Keine Ahnung. Ich denk nie so weit im Voraus.“

„Und wann findet der Schmu statt?“

„In vier Wochen.“

„Was? Solange soll ich den Scheiß noch ertragen?“

„Was für einen Scheiß?“

„Schon gut. Dann zeig mal her, dein Geschreibsel.“

„Mach ich. Sie sind bestimmt gut.“

„Haha ... Und du bist der Regisseur? Das kann ja was werden.“

„Wieso denn nicht?“

Fechner lachte nur und schüttelte den Kopf. Ich kam mir ein bisschen schlecht vor wegen der Sache. Auch wenn das Schicksal mir so in die Hände spielte. Oder gerade deswegen. Aber ich hatte mich schon vor langer Zeit zu all dem entschieden. Und jetzt musste ich es durchziehen.

Am Nachmittag fuhr ich zum Bahnhof, um Adi abzuholen. Sie begrüßte mich wie immer. Herzlich, aber unverbindlich. Immerhin kam sie wegen mir nach Berlin.

„Ich hab mir gedacht, dass du dir 'ne Wohnung mit Dante nimmst", sagte ich. „Musst aber erst noch eine suchen."

„Alles klar."

Ich setzte ein gleichgültiges Gesicht auf. „Wenn du willst, kannst du bis dahin bei mir pennen."

„Ach, mach dir keine Umstände."

„Mach ich nicht. Ist kein Problem. Wirklich."

„Ja, aber ich kann solange auch bei 'nem Freund unterkommen."

„Mach, wie du denkst."

„Ja, das geht schon. Und, wie läuft's mit dem Film?"

„Prima. Wird nur Zeit, dass Julius mir Geld überweist."

„Hast du auch noch nichts gekriegt?"

„Noch nicht alles." Nach meinem Wien-Besuch hatte er mir 7.500 Euro überwiesen. Das war zwar ein hübscher Betrag, trotzdem hatte er mir weit mehr in Aussicht gestellt. Ich war vorerst froh, wieder flüssig zu sein. Aber es kotzte mich trotzdem an, meinem Geld so hinterherlaufen zu müssen.

„Hast du mal wieder was von Dana gehört?"

„Nein", sagte ich. „Und auch nicht von Freud."

„Wolltet ihr nicht jagen gehen?"

„Doch. Das wird schon noch."

„Ich freu mich so, dass ich da bin!" Sie strahlte mich an und ich merkte, dass ich schon wieder mehr wollte, als gut für mich war. Ob ich jemals meine Ruhe haben würde? Und wer war dieser Freund, bei dem sie nun die nächsten Tage wohnen sollte? Vielleicht war es keine so gute Idee gewesen, sie hierher einzuladen. Andererseits, wie hatte Mahler damals in Wien zu mir gesagt? Wenn ich einen Film über die Sehnsucht machen wollte, konnte mir der Schmerz nur helfen.

6

Zwei Wochen vor dem ersten Drehtag sagte Dante seine Rolle ab. Er teilte es mir über Facebook mit.

Daniel, voller Trauer muss ich dir sagen, dass ich nicht nach Berlin kommen kann. Ich habe ernste finanzielle Probleme und es geht mir auch körperlich nicht gut. Ich schwöre bei meinem Leben und unserer Freundschaft, dass ich alles versucht habe, um zu kommen, aber ich kann nicht. Ich wiederhole, ich kann einfach nicht. Es tut mir leid. Ich bin mir sicher, dass du einen viel besseren Hauptdarsteller als mich finden wirst. Viel Erfolg mit dem Film. Dante dos Passos

Ich goss mir ein Glas aus der Büroflasche ein und kippte es in einem Zug. Dann wählte ich Adis Nummer.

„Hey, Engelchen. Was machst'n grade?"

„Ich bin im Fundus bei der Kostümprobe."

„Hör mal, hast du Lust nach Portugal zu fliegen?"

„Klar, wieso?"

„Nur so. Dante traut sich nicht allein. Kannst dir ja ein, zwei schöne Tage mit ihm machen und dann kommt ihr zusammen."

„Okay."

„Dann buch ich mal. Sehen wir uns heute?"

„Wenn du willst."

„Ja, will ich."

„Gut. Dann bis später." Ich steckte mir eine Zigarre an und lief im Zimmer herum. Nach einer Weile klingelte das Telefon. Uschi.

„Morgen, Chef."

„Tach."

„Ich treff nachher die Maskenfrau von *City Calling*."

„Cool, das ist doch der Film über Kai Pottrenner, oder? Wie hast'n die gekriegt?"

„Kontakte."

„Ja, da komm ich gern."

„Dann bis später, Chef."

„Ähm, Uschi, wart mal."

„Wat los?"

„Es ist was passiert, was ich schon erwartet habe."

„Oh, Gott. Mach mich nicht fertig."

„Es ist kein echtes Problem. Und es bleibt auch unter uns. Aber ich möchte gern, dass du dich nach einem neuen Hauptdarsteller umschaust."

„WAS?“

„Wir brauchen keinen. Dante macht Zicken, aber Adi fliegt nach Lissabon und holt ihn.“

„Und wer bezahlt das?“

„Freud.“

„Ich muss mich erstmal setzen.“

„Reg dich nicht auf. Ich sag dir, Dante macht den Film. Er ist eben sensibel. Aber für den schlimmsten Fall, du weißt ja. Schau halt mal, ob's jemanden gibt.“

„Ich hoffe, Dante ist so gut, wie du sagst.“

„Ist er.“ Ich rauchte gemächlich auf. Es war definitiv ein Problem, den Portugiesen zu fassen zu kriegen. Aber wenn er erstmal da war, würde sich der Stress hundertfach auszahlen. Ich hoffte jedenfalls, dass es so kommen würde. Schon seit dem frühen Morgen tat mir der Rücken weh. Ich achtete nicht weiter darauf. Doch inzwischen strahlte der Schmerz bis in den Brustkorb und das Atmen gestaltete sich als einigermaßen schwierig. Als ich nun mit Uschi in der Kneipe saß und auf die Maskenbildnerin wartete, wurde es beinahe unerträglich. Und der Schnaps, den ich mir in regelmäßigen Abständen zuführte, machte es auch nicht besser.

„Chef, du gefällst mir heute gar nicht.“

„Ist nur der Rücken, glaub ich.“

„Willst du nicht lieber mal zu 'nem Arzt?“

„Nope.“

Ich hatte im Internet bereits nach der Maskenfrau gesucht. Was meine Prioritäten anging, kam der Film an erster Stelle. Und danach überhaupt nichts mehr. Trotzdem war ich neugierig, welche Frauen sich in meiner Nähe so tummelten. Die Maskenbildnerin Mary Mendel schien jedenfalls eine echte Amazone zu sein. Auf ihrer Homepage präsentierte sie sich mit strengem Blick und schneidiger Kurzhaarfrisur. Um die fünfunddreißig, schlank, dunkel. Eine sehnige Person, die mit bloßen Händen Nüsse knacken konnte. Und nicht nur die vom Baum.

Sie verspätete sich um fünf Minuten, was wohl daran lag, dass sie an Krücken ging. Ihr linkes Bein steckte in einem beeindruckenden Kohlefasergerüst. „Hey, Sorry. Ich hab keinen Parkplatz gefunden", sagte sie und hatte eine rauchige Stimme.

Ich stand auf und bot ihr einen Stuhl an.

„Was hast'n da gemacht?", fragte ich.

„Kapselriss. Egal. Hallo erstmal."

Sie setzte sich und dabei stieg es mir in die Nase. Danas Geruch.

„Fuck", sagte ich und fiel auf meinen Stuhl.

„Was?"

„Du hast das Parfum. *White Musk Body Shop.*"

„Stimmt. Magst du's nicht?"

„Doch." Sie und Uschi schauten mich an. „Ich war'n paar Monate in Israel, um Geld für den Film aufzutreiben. Da gab's eine Jüdin. Die hat genauso gerochen wie du. Das kann nicht wahr sein."

„Tut mir leid."

„Nicht nötig."

Sie funkelte mich an. „Sag das nicht. Ich werd dir beim Dreh das Herz brechen."

„Allerdings."

„Ihr kommt ja schnell zur Sache", meinte Uschi. „Soll ich die Treffen mit den anderen Maskenbildnerinnen gleich absagen?"

„Von mir aus. Wie sieht's aus, Mary? Willst du meine Nutten schminken?"

„Hab ich doch gesagt."

„Prima."

„Und was ist aus der Jüdin geworden?"

„Sie hat mich geliebt. Aber es ging nicht."

Mary lachte.

„Was ist?", fragte ich.

„Nichts. Ich hab mich nur gefragt, ob du wirklich so bist wie im Drehbuch."

„Und?"

„Du bist ein hoffnungsloser Fall."

„So hoffnungslos bin ich gar nicht. Lass uns erstmal anstoßen auf den Schock."

Das taten wir und plötzlich konnte ich nicht mehr atmen. Ich zuckte zusammen. Der Schnaps hatte mir den Rest gegeben.

„Was ist?", fragte Mary.

„Ach, scheiße. Ich hab nur ..." Weiter kam ich nicht.

„Mir reicht's jetzt", meinte Uschi. „So kann ich nicht arbeiten. Du gehst sofort zum Osteopathen."

Ich winkte ab, aber sie zückte bereits ihr Handy. „In zwanzig Minuten können sie dich dazwischenschieben."

„Ach, lass mal."

„Mach mich nicht sauer, Chef."

„Muss das sein?"

„Du gehst da jetzt hin und danach machst du Feierabend."

„Ich kann dich im Auto mitnehmen", meinte Mary und humpelte voraus.

Ich folgte ihr zu einem Mini. „So 'ne Keksdose fährst du?", krächzte ich.

„Ist nicht meiner. Hab ich nur wegen dem Bein. Automatik-Schaltung, weißt du."

„Verstehe." Die Arztpraxis war nicht weit. Zum Abschied küsste ich Mary auf die linke Wange. Danach auf die rechte. Dann schauten wir uns an und küssten uns auf den Mund. Es kam ganz von selbst, alles andere wäre unnatürlich gewesen.

„Ich freu mich auf den Film", sagte Mary.

„Das ist nur angebracht."

Sie fuhr weiter und ich schleppte mich in das Haus, das Uschi mir beschrieben hatte. Inzwischen atmete ich etwas freier. Eine Brünette mit Brille bat mich in den Behandlungsraum. Ich machte meinen Oberkörper frei und stand dann so rum. Sie beäugte mich stirnrunzelnd. „Ist der Magen", sagte sie. „Leg dich mal hin." Ich tat es und sie begann, vorsichtig über meine Rippen zu streichen. „Hast du in letzter Zeit viel Stress gehabt?"

„Kann man sagen."

„Und trinkst du viel?"

„Ja."

Derweil arbeitete sie sich zu meinem Bauch vor. Ich hatte so eine

Art Massage erwartet, aber sie berührte mich nur ganz flüchtig und schaute konzentriert. „Und wie ernährst du dich?"

„Im Grunde gar nicht."

„Es ist der Magen."

„Wahnsinn", meinte ich. „Wie hast'n das gesehen?"

„An deiner Haltung. Und daran, wie deine Rippen auf der einen Seite vorstehen."

„Das ist ja Magie."

„Nicht wirklich. Kannst dich jetzt wieder anziehen."

Ich stand auf und bewegte mich ein bisschen. Die Schmerzen waren verschwunden.

„Du solltest wenigstens regelmäßig essen", meinte sie.

„Ich versuch's."

„Sonst wird's wieder so schlimm."

„Dann komm ich halt nochmal zu dir."

„Kannst du auch machen", sagte sie unbeeindruckt. Dann nickte sie müde und ging aus dem Raum. Ich war hin und weg.

Der Spaß kostete fünfzig Euro, aber ich fühlte mich so gut wie schon lange nicht mehr. Wenn ich nur Dante ans Telefon kriegen würde, dachte ich und wählte seine Nummer. Mailbox. Ich sprach etwas darauf und ging weiter, einen Hauch von *White Musk* in der Nase.

7

Ich konnte mir nicht helfen. Obwohl ich inzwischen so gestresst und arbeitsam war, wie noch nie, und mit meiner Regiekladde von einem Termin zum nächsten hetzte, steckte mir ein Dorn im Rücken, der mich fortwährend quälte. Ein Dorn namens Dana. Was, wenn sie wirklich die Frau meines Lebens war? Musste ich dann nicht auf der Stelle nach Israel fliegen und weiter um sie kämpfen?

„Was willst du eigentlich?", fragte mich Thorben eines Abends in der Kneipe.

„Wie, was?"

„Na, von deiner Judentante. Was willst du von der? Dass sie sich verliebt und ..."

„Sie ist doch verliebt."

„Jaja, von mir aus. Also was? Soll sie ihr Studium aufgeben und hierher ziehen und für immer mit dir zusammenleben? In Berlin?"

Ich machte den Mund auf und wieder zu.

„Na? Was?", drängte Thorben.

„Ja ... Klar will ich das. Genau das." Dabei versuchte ich, mir Dana in meiner Wohnung vorzustellen. Wie ich morgens neben ihr aufwachte, ohne das fremde Land, ohne den MATA-Wahnsinn, ohne diese ganze Endzeit-Stimmung. Wie wir zu zweit aufstehen würden, um einen Sinn zu suchen in der Banalität des Tages. Irgendwie passte es nicht. Zumindest nicht auf Anhieb. Oder doch?

Thorben schaute mich an und drückte seine Zigarette aus.

„Nicht so einfach, oder?", fragte er.

„Nein."

„Ich war auch mal verliebt in 'ne Alte aus Madrid. So ähnlich wie bei dir. Und sie ist mitgekommen nach Berlin. Und plötzlich hab ich mich verantwortlich gefühlt. Weil sie jetzt in der Fremde war und ich zuhause. Es hat sich im Vergleich zu Spanien eigentlich nichts geändert, wir haben versucht, über die Runden zu kommen. Aber ich hatte immer das Gefühl, als müsste ich mich um sie kümmern. Wie wenn du jemanden auf 'ne Party mitnimmst, wo du alle kennst, er aber niemanden."

Ich wusste, dass er im Grunde recht hatte. Trotzdem schrieb ich Dana am Abend eine E-Mail. Ich wollte einfach wissen, lesen, dass es ihr genauso ging wie mir. Dass sie mich vermisste und bedauerte, dass wir nicht zusammenfinden konnten. Ich saß noch eine Weile vorm Rechner und drückte auf Aktualisieren. Irgendwann ging ich schlafen.

Am nächsten Morgen fuhr ich schon früh mit Yoav, dem Kameramann, nach Adlershof. In einer ehemaligen Halle der DEFA-Studios bauten sie eine Zweizimmerwohnung, die unser Puff werden sollte. Allein diese Kulisse kostete an die 8.000 Euro und überstieg somit mein Budget. Aber ich hatte beschlossen, nicht mehr ans Geld zu denken. Meine Devise lautete: *Freud kümmert sich drum*. Auch wenn es keinen Freud gab. Für mich zählte im Moment nur, dass mein

Film tatsächlich verwirklicht werden würde. Das Atelier war real, ich hatte einen Mietvertrag und konnte die Wände des Puffs berühren. Mein eigener Puff.

Yoav prüfte die Räume aus jeder Perspektive. Er kniete sich hin und stand wieder auf und kniff ein Auge zu und formte mit seinen Händen ein Rechteck. Ich trottete hinterher und versuchte, nicht in seinem Blickfeld zu stehen. Es kam mir vor, als wäre er der Chef und ich sein Assistent.

„Hey Yoav, lass uns heute Abend mal saufen gehen. Wir nehmen Adi mit und ein paar von den Nutten."

„Sind es wirklich Nutten?"

„Nein. Die Schauspielerinnen halt."

„Alles klar. Aber wir müssen noch die Auflösung machen. Und ich will im Kameraverleih vorbei schauen."

„Ist gut, Boss."

„Du bist der Boss."

„Okay." Ich hatte schon Horrorgeschichten gehört, wie ganze Filme vermasselt wurden, weil Regisseur und Kameramann sich nicht leiden konnten. Als wir nun die nächsten Stunden damit verbrachten, jede Szene in Kameraeinstellungen aufzulösen, stellte ich erleichtert fest, dass wir damit keine Probleme haben würden. In neun von zehn Fällen sahen wir die gleichen Bilder vor uns. Und im zehnten brauchte es nicht mehr als eine kurze Erklärung, und schon waren wir wieder einer Meinung. Es hatte nichts Erzwungenes. Wir hatten nur das Glück, meine Geschichte auf die gleiche Weise zu verstehen. Yoav taute langsam auf. Genau wie das Casting konnte dieser Teil der Vorbereitungen sehr zeitaufwendig sein. Doch nicht mit mir. Wieder fragte ich mich, ob das mit rechten Dingen zuging. Lag es daran, dass ich genau wusste, was ich wollte? Und die anderen Filmemacher unentschlossene Idioten waren? Oder setzte ich gerade mein größtes Projekt in den Sand?

Wir begannen schon im letzten Drittel des Buches zu trinken. Vielleicht war ich verklemmt, aber ich konnte zu einem Mann erst Vertrauen aufbauen, wenn ich mit ihm besoffen wurde. Im nüchternen Zustand war alles so kontrolliert, man riskierte nicht, auf die

Schnauze zu fallen. Dabei war es genau das, was Gemeinsamkeiten schuf.

Am Abend trafen wir Adi in einer Kreuzberger Kneipe. „Was'n das für'n versnobter Laden?", fragte ich. „Ich dachte, weil wir jetzt Filmleute sind ..."

Es war voll da drin und heiß. Überall standen oder saßen sie in kleinen Gruppen beisammen und unterhielten sich auf Englisch oder Spanisch oder Japanisch. Adi versuchte mit ihrem Hebräisch vor Yoav zu glänzen und schon passten wir ins Bild.

„Was?", sagte Yoav entgeistert zu mir. „Du trinkst *Maccabee*?"

Adi grinste triumphierend.

„Klar. Wieso nicht?"

„Oje. Ich glaube, ich kann den Film doch nicht machen."

„Jetzt schau, was du angerichtet hast, Blonde."

„Tut mir leid." Wir nippten ratlos an unseren Gläsern.

Schließlich gab der Jude sich einen Ruck. „Na, gut. Ich versuch's trotzdem. Aber du darfst es niemandem erzählen. Und wenn wir mal in Israel sind und du trinkst es, muss ich leider so tun, als kennen wir uns nicht."

„Is gut."

Er nickte entschlossen. Die anderen Mädels ließen auf sich warten, aber wir amüsierten uns trotzdem. Als es auf Mitternacht zuging, verabschiedete sich die Blonde. Ihr Flug nach Lissabon ging um sieben Uhr früh.

„Hat sie einen Freund?", fragte Yoav.

„Ja, leider. Pass bloß auf mit der. Ich hab mir schon die Finger verbrannt."

„Ach, ich will ja nur ficken."

„Vernünftig."

„Du weißt schon, dass du noch einige Praktikantinnen für mich einstellen musst?"

„Junge, leicht zu beeindruckende Dinger?"

„Ja, richtig. Lass uns das bitte vertraglich festhalten."

„Machen wir."

Yoav leerte sein Glas.

„Ich hab ein gutes Gefühl", sagte er. „Besser kann man sich kaum vorbereiten. Jetzt müssen wir nur noch drehen."

„Killen, das Ding."

„Ja." Er schaute auf seinen Kalender. „In genau einer Woche geht's los."

Eine Woche. Ob der Dreh tatsächlich stattfinden würde? Vermutlich schon. Ich war ganz ruhig bei dem Gedanken. Es war so geplant und so würden wir es tun.

8

„Ja, ich bin gut angekommen", sagte Adi am Telefon. „Hier ist es total schön. Ganz warm und hell. Vorhin war ich sogar schon Eis essen."

Ich hörte geduldig zu. „Hast du Dante gefunden?", fragte ich dann.

„Ja, er steht neben mir."

„Und?"

„Ich hab gesagt, dass er mitkommen muss. Weil ich sonst für immer bei ihm bleibe."

„Hättest ihm nicht gleich so drohen müssen."

„Hab ich doch gut gemacht, oder?"

„Ich bin stolz. Und denk dran, euer Flug geht morgen um zehn."

„Weiß ich doch. Verlass dich auf mich."

Das tat ich. Nicht zum ersten Mal beschlich mich dabei ein Gefühl von Verwunderung. Warum flog Adi für den Film durch ganz Europa? Etwa nur, weil sie mich mochte? Warum opferten sich alle so auf? Uschi arbeitete täglich zwölf Stunden und bekam dafür so gut wie nichts. Sollte es tatsächlich so sein, dass die Leute an dieses Ding glaubten? An *Koks und Nutten*, einen Film über meinen ersten Flirt mit der Impotenz?

Ich war gerade auf dem Weg nach Prenzlberg, um die Hauptdarstellerin zu treffen, da klingelte mein Telefon.

„Ja, Chef. Uschi hier. Kannst du mal ins Hospiz kommen?"

„Wieso?"

„Ich bin hier gerade mit dem Dialogue Coach, und ..."

„Was für'n Ding?"

„Die Frau, die dem Fechner Englisch beibringen soll."

„Klappt's nicht?"

„Naja ... Es wäre vielleicht einfacher, wenn Dante Deutsch lernt."
Ich fuhr also nach Neukölln und konnte den Alten schon im Flur zetern hören.

„Bickhett, verdammt nochmal, Bickhett!", schrie er außer sich.
Ich schob mich leise durch die Tür. Die Coach-Frau redete ruhig auf ihn ein. „Nein, weicher: Pighead", sagte sie.

„Bickhääd."

„Am Anfang muss es hart sein. Mit einem P."

„Hart, weich, also was denn nun! Daniel, zum Glück kommst du. So schlimm war nicht mal die russische Gefangenschaft!"

„Wie ich seh, macht ihr Fortschritte."

„Pah. Einen Scheiß machen wir. Zuerst Krebs und dann das."
Die Coach-Frau rannte heulend nach draußen. „Ich kümmer mich mal um sie", meinte Uschi und konnte ein Grinsen nicht ganz verbergen.

„Warum müssen wir denn auf Englisch drehen?", fragte der Alte.

„Naja ... Ist einfach besser so."

„Davon war nie die Rede."

„Ich find's gar nicht schlimm, wenn Sie einen deutschen Akzent haben."

„Ich schaff das nicht."

„Na, klar. Wir machen das schon."

„Nein, kapier doch. Ich glaub, ich sterbe."
Wir saßen eine Weile beisammen und sagten kein Wort.

„Wollen Sie's lieber sein lassen mit dem Film?"

„Was?", rief er sofort. „Bist du bescheuert? Deshalb bin ich doch überhaupt noch hier."

„Das ist aber nicht ... Ist ja, wie künstlich am Leben erhalten zu werden."

„Ich mach's nicht dir zuliebe."

„Kann Ihre Tochter nicht früher kommen?"

„Nein."
Ich wusste nichts zu sagen.

„Ach, hör nicht auf mich", meinte er schließlich. „Du hast schon genug um die Ohren."

„Ja, aber ..."

„Nichts aber. Vergiss, dass ich davon angefangen habe. Kannst jetzt die Kleine wieder reinschicken. Wenn sie sich nicht schon die Adern geöffnet hat."

Ich blieb noch eine Weile im Zimmer und staunte darüber, wie Fechner sich ins Zeug legte. Es war mit Sicherheit demütigend für ihn, sich auf seine alten Tage nochmal so aufs Glatteis zu begeben. Aber nachdem er sich entschieden hatte, zog er es knallhart durch. Ich stand am nächsten Tag am Flughafen und beobachtete nervös die Anzeigentafel. Mein ganzes Projekt war zum Scheitern verurteilt. Ich hatte keine Ahnung vom Regieführen, einer der Darsteller würde vor dem ersten Drehtag sterben, ich war umgeben von Gläubigern, denen ich schon jetzt mehr als 15.000 Euro schuldete. Jancer fand, dass er mir genug Geld gegeben hatte, basta, und ich wusste, es war allein mein Fehler, ihm blind vertraut zu haben. Trotzdem sagte mir der Geist in meinem Bauch, dass *Koks und Nutten* unaufhaltsam war. Eins würde zum anderen führen und *against all odds* in einem fertigen Film enden, – wenn nur dieser verdammte Portugiese aus einem der Flugzeuge stieg. In dem Moment tippte mir jemand von hinten auf die Schulter.

„My director", hörte ich es sagen. „Ich melde mich zum Dienst."

Wir fielen uns erleichtert in die Arme.

Die Blonde stand fröhlich daneben. „Siehst du", sagte sie. „Ich hab doch gesagt, du kannst dich auf mich verlassen."

„Danke, Engelchen. Du bist die Größte."

„Ich weiß."

„Und ab jetzt lässt du ihn keine Sekunde aus den Augen."

„Und wenn ich schlafen muss?"

„Dann sperrst du ihn in sein Zimmer."

„Was redet ihr da?", fragte Dante, der mit seinem Köfferchen neben uns herlief.

„Nichts", sagte ich. „Es ist schön, dass du da bist."

9

Montag früh, sechs Uhr. Ich saß in der U-Bahn Richtung Hermannstraße, um mich herum graue Beamte, die zur Arbeit fuhren und
noch grauere Putzfrauen, denen auch der Feierabend kaum Trost
spendete. Meine Laptop-Tasche war mit Festplatten vollgepackt,
die im Laufe des Tages von unserer Kamera gefüllt werden sollten.
Am Abend würden sie beschrieben sein mit endlosen Reihen von
Einsen und Nullen. Und wenn alles gut lief, würde darin so etwas
wie Seele enthalten sein.

Es dämmerte, als ich das Hospiz erreichte. Im Treppenhaus kam
mir der Oberbeleuchter entgegen und nickte nur flüchtig, weil er
über Funk sein Team kommandierte. Es bestand aus zwei kräftigen
Jungs und einer Frau, die im Flur vor Fechners Zimmer Stative auf-
bauten. Sie waren um halb fünf aufgestanden, hatten am anderen
Ende der Stadt das Equipment geholt und würden nun zwölf oder
vierzehn Stunden arbeiten, ohne Bezahlung, um meine Idee zu re-
alisieren. Ich verstand es nicht.

„Kannst du 'ne Chimera aufbauen?", fragte einer der Jungs.

„Ähm … nein."

„Dann geh mal beiseite!"

In Fechners Zimmer war es noch dunkel. Eine Schwester saß an
seinem Bett.

„Ist das Daniel?", fragte er leise.

„Ja", sagte sie und ging wortlos an mir vorbei nach draußen. Das
Projekt *Filmdreh mit Fechner* hatte die Schwesternschaft in zwei Lager gespalten. Die einen fanden, dass der Alte selbstbestimmt an
einer Sache teilnahm, die ihn selbst überdauern würde. Die anderen hielten mich für ein berechnendes Schwein, das von vornherein
nur deshalb im Hospiz gearbeitet hatte, um nun einen sterbenden
Mann für seine Zwecke auszunutzen. Ich schätzte, diese von eben
gehörte zum zweiten Lager.

Während ich Fechner bei der Morgentoilette zur Hand ging, tru-
delte nach und nach das Filmteam ein. Die Schwestern standen
in Trauben beisammen und beobachteten stirnrunzelnd den Fahr-
stuhl, der andauernd Menschen und Lampen und Dolly-Schienen

ausspuckte. Es war eine Invasion und sie schienen zu begreifen, dass sie unterliegen würden. Auch ich musste mir eingestehen, dass dieses ganze Tamtam mehr Eindruck auf mich machte, als mir lieb war. Kein Wunder, dass Filmleute so selbstherrlich waren. Als Teil – oder gar Kopf – eines so gut geölten Apparates konnte man leicht an seine eigene Wichtigkeit glauben. Ich trat auf den Balkon hinaus. Es war kalt und die Krähen drehten ihre Kreise über den Dächern Neuköllns. Sieben Monate harter Arbeit hatten mich an diesen Punkt gebracht. Soviel war geschehen seit meinem Entschluss, einen Film zu machen. Andere Menschen hatten sich von meiner Vision anstecken lassen und vertrauten auf meine Fähigkeiten. Doch all das hatte keinerlei Bedeutung. Wir hatten noch nichts geschafft. Erst wenn Yoav auf diesen Knopf drückte, begann der eigentliche Kampf. Und nur die Kamera würde darüber entscheiden, ob wir und unsere Bemühungen es wert waren, nicht im Orkus zu verschwinden.

„Ähemm ... Du bist Daniel, oder?" Es war der Beleuchter, der mich bei meiner Ankunft so angepflaumt hatte.

„Ja, wieso?"

„Tut mir leid wegen eben. Ich wusste nicht, dass du der Regisseur bist."

„Macht nix. Ich gewöhn mich auch grad erst dran."

„Kommst du rein? Wir können jetzt Lichtprobe machen."

Ich folgte ihm in Fechners Zimmer. Der Alte thronte in seinem Rollstuhl und wurde von der Kostümfrau bearbeitet. Sie zuppelte an seinen Klamotten und Haaren herum, was er klaglos über sich ergehen ließ.

„Gleich geht's los", sagte ich.

„Ich weiß. Mein Gott. Kommt dir das alles nicht blöd vor?"

„Doch."

„Na, wenigstens. Hör mal, mach das bloß ordentlich. Ich will vor meiner Tochter nicht wie ein Trottel dastehen."

„Werd mir Mühe geben." Nach einer weiteren Stunde waren wir endlich bereit zu drehen. Dante zeigte nicht das geringste Anzeichen von Unsicherheit, jetzt, da er endlich hier war. Ich hatte mich nicht in ihm getäuscht. Die Kamera war auf Anfang. Der Tonmann saß konzentriert in seiner Ecke.

Adi beugte sich zu mir. „Ich glaub, wir können jetzt", sagte sie. „Gut. Attacke."

Sie nickte und gab dem Aufnahmeleiter ein Zeichen. Er veränderte seine Körperhaltung. „Okay, Ruhe, bitte! Wir drehen!" Es wurde still. „Ton bereit?"

„Bereit."

„Kamera bereit?"

Yoav schaute zu seinem Assistenten. „Kamera ... bereit."

„Okay, dann. Ton ab."

„Ton läuft."

„Kamera ab."

„Kamera läuft."

„Eins, eins, die Erste", sagte der Aufnahmeleiter und schlug die Klappe. Ich schaute zu Fechner, der nur eine ungeduldige Handbewegung machte. Uschi nickte auffordernd. Adi schaute mich mit großen Augen an. Ich beugte mich vor und hörte auf zu denken. „Und bitte", sagte ich.

Fechner und Dante saßen eine Weile und rauchten und hingen ihren Gedanken nach. Dann begann der Portugiese zu sprechen.

10

Der Dreh verlief wie eine Mondlandung. Yoav und ich verstanden uns prächtig. Die Schauspieler-Jungs passten sogar so gut zusammen, dass jeder Außenstehende glaubte, sie würden sich seit Jahren kennen. Elf Tage hatten wir für das Manöver veranschlagt, und am vierten war noch nichts schief gegangen.

Es war Sonntag und wir drehten in meiner Stammkneipe. Ich war übermüdet, weil ich die ganze Nacht an Fechners Bett verbracht hatte, und wartete gähnend darauf, dass die Beleuchter das nächste Bild vorbereiteten. Gerade als ich mir Kaffee nachschenken wollte, trat der Portugiese neben mich. „Wie geht's, my director?"

„Gut."

„Und dem alten Mann?"

„Er stirbt. Aber er leidet nicht.“

„Hm ...“ Dante zündete sich eine Zigarette an.

„Was ist?“, fragte ich.

„Wieso?“

„Du willst mir doch was erzählen.“

„Ist das so offensichtlich?“

„Ja.“

„Naja, es ist nur ... Ich hab mich heute Nacht mit Adi unterhalten.“

„Aha ...“

„Sie hat dich wirklich gern, weißt du.“

„Ja, weiß ich.“

„Nein, ich meine ... Sie mag dich ...“ Ein schönes, grausames Tier, das in meinem Herzen wohnte, drehte sich im Schlaf. „Und sie hat Angst, dass es nun zu spät ist.“

„Also was“, sagte ich. „Ist sie in mich verliebt?“

„Ja. Ich glaube schon. Das wollte ich dir nur sagen.“ Damit ging er wieder und als ich ihm mit den Augen folgte, begegnete ich Adis Blick. Sie lehnte an einem Türrahmen und lächelte. Ob sie Dante zu mir geschickt hatte? Eilig drehte ich mich weg und ging hinaus auf die Straße. Yoav saß dort auf einem Bordstein und vertilgte ein dickes Schinkenbrot. Ich setzte mich zu ihm.

„Dafür komme ich in die Hölle“, sagte er bekümmert. „Gott wird mich strafen für dieses Schweinefleisch.“ Er nahm noch einen Bissen und es schien ihn ernsthaft zu beschäftigen.

„Komm ich auch in die Hölle?“, fragte ich.

„Selbstverständlich. Wir werden dort Filme machen.“ Ich beugte mich hinüber und biss von seiner Stulle ab. „Weißt du“, sagte er. „Ich mag deinen Film. Er ist total pervers.“

„Eigentlich geht’s doch nur darum, dass ich keinen hochgekriegt hab.“

„Ja, ich weiß“, sagte er und kicherte, bis sein Kopf rot anlief. „Aber es war ein Akt der Liebe.“

„Wie bitte?“

„Stell dir vor, du hättest nicht dieses Problem gehabt. Hättest sie einfach nach Strich und Faden durchgefickt. Dann wärst du wie alle anderen. Und sie würde immer noch dort arbeiten. Aber das hast du nicht. Deine Impotenz war ein Akt der Liebe."

„Glaubst du wirklich, dass ich sie gerettet hab?"

„Wäre doch schön."

„Ja, aber so läuft's nicht."

„Ach, Quatsch. Du hast es gemacht wie Marlowe. Ich bin stolz auf dich." Er klopfte mir auf die Schulter. „Lass uns wieder rein gehen." Ich blieb, wo ich war. Was hatte die Blonde jetzt wieder vor? War ihr nach all den Monaten endlich klar geworden, dass wir zusammengehörten? Liebte sie mich? Oder fühlte sie sich vernachlässigt, weil ich nur noch den Film im Kopf hatte? War ich vielleicht auf einmal viel begehrenswerter, weil ich der König eines Mikrokosmos war? So wie Janker. Machte es sie an, dass dreißig Menschen an meinen Lippen hingen, wenn ich etwas sagte? Oder hatte sie einfach nur keinen Überblick über ihre Gefühle? So wie jeder andere. So wie ich.

„Chef, kommst du wieder rein?", rief Uschi aus der Kneipe und ich ließ meine Gedanken auf der Straße zurück.

Wir drehten eine Szene am Kickertisch. Es stand fünf zu fünf und der Protagonist hatte den Ball. Er war großspurig und voller Energie und genau das wurde ihm zum Verhängnis. Sein Schuss prallte an der Bande ab und landete im eigenen Tor. Ich mochte den Gedanken. Es dauerte nur seine Zeit, bis jemand diesen Unfall auf Kommando hinkriegte.

„Wie geht's dir?", fragte ich die Blonde, die gerade Wasser in die Bierflaschen der Schauspieler füllte.

„Gut", sagte sie. „Wieso?"

„Nur so. Es ist schön, dass du da bist."

„Was meinst du?"

„Nichts. Nur dass du mir echt hilfst. Und du hast Dante hergeholt."

„Dafür bin ich doch hier."

„Wollen wir nach Drehschluss was trinken gehen?"

„Ja. Aber wer passt auf Dante auf?"

„Wir finden schon jemanden."

„Okay", sagte sie und zwängte sich so an mir vorbei, dass

unsere Körper sich für eine Sekunde von den Knien bis zur Brust berührten.

Schlussendlich war es Tolstoi, dem der besagte Schuss gelang. Er sollte den Barkeeper in einer anderen Kneipenszene geben, war aber jetzt schon vorbei gekommen, um mich als marodierenden Regisseur wüten zu sehen.

„Na, du Obersturmbannwurst?", sagte er. „Läuft gut, oder was?"

„Klar. Uschi macht das schon."

„Sei froh, dass du die hast."

„Bin ich auch."

„Und die Blonde?"

„Was?"

Er grinste und schüttelte den Kopf. „Mach du mal", sagte er.

Am Abend lieferten wir Dante bei der Kostümbildnerin ab. Sie hatte ohnehin ein Auge auf ihn geworfen und würde ihn hoffentlich bis zum nächsten Morgen beschäftigen. Es war ungewöhnlich mild für die Jahreszeit, weshalb Adi und ich in den Park gingen. Wir hatten eine Flasche Sekt dabei und lagen auf einer Wiese und schauten nach oben. „Also was ist jetzt mit uns?", fragte ich irgendwann. Die Zeit vieler Worte war vorbei.

„Ich weiß es nicht. Ich glaub, ich lieb meinen Freund, aber ...'' Das darf nicht wahr sein, dachte ich. Doch sie drehte sich zu mir und sagte: „Ach, Daniel." Und dann küsste sie mich. Ich küsste sie. Wir küssten uns. Sie war kein asexuelles Wesen mehr, kein Ziel unerfüllbarer Hoffnungen. Sie war eine Frau, ein Körper in meinen Armen, ein Mensch mit Bedürfnissen.

Wir hatten keinen Sex in dieser Nacht. Aber wir schliefen zusammen. Hielten uns. Ich küsste ihren Nacken und sie gab einen wohligen Seufzer von sich. Wir waren ein Liebespaar. Als die Schwestern mich ins Hospiz riefen, weil Fechner im Sterben lag, murmelte sie im Halbschlaf. „Ach, nein, geh nicht weg."

„Ich muss."

„Beeil dich, ja?"

„Mach ich." Sie fühlte sich an wie eine Wärmflasche und es war mir schon leichter gefallen aufzustehen.

11

Zimmer 7. Sie hatten die Stehlampe brennen lassen und ein blaues Tuch darüber gehängt, um eine beruhigende Lichtstimmung zu schaffen. Mir kam es morbide vor, aber das lag vermutlich daran, dass ich wusste, wie viele Leute hier schon gewohnt hatten. Und wie oft dann am Ende dieses Tuch über der Lampe gehangen hatte. Ich rückte mir einen Stuhl heran und setzte mich. Dabei stieß ich mit dem Fuß an Fechners Nachttisch. Er schlug ein Auge auf und machte es gleich wieder zu.

„Daniel", sagte er leise und war schon reichlich blass um die Nase.

„Was machst du denn hier so spät?"

„Kann nicht schlafen", sagte ich.

„Von wegen ... Naja ... Hast du wenigstens die Autoschlüssel dabei?"

„Welche Autoschlüssel?"

„Die Schlüssel für den Union. Du bist doch extra dafür in die Wohnung gefahren." Dann blinzelte er. „Ach, das bist ja gar nicht du."

„Ich hab mir die Muster von unserem Drehtag angeschaut. Sieht gut aus."

„Wirklich?"

„Ja."

„Das ist schön." Er versuchte sich aufzusetzen und schaffte es nicht. Ich baute ihm eine Stütze aus einigen Kissen, wobei er mich von unten her musterte. „Du siehst anders aus", sagte er.

„Tu ich das?"

„Ja. Ist was passiert?"

„Hm ... Na, Sie haben doch die Blonde beim Dreh gesehen."

„Die Schnuckelige? Verdreht sie dir den Kopf?"

„Aber sowas von. Und auch wieder nicht. Eigentlich lieb ich die Jüdin."

„Hat sie sich gemeldet?"

„Nein."

„Tja, Junge. Was soll ich dazu sagen ..."

„Keine Ahnung. Irgendwie ... es geht nicht um den Herzschmerz. Ich vertrau meinen Gefühlen nur nicht mehr."

„Was war das?" Fechners Augen bekamen einen belustigten Glanz.

„Andauernd bin ich verliebt", sagte ich. „Aber was bedeutet das schon?"

„Herrje, du bist noch so jung. Wofür willst du dein Herz denn aufheben?"

„Weiß nicht."

„Denk nicht so viel. Immer raus mit den Gefühlen. Die wachsen sowieso immer in einer anderen Farbe nach." Ich fragte mich, ob er recht hatte. „Wenn die Musik spielt", sagte er leise, „solltest du nie den Tanz verweigern. Und jetzt sei so gut und hol mir die Bettpfanne. Ich muss mal."

Ich wartete draußen und half ihm dann beim Saubermachen. Nachher war er völlig erschöpft. Seine Stimme war kaum mehr zu hören, weshalb ich näher zu ihm rückte.

„Mein Gott", sagte er. „Jetzt ist es wirklich so weit."

Ich schluckte und versuchte dabei kein Geräusch zu machen.

„Was sagen denn die Schwestern?"

„Ich weiß nicht", sagte ich.

„Lüg mich nicht an."

„... Die glauben, dass du stirbst."

„Wenn's nur so wär."

Ich studierte sein Gesicht. „Hast du keine Angst?", fragte ich.

„Ach, weißt du ... Jetzt nicht mehr. Ich will nur schlafen."

„Schade, dass deine Tochter es nicht mehr geschafft hat."

„Ja ... Hör mal, du zeigst ihr doch den Film?"

„Natürlich."

„Das Kind sucht immer Streit. Sie wird ihn schrecklich finden. Aber das kannst du dann ausbaden, hähä ..."

Wir schauten eine ganze Weile aus dem Fenster. Der Alte schlief irgendwann ein und es brodelte in seiner Lunge. Mir fiel gerade der Kopf auf die Brust, als er plötzlich meine Hand ergriff.

„Brauchst du irgendwas?", flüsterte ich.

Seine Augen verneinten lächelnd.

Und dann ging es schnell zu Ende. Ich zählte die Sekunden zwischen den Atemzügen. *Dreiundfünfzig, Vierundfünfzig.* Fechner holte rasselnd Luft. Ich zählte wieder. *Neunundsechzig, Siebzig.*

Ich machte immer weiter. Nach drei Minuten hörte ich auf. Ich spürte seinen Puls noch, aber er war sehr schwach und unregelmäßig. Gebannt starrte ich auf seine Halsschlagader. Sie pochte gegen die dünne Haut, immer langsamer. Immer schwächer. Ich blinzelte nicht mehr, sah nur diesen Hals. Es war, als wäre ich bei einer Geburt dabei.

Irgendwann ließ ich seine Hand los und klingelte nach der Schwester.

12

„Ach, Chef, wie siehst du denn aus?"

„Ich hab nicht geschlafen."

Uschi nahm meinen Arm und zog mich an der Puff-Kulisse vorbei zum Catering-Tisch. „Und warum nicht? Heute ist echt'n wichtiger Drehtag."

„Fechner ist tot."

Ihre Pupillen wurden einen Deut tiefer. Mir fiel auf, dass die Beleuchter nicht arbeiteten, sondern kreuz und quer auf einem Haufen alter Teppiche lagen. „Was'n mit denen los?", fragte ich.

Uschi schaute hin und wischte sich dabei den feuchten Glanz aus den Augen.

„Marco ist noch nicht aufgetaucht."

„Aha. Und was sagt sein Handy?"

„Ist aus. Ich hab's schon zwanzig Mal versucht." Marco war unser Aufnahmeleiter. In seinem Auto befand sich nicht nur die Kamera, sondern auch der Koffer mit den Optiken, die allein schon über 40.000 Euro wert waren.

„Warum fährt niemand zu ihm?", fragte ich.

„Wir wissen nicht, wo er wohnt."

Ich setzte mich und rieb meine Schläfen. Dann stand ich auf und goss mir Kaffee ein. „Das heißt also", sagte ich, „im besten Fall pennt er noch. Und im schlimmsten steht er mit 'nem Totalschaden auf der Autobahn." Uschi wurde noch blasser. „Oder er ist auf dem Weg nach Polen, um die Technik zu verscheuern."

„Was sollen wir denn jetzt machen?"

„Ich trink diesen Kaffee. Und du rufst den Ton-Assi an. Der müsste wissen, wo Marco wohnt." Uschi entfernte sich eifrig. Irgendwo in mir war ich ernsthaft beunruhigt. Doch die Müdigkeit überlagerte alles. Ich ging in die Kulisse und ließ mich in eines der Betten fallen. „Morgen, Daniel", sagte Yoav neben mir. Ich hatte ihn für einen Haufen von Kissen gehalten.

„Morgen. Was meinst du? Sind wir gefickt?"

„Ich weiß nicht. Kann man Marco vertrauen?"

„Glaub schon."

„Fuck", sagte er gähnend. „Ich hab fast nicht geschlafen. Und du?"

„Auch nicht." Ich dämmerte bereits weg.

Dann kam Uschi herein. „Okay", rief sie erregt. „Wir wissen jetzt, wo er wohnt. Aber wir haben kein Auto, um hinzufahren."

„Nehmt euch ein Taxi."

„Ist das nicht zu teuer? Wir müssen durch die ganze Stadt."

„Freud zahlt das."

„Na, gut. Dann drück mir die Daumen."

„Mach ich", sagte ich mit geschlossenen Augen. Yoav schnarchte schon wieder. Der Kaffee war ein Fehler gewesen. Ich spürte, wie der Schlaf versuchte, mich hinab zu ziehen, doch mein Herz klopfte schnell und hart. Adi, dachte ich. Adi, Adi, Adi. Sie war mein. Wir gehörten zusammen. Endlich. Oder hatte ich alles nur geträumt? Als die Tür leise geöffnet wurde, wusste ich, dass sie es war. „Daniel?" Ich regte mich nicht. Sie schloss die Tür wieder und legte sich zwischen mich und den Kameramann. Es war der Morgen danach. Vielleicht hielt sie die letzte Nacht für einen Ausrutscher und alles war wieder beim Alten. Ich legte meinen Arm um ihre Hüfte. Augenblicklich drängelte sie sich an mich, als hätte sie nur darauf gewartet.

„Hey, Adi", hörte ich den Juden, der gerade aufgewacht war.

„Hallo, Yoav", sagte sie. „Was meinst du, drehen wir heute noch?"

Yoav hatte ein großes Herz. Er liebte alle Frauen, und Adi insbesondere. Während er seine Bedenken zum Tagesablauf schilderte, streichelte er unter der Decke zärtlich ihre Hand. Nur dass es nicht ihre Hand war, sondern meine. Er konnte nicht ahnen, dass wir uns in der Zwischenzeit so nahe gekommen waren. Unter seinen stärker werdenden Liebkosungen schlief ich schließlich ein.

„Chef, Chef, wir sind wieder da!"

„Marco auch?"

„Marco auch."

Ich richtete mich auf. Yoav verließ schon das Zimmer.

„Dann macht mal alles auf Anfang."

Uschi salutierte entschlossen. Für eine Verspätung von über drei Stunden war heute vermutlich der ungünstigste Tag. Das komplette Ensemble der Schauspieler wurde gebraucht. Eine von ihnen musste am Nachmittag abreisen nach Düsseldorf oder sonst wohin. Vor uns lag eine komplizierte Plansequenz mit Dollyfahrten und allem. Aber wenigstens lief die Maschinerie jetzt wieder. Ich beugte mich über Adi und küsste ihr auf die Stirn.

Gegen Nachmittag hatten wir schon einiges abgedreht. Nur noch die eine komplizierte Einstellung lag vor uns. Obwohl die Düsseldorferin bereits quengelte und ständig auf die Uhr zeigte, gönnte ich der Crew eine Pause. Sie hatten bisher ein fieberhaftes Tempo vorgelegt. Als ich gerade mit Dante den Szenenablauf durchging, stand Anna mit den grünen Augen plötzlich vor uns. Wir hatten sie seit Israel nicht gesehen und freuten uns dementsprechend über ihren Besuch. „Wow, wie professionell hier alles läuft", schwärmte sie. „Ich hab gewusst, dass du ein guter Regisseur bist."

Ich zuckte mit den Schultern. „Warten wir das Ergebnis ab."

„Sei nicht so bescheiden. Bescheidenheit stinkt."

„Das hat Julius auch immer gesagt."

Ihre Züge verfinsterten sich. „Hast du von dem nochmal was gehört?"

„Nicht mehr, seit ich seine Hilfe brauche."

„So ein Schwein."

„Naja."

Sie schaute sich um, ob jemand in Hörweite war. „Und wie läuft's mit der Liebe deines Lebens?"

„Du wirst es nicht glauben, aber es wird langsam."

„Wirklich?" Anna fasste vor Freude mein Gesicht. „Hat sie sich gemeldet? Kommt sie nach Berlin?"

Ich stutzte. „Ähm, nein, also ... Ich red von Adi."

„Und was ist mit Dana?"

„Weiß nicht. Funkstille."

„Ach so." Sie schien ein wenig enttäuscht. „Aber Adi will jetzt?"

„Sieht so aus."

„Habt ihr schon ...?"

„Nein, noch nicht."

„Hm ... Und bist du glücklich?"

Wir wurden von Marco unterbrochen, der noch immer ein schlechtes Gewissen hatte und seither recht unterwürfig daherkam. Die Plansequenz funktionierte nicht gleich. Zum ersten Mal seit Drehbeginn waren schlechte Schwingungen an unserem Set zu spüren. Die Düsseldorferin setzte sich tierisch unter Druck, weil sie schnell fertig werden wollte. Damit steckte sie die anderen Schauspieler an, deren Laune ohnehin gedrückt wirkte, seit sie für die Kamera wiederholt Koks konsumieren mussten. Aufgrund des niedrigen Budgets bestand dieses aus nichts anderem als Milchpulver.

„Wie oft denn noch?", maulte Dante. „Ich muss gleich kotzen."

Es hätte mit Sicherheit nur einer kurzen Ansprache bedurft, um wieder Ruhe in den Tag zu bringen. Doch ich war mit meinen Gedanken nicht bei der Sache. Annas Reaktion auf mein Geständnis hatte mich wieder verunsichert. Dabei liebte ich Adi wirklich. Aber tat ich es nur, weil sie jetzt verfügbar war? Welchen Einfluss hätte es auf diese Liebe, wenn Dana wieder in mein Leben trat?

In dem Moment kam Anna und umarmte mich von hinten. „Tut mir leid wegen eben", sagte sie in mein Ohr. „Du machst das schon richtig."

Wir schauten auf den Monitor. Die Kamera hatte sich nach der bisher besten Fahrt dem Gesicht des Portugiesen genähert. Es lag nun an ihm, ob der Take zu gebrauchen sein würde. In der Geschichte war er an einem Punkt angelangt, wo Koks so ziemlich das Letzte war, was er wollte. Trotzdem zog er es ins Hirn. Und ob es nun an seinen Qualitäten als Schauspieler lag oder an der Tatsache, dass das Milchpulver ihn wirklich zum Würgen brachte, Dante kriegte genau den Überdruss in seiner Mimik hin, den ich mir wünschte. „Cut, danke!", rief ich ins Set. Ein allgemeines Aufatmen ging durch die Crew. Sie kannten mich inzwischen gut genug, um zu wissen, wann ich zufrieden war. Während die Düsseldorferin das Weite suchte, verlangte ich noch eine letzte Großaufnahme von Dantes Kokskonsum. Es war einfach zu schön, ihn leiden zu sehen.

Fast die gesamte Crew hatte sich um den Monitor versammelt und beobachtete feixend, wie er sich tapfer und schon etwas grünlich um die Nase über das Milchpulver beugte.

„Es tut mir leid", sagte ich nachher zu ihm. „Wir müssen das leider nochmal machen." Endlich brach das Gelächter um uns los. Schon beim letzten Take hatte Yoav die Kamera gar nicht eingeschaltet.

„Du Schwein!", schimpfte Dante. „Das sag ich der Gewerkschaft."

„Welcher Gewerkschaft?"

„Weißt du, wie eklig das ist?"

Ich nahm den Spiegel und zog eine besonders große Line. Es war, als hätte man ranzige Milch im Rachen. „Ich versteh nicht, warum du dich so anstellst", meinte ich und musste fast kotzen.

Wir ernteten lauten Applaus.

Als ich später mit Adi im Arm am Catering-Tisch stand und dabei noch immer ein wenig nachdenklich war, kam Anna zu uns.

„Ihr seid wirklich ein bildschönes Paar", sagte sie.

Ich lächelte und Adi lächelte und Anna lächelte auch und doch war da etwas am Grunde dieser grünen Augen, das mich nicht entspannen ließ.

13

Nachdem ich so viele Nächte wach gelegen und mir das Hirn darüber zermartert hatte, wie ich die Sexszene inszenieren sollte, ging das Ganze erstaunlich einfach über die Bühne.

Die Dynamik des *Koks-und-Nutten*-Mikrokosmos hatte inzwischen eine Intensität erreicht, wie ich sie zuvor nur bei MATA erlebt hatte. Allerdings war die treibende Kraft damals Angst gewesen. Die Angst zu versagen, sich eingestehen zu müssen, dass man nicht stark genug war. Die Angst vor Janker und seinen Launen. Ich verurteilte ihn nicht dafür. Er handelte nach seinem Instinkt und war damit erfolgreich.

Dass die Energie, die mein Instinkt freisetzte, nicht Angst zu sein schien, sondern Liebe, war daher umso erfreulicher. Ich war kein Hippie. Es kam einfach, wie es kam. Meine Affäre mit Adi war nicht die einzige Liebschaft, die sich entwickelte. Beleuchter und Ausstatter, Tonvolk und Schauspieler – alle vögelten wild durcheinander. Ein einziges Love-In. Und Dante verknallte sich in die Hauptdarstellerin.

Man merkte es an der Art, wie er spielte. Und wie sie darauf reagierte. Es war echt. Sie mussten sich überhaupt nicht verstellen. Insgeheim hatte ich darauf spekuliert, dass es so kommen würde. Entweder so, oder dass ich selbst mein Herz an sie verlor. Und dann den Schmerz darüber, sie mit Dante sehen zu müssen, in den Film kanalisierte. Die erste Variante war natürlich einfacher. Für mich zumindest.

Wir hatten zwei Tage für die Szene veranschlagt und brauchten weniger als einen. Es lief wie am Schnürchen. Zum Schluss standen nur noch einige Außenaufnahmen auf dem Drehplan. *„Die drei Jungs treiben sich auf der Straße herum und werden langsam betrunken."* So hieß es im Drehbuch. Am Set herrschte Feierstimmung, nicht zuletzt, weil ich den Schauspielern richtiges Bier erlaubte, statt wie sonst Alkoholfreies oder Wasser. Sie trieben sich auf der Straße herum und wurden langsam betrunken.

„Cut, danke", sagte ich irgendwann, wie sooft in den Tagen zuvor. Yoav schaute dann immer von seiner Kamera auf, nachdenklich, und schlug vielleicht eine Wiederholung vor oder eine Variante.

„Tja", sagte er diesmal und blinzelte. „Ich glaub, wir haben's. Oder willst du noch irgendwas machen?"

„Nein. Ich bin zufrieden."

„Drehschluss?", fragte Marco, der erwartungsvoll bei uns stand.

„Ja. Glaub schon."

„Okay, wir machen Fussel-Check!", rief er so, dass alle es hören konnten. Jeder wusste, was dies bedeutete, doch das magische Wort war noch nicht gesprochen. Atemlos beobachteten wir den italienischen Kamera-Assistenten. Er leuchtete mit einer Taschen-lampe die Optik ab, schaute konzentriert und quälend langsam, ob irgendein Haar oder Stäubchen auf der Linse die Aufnahmen un-brauchbar gemacht hatte.

„Sauber", sagte er dann und hob einen Daumen.

„Dann bitte alles zusammenpacken", rief Marco. „Wir haben Drehschluss."

Alle brachen gleichzeitig in Jubel aus und fielen sich gegenseitig um den Hals. Ich stand ein wenig abseits und beobachtete sie dabei. Es war ein erhebender Anblick. So musste sich ein stolzer Vater füh-len. Ich half den Beleuchtern dabei, die Technik einzuladen und gab dann meine letzte Regieanweisung: „Alles Walzer!"

Es heißt, man kann die allgemeine Stimmung während eines Film-drehs danach bemessen, wie viele Leute zur Abschlussfeier kom-men. Und wie sie sich dort verhalten. Konflikte, die man aus Profes-sionalität unterdrückt hat, werden jetzt gnadenlos ausgetragen. Ein jeder kriegt sein Fett – wenn es überhaupt der Mühe wert erscheint. Nach diesem Maßstab musste unser Dreh wohl ganz passabel gewe-sen sein. Ich hatte sowas jedenfalls noch nicht gesehen. Wir stürm-ten geschlossen in den nächsten Club und annektierten die Tanzflä-che. Dreißig, fünfunddreißig euphorisierte Männer und Frauen, *out of control.* Jeder tanzte, wie sein Department es ihm vorzuschreiben schien: die Beleuchter mit geballten Fäusten und harten Bewegun-gen, die Tonleute für sich und ein wenig behäbig. Die Schauspieler so, dass es jeder bemerkte. Und doch war das Erstaunlichste dies: Jeder tanzte. Als ginge es ans Ende der Welt.

Ich selbst bildete mit Adi das Zentrum dieses trunkenen Reigens. Sie bog sich immer wieder nach hinten durch, wobei sich ihr Kör-per sehr vorteilhaft spannte. Dann hielt ich sie in der Luft und zog sie wieder zu mir und wir küssten uns wie wild. Jeder konnte es se-hen. Sie gehörte zu mir.

„Sehr gut gemacht", riefen die Beleuchter, als ich ihnen später am Tresen begegnete.

„Meint ihr den Film?"

„Was? Welchen Film? Nein, du und die Blonde."

Und sie klopften mir nacheinander auf den Rücken. Ich war offenbar nicht der Einzige, der ein Auge auf Adi geworfen hatte.

„My director", hörte ich den Portugiesen neben mir. Er hatte sich seit unserer Ankunft keine Sekunde von der Hauptdarstellerin getrennt. Sie küssten sich nicht, standen nur dicht beisammen und redeten und umarmten sich dann und wann.

„Wo ist denn deine Liebste?", fragte ich.

„Sie ist nicht meine Liebste."

„Ach so."

„Ich wollte nur danke sagen."

„Wofür denn?"

„Für alles. Dass du an mich geglaubt hast."

Ich zuckte mit den Schultern. „Hat sich doch ausgezahlt, oder?"

„Ich denke schon. So gut hat mich noch keiner inszeniert. Du weißt, wie ich bin. Wie ich funktioniere."

„Noch keiner, wie?"

„Nein", sagte Dante.

„Und was ist mit deinem großen Meister?"

„Wem?"

„Na, Julius."

Der Portugiese lächelte verschmitzt.

„Who the fuck is Julius?", sagte er dann.

Wir küssten uns auf den Mund. Zum Abschied. Er würde am nächsten Morgen nach Hause fliegen.

„Du bist doch schwul", sagte ich.

„Ich nicht. Aber du. Du weißt es nur nicht."

„Vielleicht."

Wir tranken noch einiges. Ich unterhielt die Schauspieler mit einigen Anekdoten aus Wien und Jerusalem. Noch war ich der Papa. Ab morgen würden alle wieder ihrer Wege gehen. Sich anderen Familien anschließen. Adi schien das zu spüren und schmiegte sich umso mehr an mich. Sie mochte es, im Mittelpunkt zu stehen. Ich mochte es auch. Doch jetzt wäre ich lieber allein mit ihr gewesen. Es ging schon auf den Morgen zu, als wir endlich im Bett landeten. Wir waren beide ziemlich angetrunken. Ich zog mich bis auf die

Unterhose aus und beobachtete misstrauisch, wie sie es bei den Schuhen bewenden ließ. Dann lagen wir da und küssten uns. Ich wollte jetzt. Es war der perfekte Moment. Wir hatten den Krieg gewonnen. Unsere Körper schrien nacheinander. Zögerlich ließ Adi sich ihres Oberteils entledigen. Sie gab leise Seufzer von sich, doch als meine Hand sich ihrem Hosenknopf näherte, drehte sie sich weg. Vielleicht war ich zu schnell. Sie küsste und bewegte sich, als würde sie wollen. Doch im entscheidenden Moment blockte sie jedes Mal ab. Ich wurde fast wahnsinnig vor Lust. Stand kurz davor, die Kontrolle zu verlieren, von einer Lawine fataler, sexueller Energie überrollt zu werden.

Es endete zwischen ihren Beinen. Der Hosenknopf war noch gefallen, doch weiter wurde ich nicht vorgelassen. Ich lag da, Scham und Verwirrung erfüllten mich. Adi streichelte meinen Kopf.

Einschlafen, dachte ich. Nur schnell einschlafen.

„Daniel", flüsterte sie, ganz dicht an meinem Ohr.

„Ja?"

„Kannst du von mir runtergehen? Ich krieg so schlecht Luft."

„Klar." Ich rollte mich auf die Seite. Adi drängte sich an mich und schien auch so einschlafen zu wollen. Ich vergrub mein Gesicht in ihrem Haar und wusste weder ein noch aus.

14

Ein für die Jahreszeit ungewöhnlich kalter Wind fegte über die Bahnsteige. Plastiktüten und die losen Blätter einer Tageszeitung wirbelten durch die Luft. Reisende, die schon ganz auf den Sommer eingestellt waren, hielten sich die Kragen ihrer dünnen Jacken zu und zitterten.

Adi stand vor mir, eng an mich gedrückt, und beobachtete den Schnellzug, der eben einfuhr und sie zurück nach Wien bringen würde.

„Weißt du schon, wie lange du für den Schnitt brauchst?"

„Keine Ahnung", sagte ich und hatte ganz andere Probleme. „Ein paar Wochen."

„Ich will den Film als Allererste sehen, ja?"

„Is gut."

Sie küsste mich kurz, mit geschlossenen Lippen. „Letzte Nacht war wirklich schön", sagte sie. „Ich glaub, ich hab noch nie so eine tolle Party gefeiert."

„Ja, die Party war ganz gut."

„Und wie alle getanzt haben."

„Mhm." Menschen mit Rollkoffern drängelten sich an uns vorbei, doch wir blieben stehen, unberührt von Zeit und Raum.

„Kommst du mich besuchen?"

„Sobald ich kann", log ich und wusste, dass es wohl doch die Wahrheit war.

„Ich glaub, ich muss jetzt einsteigen."

„Mach mal."

„Bis bald, Daniel. Und danke. Für alles."

„Ich dank dir." Wir küssten uns. Dann half ich ihr mit dem Koffer und blieb stehen, bis der Zug abgefahren war. Ich hatte die Stadt wieder für mich.

Von da an unterschieden sich die Tage nicht sonderlich voneinander. Ich stand frühmorgens auf, fuhr mit der Bahn zum Cutter, verbrachte acht oder zehn Stunden vor seinen Monitoren und ging mich dann irgendwo betrinken. Die einzig spannenden Erlebnisse, die mir während dieser Wochen widerfuhren, resultierten aus meiner immer heikler werdenden Finanzlage.

Die Devise *Freud kümmert sich drum* hatte zu einem erfolgreichen Dreh geführt. Und allem Anschein nach würde ich auch bald einen fertigen Film in Händen halten. Doch die Rechnungen türmten sich auf meinem Tisch. Allein die Kosten der Technik beliefen sich auf gute 12.000 Euro. Ich schloss erste Freundschaften mit den Inkasso-Unternehmen. Und ein Ende der Ausgaben war noch längst nicht in Sicht.

Julius wegen noch mehr Honorar anzugehen, kam nicht in Frage. Ich hatte meinen Stolz. Stattdessen ging ich dazu über, die Montage von *Koks und Nutten* in die Nächte zu verlegen. Tagsüber verkaufte ich wieder Currywurst.

„Wow, der Ketchup ist aber lecker! Kocht ihr den selbst?"

Nichts hatte sich hier verändert. Außer dass die Kollegen mich nun mit Fragen löcherten.

„Und wann kann man den Film im Kino sehen?"

„Es ist ein Kurzfilm. Läuft wohl eher auf den Festivals."

„Ah, aha", sagten sie dann. „Naja, sag Bescheid, wenn du nach Hollywood ziehst. Dann kommen wir mit! Wie heißt der Film überhaupt?"

Ich sagte es ihnen.

„Was? Ha! HAHAHA!!"

Eines Nachmittags, nach einem besonders anstrengenden Mittagsgeschäft, läutete mein Handy und zeigte dabei eine mir unbekannte Nummer an. Grund genug, nicht abzuheben. Vor allem seit ich vermehrt von Gläubigern und Anwälten angerufen wurde. Doch manchmal siegte die Neugier. Ich meldete mich.

„Hallo? Spreche ich mit Daniel?" Es war die Stimme einer jungen Frau.

„Ja. Und wer ist da?"

„Ich heiße Carmen. Ich bin ... Also mir wurde gesagt, dass du meinen Vater betreut hast."

Es dauerte einen Augenblick, bis ich geschaltet hatte. „Du bist die Tochter von Fechner?"

„Richtig."

„Ach so, ja, ähm ... Hallo!"

„Ja, also ich hatte bis jetzt mit seinem Nachlass zu tun. Er hat mir geschrieben. Dass du noch irgendwas für mich hast?"

„Ja, stimmt, aber ..."

„Aber was?" Sie klang ungeduldig.

„Naja, es ist noch nicht fertig", sagte ich.

„Wie? Was soll'n das sein?"

„Ein Film."

„Ein Film?"

„Ja. Ist 'ne längere Geschichte. Vielleicht treffen wir uns mal kurz."

„Hm ... ich hab viel zu tun. Na, meinetwegen."

Ich dachte mir nichts dabei. Die monotone Arbeit im Schneideraum hatte mich zum Nerd gemacht. Und wenn meine Libido sich regte, galten ihre Gedanken höchstens Dana oder Adi. Die beide nicht da waren. Doch als ich nun zur verabredeten Zeit im Café saß, kam auf einmal diese Erscheinung an meinen Tisch.

„Bist du Daniel?", fragte sie und setzte sich, ohne auf eine Antwort zu warten. Sie wirkte verschlossen. Als wäre es ihr lästig, mich zu treffen. Aber diese Augen. Und wie sie sich bewegte. Und sie war so jung, höchstens Ende zwanzig.

„Ja. Ich bin Daniel."

„Und du arbeitest im Hospiz?"

„Hab ich, ja. Im Moment komm ich nicht dazu."

Carmen fing den Blick eines Kellners auf, zeigte wortlos auf die Bierflasche, die vor mir auf dem Tisch stand und hielt zwei Finger in die Luft. „Tut mir leid, wenn ich das sage", begann sie dann. „Aber so wie ich meinen Vater kannte, hatte er nicht viel übrig für so 'ne … naja, für Leute, die ehrenamtlich arbeiten."

Ich musste unwillkürlich grinsen.

„Stimmt", sagte ich. „Und du auch nicht, oder?"

„Merkt man das?" Sie schien mich zum ersten Mal genauer zu betrachten.

„Ich würde sagen, jeder normale Mensch kann Ehrenamtliche nicht leiden", sagte ich.

„Damit schränkst du den Kreis der Normalen aber ziemlich ein."

„Gibt auch nicht viele davon."

Ein Lächeln huschte über ihr Gesicht. Dann strich sie sich eine widerspenstige Haarsträhne hinters Ohr und schaute wieder ernst. „Und was ist das nun für ein Film?"

„Wie gesagt, das ist 'ne längere Geschichte."

„Na, jetzt bin ich ja hier", sagte sie und nickte dem Kellner zu, als er die Biere brachte. „Dann erzähl mal."

Ich trank einen Schluck und erzählte dann mal.

15

Ich mochte diese Carmen. Sie war hübsch und grimmig und nicht auf den Kopf gefallen. „Warum hast du deinen Vater so lange nicht gesehen?", fragte ich zwischendurch.

„Weil er so ein blöder Idiot war."

„Ich hatte ihn gern."

„Ja. Ich auch."

Sie war ausgebildete Mezzosopranistin, hatte auch schon in Italien bei einigen Inszenierungen mitgesungen. Irgendwann konnte sie den Klüngel von Künstlern und Egomanen um sie herum nicht mehr ertragen und floh deshalb nach Südamerika.

„Was hast du da gemacht?", wollte ich wissen.

„Nichts. Wieso?"

„Ich dachte, vielleicht hast du als Entwicklungshelferin gearbeitet."

„Bin doch nicht bescheuert."

Jedenfalls hatte sie schon wieder einen längeren Trip nach irgendwo geplant, versprach aber, bis zu meiner Premiere in Berlin zu bleiben. Die rückte immer näher. Der Rohschnitt des Films war bereits fertig und wurde nun von einem Sounddesigner aufgemöbelt. Das kostete Geld. Auch das Kino, das ich für die Premiere gemietet hatte, kostete Geld. Ich bezahlte beides von meinem spärlichen Currywurst-Lohn und ernährte mich wieder von Kartoffeln mit Quark und hartgekochten Eiern.

Eine Woche vor dem großen Tag wurde ich nochmal als Zeuge nach Wien geladen. Diese Prozesse gingen mir gegen den Strich, aber wenigstens wurden mir die Fahrtkosten erstattet. Ich brachte die Verhandlung hinter mich, ohne allzu viel Blickkontakt zu Janker zu suchen. Am Nachmittag traf ich meine Ex Linda im Park. Es war jetzt ziemlich genau ein Jahr her, seit sie mich zu dem Alten geschleppt hatte.

„Und mehr Geld hat er nicht rausgerückt?", fragte sie, nachdem ich ihr von meinen Problemen erzählt hatte.

„Nein."

„Du musst ihn verklagen."

„Ach Gott, bloß nicht."

„Wieso?"

„Diese Verhandlungen sind doch sein liebstes Hobby."

„Ja und?"

„Außerdem haben wir nichts Finanzielles vereinbart."

„Aber es gibt doch sowas wie einen Mindestlohn!"

„Hör auf", sagte ich. „Alles ist gut. Es war meine Entscheidung einen Film zu machen. Jetzt bin ich arm, aber ich hab getan, was ich konnte."

„Wenn du meinst. Aber du müsstest nicht arm sein."

„All meine Vorbilder waren's auch. Und jetzt sei so gut und halt die Klappe und lass dich zu einem Kaffee einladen."

„Kannst du dir das überhaupt leisten?"

„Klar. Ich ess einfach nächste Woche nichts."

Für den Abend war ich mit Adi verabredet. In meinem Gepäck lag eine DVD von *Koks und Nutten* und ich war nervös deswegen. Es würde das erste Mal sein, dass jemand den Film zu sehen bekam. Außerdem war ich auf das Verhalten der Blonden bezüglich unserer Liebelei gespannt.

In den Wochen, die seit dem Dreh vergangen waren, hatte ich den Ball bewusst flach gehalten. Ich wusste, dass sie noch immer ihren komischen Freund hatte. Aber ich wusste auch, dass sie ernsthaft verwirrt war. Aus diesem Grund hatte ich unsere Affäre nicht weiter angesprochen, weil ich fand, dass sie die Sache mit sich selbst ausmachen musste. Ohne von allen Seiten bedrängt zu werden.

Gegen Mitternacht betrat ich den Laden, in dem sie als Kellnerin arbeitete. Es war so eine Art Künstlerkneipe. Überall Bilder an den Wänden. Vor dem Fenster zur Straße hing eine kleine Leinwand, über die in Endlosschleife eine Video-Installation flimmerte. Die Blonde hatte noch Kundschaft. Ein junges Pärchen und fünf oder sechs Typen, die sich am Tresen festhielten.

Als sie mich sah, legte sie ihre Zigarette in einen Aschenbecher.

„Daniel! Ich hab schon gedacht, du kommst nicht mehr." Sie umarmte mich flüchtig. Unverbindlich. Wie vor unserer Affäre. Vielleicht lag es daran, dass wir nicht allein waren.

„Wie war der Prozess mit Julius?"

„Wie immer", sagte ich. „Kasperltheater."

„Ich hab nächste Woche wieder ein Vorsprechen. Am Reinhardt-Seminar."

„Sehr gut."

„Magst du was trinken?"

„Ja, gern. Bier." Es war sehr still in dem Laden.

„Und ist der Film fertig?"

„Ja. Ich glaub schon."

„Dann lass ihn uns anschauen. Au ja, wir schauen ihn hier!"
Ich hatte es befürchtet.

„Ach, ich weiß nicht."

„Doch! Das wird toll! Leute, hört mal her! Wir schauen jetzt den
Kurzfilm, bei dem ich mitgemacht habe!"
Das Pärchen unterbrach seine Unterhaltung im Flüsterton und
die Typen an der Bar schauten müde von ihren Gläsern hoch. Ich
reichte zögerlich meine DVD über den Tresen. Adi machte sich an
der Anlage zu schaffen. Kurz darauf erschienen die Titel auf der
Leinwand, auch wenn der Beamer nicht besonders viel Kraft hatte.

„Oh, das ist aber dunkel", meinte Adi. „Bleibt das so?"

„Nein, also ..." Ich seufzte. „Mit einem richtigen Projektor sieht
das anders aus."
Sieben Nächte lang hatten wir an der Farbkorrektur gesessen. Ich
hatte das Equipment dafür mit meinen letzten lausigen Kröten gemietet und mir die Zähne daran ausgebissen, die Bilder ein wenig
heller und schöner zu machen.
Nach der zehnten Minute fingen zwei der Barfliegen wieder zu
quatschen an. „Shhhh", machte Adi und war dabei lauter als die leise
brummenden Stimmen. „Shhhhhh!"
Es war ein romantischer Film. Ich konnte den Kerlen keinen Vor-
wurf machen. Sie waren mit dieser Vorführung genauso übertölpelt
worden wie ich. Es dauerte noch weitere zwanzig Minuten. Sie fühlten sich wie Stunden an.

„Toll!", rief Adi, als wir endlich vom Abspann erlöst wurden. Sie
klatschte und das Pärchen stimmte pflichtbewusst in den Applaus
ein. „Nur der Ton ist so komisch. So leise."

„Ja", sagte ich. „Das lag, glaub ich, an eurer Anlage."

„Nein, die ist ganz neu."

„Ja, aber ..." Ich gab auf. Was sollte das? Es spielte keine Rolle,
woran es lag. Ich hatte mein Produkt abgeliefert und war damit

kläglich gescheitert.

„Ähm ...“ Jemand räusperte sich hinter mir. Es war der Junge mit seiner Freundin. „Also ... ich fand den Film trotzdem gut. Die Geschichte und so.“

„Danke.“

„Und wie bist du dazu gekommen, sowas zu machen?“ Ich trank mein Bier in großen Schlucken. Es dauerte noch eine Weile, bis Adi die Jalousien vor den Fenstern herunterließ. Ich hatte darauf gehofft, ein paar Stunden allein mit ihr verbringen zu können. Doch bis jetzt lief der Tag nicht so besonders.

„Der Daniel kann auch total gut Kicker spielen“, eröffnete sie dem Pärchen, das im Gegensatz zu den Schnapsdrosseln noch nicht das Weite gesucht hatte. „Ich hab total Lust auf ein paar Runden. Und ihr?“

Ich sagte nichts, aber das war auch nicht nötig. Wir schlossen die Kneipe ab und gingen dann in eine andere.

„Was magst du trinken?“, fragte die Blonde wieder.

„Du, ich bin eigentlich ziemlich müde.“

„Ja?“

„Ja. Wollen wir nicht schlafen gehen?“

„Ach, nein. Ich hab doch grad Feierabend!“

„Ich dachte, wir könnten auch noch 'nen Moment quatschen.“

„Worüber denn?“

„Egal.“ Ich holte eine Runde Bier und verlor dann am Kicker. Es war wirklich kein guter Tag. Irgendwann hatte ich keine Lust mehr. Ich trat vor Adi, die sich gerade mit dem Pärchen unterhielt. „Also ich geh jetzt schlafen.“

„Wirklich?“, fragte sie.

„Ja.“

„Schade. Na dann, gute Nacht.“ Sie wusste, dass ich keinen Schlafplatz hatte. Ich drehte mich ohne ein weiteres Wort um und ging auf die Straße. Es war kurz vor zwei und ich wusste nicht, wo ich war. Nach einigen Häuserblocks kam ich an eine Ecke, die mir bekannt vorkam. Das Seitentor des Telegrafenamtes schloss noch immer nicht richtig. Ich schaute mich kurz um und schlüpfte

hindurch. Es war kein Problem, im Dunklen den Weg zu finden.
Ich kannte mich aus. Im zweiten Stock fand ich eine Matratze. Ich
legte mich hin und schlief sofort ein.

16

Ich war ungeheuer aufgeregt. Nicht weil mir die Reaktionen auf den
Film sonderlich wichtig gewesen wären. Ich wusste, dass er gut war.
Mein Herz schlug so schnell, weil ich Dana vor einigen Tagen zur
Premiere eingeladen hatte. Das war völliger Schwachsinn. Sie würde
nicht kommen. Konnte gar nicht kommen. Unmöglich. Trotzdem
war ich aufgeregt. Und beobachtete jedes Taxi, das seine Türen vor
dem Kino öffnete.
Es war noch eine Stunde bis Vorstellungsbeginn, doch es hatte sich
schon eine beträchtliche Anzahl von Leuten eingefunden. Vornehm-
lich unbekannte Gesichter. Aber auch einige Team-Mitglieder. Ein
paar Hospizschwestern. Der ein oder andere Marktkollege.
Ich saß in einiger Entfernung auf dem Rasen vor der Volksbühne
und traute mich noch nicht hinzugehen.
Man munkelte, dass auch ein paar Prominente erscheinen würden.
Produzenten, Schauspieler, ein berühmter Regisseur. Vielleicht
würde sich tatsächlich eine Tür auftun. Die Chance, *Koks und Nutten* auf einem Festival zu zeigen. Ein wenig Erfolg, vielleicht genug,
um den nächsten Film zu machen. Ich malte es mir für ein paar
Sekunden aus.
Dann fragte ich mich, ob es ein Fehler gewesen war, Adi nicht einzuladen. Immerhin war sie ein unverzichtbarer Teil des Ganzen. Ich
hätte über meinen Schatten springen sollen. Aber ich war nur ein
Mensch. Wenn ich an diese Nacht in Wien dachte, verschloss sich
mein Herz augenblicklich.
„Ey, du Made", hörte ich es hinter meinem Rücken. Ich drehte mich
um und schaute in Tolstois fieses Grinsen. Er hatte einige Bier-
flaschen dabei. „Wat hockst'n hier so rum? Keine Lust auf deine
Premiere?"
„Naja", sagte ich. „Ist doch albern."
„Was?"

„Der Film ist eh fertig. Warum dann noch so'n Theater?"

„Ey, jetzt werd ma nich zickig. Ich hab die halbe Kneipe im Schlepptau." Er zeigte mit dem Daumen hinter sich.

Eine ganze Horde dunkel gekleideter Gestalten stand dort vor einem Spirituosenladen und deckte sich mit Getränken ein. Manche hatten ihre Fahrräder dabei oder einen Hund. Es waren hauptsächlich Männer. Barfliegen, Einzelgänger, die sich irgendwie durchs Leben mogelten. Viele von ihnen waren eher schlecht auf mich zu sprechen, weil ich so ein Großmaul und eine Nervensäge war. Aber ich gehörte nun mal dazu. Sie hatten den Ruf vernommen und waren alle hier. „Na, komm. Attacke", sagte Tolstoi und zog mich am Arm zum Kino.

Wir tauchten in die Menge ein und sahen uns schlagartig umringt von Leuten, die mich umarmen wollten. Ich hatte kaum die Gelegenheit zu sehen, wer da alles kam, geschweige denn, ein paar Worte zu wechseln. Anna mit ihren grünen Augen, die jetzt voller Stolz waren, gab mir einen Kuss. Ein Beleuchter hielt mir seine Wodkaflasche hin und ich nahm einen tüchtigen Schluck. Andreas und sein Kollege, beide noch in ihren dreckigen Kochjacken, berichteten fröhlich, wie sie die letzten Gäste vor die Tür gesetzt hatten, um rechtzeitig herzukommen. Ein kalter Stich in meinem Herzen, als eine Brise *White Musk* an mir vorüber wehte. Ich schaute mich hektisch um. Es konnte doch wohl nicht ...? Da tippte mir die Maskenbildnerin Mary auf die Schulter und lächelte, als sie meinen Blick sah. „Tut mir leid", sagte sie. „Ich bin's nur."

Ich wartete, bis die Hauptdarstellerin aus einem Taxi gestiegen war und ging dann mit ihr in den Saal. Sie war der Star, vor allem weil Dante es nicht aus Lissabon hergeschafft hatte. Ein eng anliegendes, dunkelblaues Kleid betonte ihre Schönheit so krass, dass es kaum auszuhalten war. „Ich bin so nervös", sagte sie in mein Ohr.

„Hast du den Film auch schön gemacht?"

„Glaub schon."

„Jeder wird mich nackt sehen. Meine Agentur bringt mich um."

Ich drückte ihre Hand fester, während wir uns zwei Plätze mitten im Publikum suchten. Mit großen Augen beobachtete sie, wie sich der Saal bis auf den letzten Platz füllte.

„Wer sind die denn alle?", fragte sie.

„Keine Ahnung."

„Ich hab noch nie erlebt, dass ein Kurzfilm ein so großes Kino gefüllt hat."

„Liegt bestimmt am Titel." Als ich fand, dass es Zeit war, löste ich meine Hand aus ihrem Griff und ging langsam nach vorn. Einzelne Leute, vermutlich Freunde von mir, begannen zu klatschen und kurz danach bebte das ganze Kino vor Applaus. Ich nahm das Mikro, das eine gute Seele für mich vorbereitet hatte und schaute in die tobende Menge.

Egal, was weiter passieren würde: Das hier konnte mir keiner mehr nehmen. Ich hatte einen Plan gefasst und ihn stur durchgezogen. Warum konnte ich es nicht einfach genießen? Warum machte es mich so traurig, dass Dana nicht gekommen war? Es schien, als würde Mahlers schweres Ende noch immer auf meiner Schulter lasten. War ich so ein Idiot? Lag es an mir, wie sich die Dinge in meinem Leben entwickelten? Ja, vielleicht tat es das.

„Schön, dass ihr gekommen seid", durchbrach ich die gespannte Stille. „Wir schauen nun einen Film. Mein Freund Tolstoi hat mich neulich beiseite genommen und gesagt: ‚Daniel, du bist wirklich ein Idiot. Da gehst du einmal in den Puff – und zahlst gleich 30.000 Euro dafür.' Ich denke, das trifft es ganz gut."

Unter Lachen und erneutem Applaus ging ich zurück zu meinem Platz. Dann wurde es dunkel und der Film begann.

Nach dem Debakel bei der letzten Vorführung war ich auf das Schlimmste gefasst. Doch es lief diesmal ganz gut. Die Leute lachten viel, auch an den sensiblen Stellen. Ich spürte dann jedes Mal, wie sich die Hauptdarstellerin verkrampfte, doch mir gefiel es.

Im Grunde handelte der Film davon, wie qualvoll lächerlich Sex sein konnte. Darüber zu lachen war ein befreiendes Gefühl. Ich hatte das alles schon Tausend Mal am Schneidetisch gesehen, aber erst jetzt, hier im Kino, durchlebte ich es nochmal. Die Sauftour mit den beiden Köchen. Wie ich sie mehr oder weniger unauffällig dazu gebracht hatte, mich mit in den Puff zu nehmen. Die

Aufregung auf dem Weg dorthin. Und dann mein höflich dämliches Verhalten gegenüber den Nutten. Das letzten Endes dazu geführt hatte, dass mir dieses merkwürdige Wunder widerfuhr. Die Ovationen nahmen nach dem Film kein Ende. Ich verbeugte mich ein paarmal mit den Schauspielern, dann rief ich jedes einzelne Team-Mitglied auf die Bühne. Auch die Beleuchter und Kamera-Assistenten, die nur an ein oder zwei Drehtagen mitgemacht hatten. Das dauerte seine Zeit und doch brach der Applaus nicht ab. Das Publikum spürte die Energie, die uns verband, und ließ sich davon anstecken.

„Danke, danke", sagte ich schließlich. „Und jetzt seid so gut und lasst uns hier verschwinden. Ich muss mich besaufen."

Der Mob brach in Richtung *Bürger* auf. Bereits auf dem Weg wurden mir von allen Seiten Flaschen hingehalten und ich machte ausgiebig Gebrauch davon. Die ersten Kommentare zum Film wurden laut und wie es aussah, hatte die Hospiz-Szene am meisten Eindruck gemacht.

Ich dachte darüber nach und gerade, als in meinem Kopf eine Frage entstand, hängte sich jemand bei mir ein.

„Na, du Koksnase", sagte Carmen. „Gehst du jetzt in den Puff?"

„Vielleicht. Kommst du mit?"

„Ich trau mich nicht richtig."

„Kann ich verstehen." Ich wusste nicht, was ich sagen sollte. Also sagte ich nichts.

Carmen ging einfach neben mir her. Als das *Bürger* in Sicht kam, blieb sie stehen.

„Ich kann da nicht rein."

„Wieso nicht?"

„Hab Hausverbot."

„Wirklich? Wie das?"

Sie zuckte mit den Schultern. „Ist manchmal so."

„Allerdings", sagte ich.

Plötzlich gab sie mir einen Kuss auf die Wange.

„Schön, dass du kein Trottel bist."

„Äh ...", machte ich.

Sie lächelte und drehte sich um. „Wo gehst du denn hin?"
„Keine Ahnung", rief sie. „Ich bin grade dem Gespenst meines Vaters begegnet. Ich glaub, ich werd mich betrinken."
„Warte doch mal. Ich komm mit."
„Aber musst du nicht feiern?"
„Ich feier' mit dir."
„Was werden die andern sagen?"
„Die sind erwachsen und kommen ohne mich aus."
„Na gut", sagte sie und nahm meine Hand. „Dann hör auf zu quatschen und kauf endlich Schnaps."

17

Ich fand eine Bank, die verrückt genug war, mir einen Kredit zu geben. Zuerst bezahlte ich die Team-Mitglieder, denen ich Geld versprochen hatte. Dann wurde ich die schlimmsten Gläubiger los. Andere standen noch Schlange. Die monatlichen Raten, die ich für die nächsten viereinhalb Jahre an die Bank zu zahlen hatte, waren höher als meine Miete.

Obwohl ich stets Wert darauf gelegt hatte, mich redlich zu verhalten, gab es Menschen in drei Ländern, die mir ans Leder wollten. In Berlin drohten mir ein Fundus und eine Setbauer-Firma noch immer mit ihren Anwälten. Es gab Straßen in Jerusalem, die ich bei meinem nächsten Besuch besser mied, wollte ich nicht doch noch eingesperrt werden. Und mit Janker hatte ich es mir ebenfalls verscherzt, seit ich nicht mehr zu seinen Prozessen kam. Bei einem Projekt wie diesem war es offenbar unmöglich, keine verbrannte Erde zu hinterlassen.

Hin und wieder schrieb Adi mir Briefe. Ich antwortete, doch wir merkten beide, dass etwas zerbrochen war. Dana meldete sich gar nicht mehr. Ich glaubte mehr denn je, dass sie die Frau meines Lebens war. Hätte ich sie halten können, würde ich das vielleicht anders sehen. So aber blieb sie ein Fanal meiner unstillbaren Sehnsucht. Vor einem Jahr hätte ich über diese Misere noch nicht lachen können. Doch ich musste an Mahlers Worte denken. In dieser Nacht auf dem Dach des Telegrafenamtes. *Du bist, wie du bist.*

Das war wohl die Wahrheit. Und weil ich so war, reagierten die Frauen entsprechend. Jede auf ihre Art.

Obwohl es erst auf den Abend zuging, lag ich träge im Bett. Das letzte Sonnenlicht wurde von einem Fenster im anderen Seitenflügel reflektiert und fiel auf mein Gesicht. Ich dachte nicht besonders viel und wenn, dann waren es gemütliche Gedanken. Bald würden neue Gewitterwolken aufziehen. Das hatte das Leben so an sich. Aber im Moment war Pause und ich hatte sie mir verdient.

Es klingelte an der Tür. Als ich nicht reagierte, wurde zaghaft aufgeschlossen und im nächsten Moment kam Carmen ins Zimmer.

„Na, du Faularsch?" Sie lud ihre zahlreichen Einkaufstüten ab und küsste mich zur Begrüßung.

„Was heißt hier Faularsch?", sagte ich. „Ein bisschen mehr Respekt vor einem namhaften Filmproduzenten, ja?"

„Ein Produzent, den ich durchfüttern darf." Sie legte sich zu mir und vergrub ihr Gesicht unter meiner Achsel. „Da draußen sind nur Deppen unterwegs", sagte sie erschöpft und es drang nur gedämpft aus ihrem Versteck an mein Ohr.

„Was meinst du, warum ich nicht mitwollte?"

„Aber ich hab mir ganz tolle Sachen gekauft!", rief sie und sprang sofort wieder auf. „Ein Kleid. Wenn ich das trage, kannst du mit mir vor all deinen Freunden angeben."

„Zeig mal."

Sie ging mit ihren Tüten ins Bad und blieb dort eine ganze Weile. Dabei sang sie *White Rabbit* von Jefferson Airplane und hatte wirklich eine fabelhafte Stimme. Die Berliner Opernhäuser konnten sich auf was gefasst machen. Dann kam sie wieder ins Zimmer mit diesem Ding am Leib. Es war der Wahnsinn. Doch was meine Kinnlade herunterfallen ließ, war nicht der Anblick.

„Du hast ein neues Parfum", sagte ich. Und Schmerz und Genuss hielten sich die Waage.

„Ja. Gefällt's dir?"

„Ich liebe es. Aber es gab mal 'ne andere, die das auch getragen hat."

„Tja, Pech gehabt. Jetzt bin ich da."

„Komm her."

Sie warf sich auf mich und wir wälzten uns ein bisschen. Immer wieder musste ich an diesen Handgelenken schnuppern. Ich sog es in mich wie ein Mondsüchtiger und dann schaute ich auf und begegnete Carmens lachenden Augen. Wir blieben liegen, drückten uns hier und da auch mal und harrten einfach der Dinge, die da kommen sollten. Die schönen, wie auch die schlimmen. Man konnte das nie so voraussehen. Aber bis jetzt, fand ich, ließ es sich ganz gut an.

Ende